Tao Yuanming and Manuscript Culture

The Record of a Dusty Table

Tao Yuanming and Manuscript Culture: The Record of a Dusty Table, by Xiaofei Tian, was first published by University of Washington Press, Seattle, WA, USA, in 2005. Copyright © 2005 by University of Washington Press. Translated and distributed by permission of University of Washington Press.

田晓菲
作品系列

陶渊明与
手抄本文化研究

尘几录

三联书店

Copyright © 2022 by SDX Joint Publishing Company.
All Rights Reserved.
本作品简体中文版权由生活·读书·新知三联书店所有。
未经许可，不得翻印。

图书在版编目（CIP）数据

尘几录：陶渊明与手抄本文化研究／田晓菲著．—北京：生活·读书·新知三联书店，2022.3 （2025.6 重印）
（田晓菲作品系列）
ISBN 978-7-108-07222-1

Ⅰ.①尘… Ⅱ.①田… Ⅲ.①陶渊明（365-427）－人物研究 ②古籍－文化研究 Ⅳ.① K825.6 ② G256.1

中国版本图书馆 CIP 数据核字（2021）第 156487 号

责任编辑	宋林鞠
装帧设计	薛　宇
责任校对	曹秋月
责任印制	李思佳
出版发行	生活·讀書·新知 三联书店
	（北京市东城区美术馆东街 22 号 100010）
网　　址	www.sdxjpc.com
图　　字	01-2020-5915
经　　销	新华书店
制　　作	北京金舵手世纪图文设计有限公司
印　　刷	河北鹏润印刷有限公司
版　　次	2022 年 3 月北京第 1 版
	2025 年 6 月北京第 4 次印刷
开　　本	880 毫米 × 1092 毫米 1/32 印张 14.125
字　　数	281 千字　图 12 幅
印　　数	11,001－12,000 册
定　　价	79.00 元

（印装查询：01064002715；邮购查询：01084010542）

图一　苏写本《陶渊明集》，嘉庆戊辰鲁铨刊本

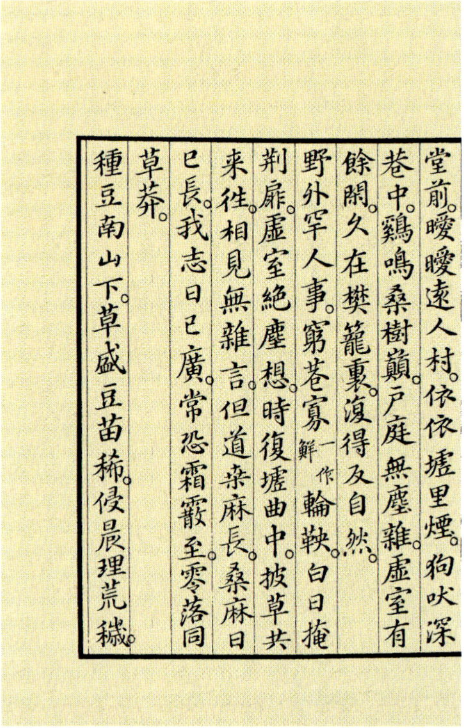

堂前曖曖遠人村依依墟里煙狗吠深
巷中雞鳴桑樹巔戶庭無塵雜虛室有
餘閒久在樊籠裏復得反自然

野外罕人事窮巷寡鞿鞅（一作輪鞅）白日掩
荊扉虛室絕塵想時復墟曲中披草共
來往相見無雜言但道桑麻長桑麻日
已長我志日已廣常恐霜霰至零落同
草莽。

種豆南山下草盛豆苗稀侵晨理荒穢。

图二　苏写本《陶渊明集》，《归田园居》其二

此宋板渊明集係汲古阁故物真藏书目谓與时本宽然不同如桃花源记中俶然规注时幸误作祝往玉柳先生赞注云一年有三妻二字搀列女传见其妻三字处他如此颇不而举其□八日注比时今多八十条字而通幸一作云比时本多千條字真奇书此又云藏缺係元人筆不敢易去盖毛宋板者為其而以正时俗之譌誤而好古者浮闻者之益也

因摘汲古書目中語錄諸簡端後之藏是集者庶幾出其□□以可寶欤
道光二十八年花朝前十日 汪骏昌跋

图三　汲古阁本《陶渊明集》，汪骏昌跋，南宋刻递修，
　　　有红蓝铅笔标点，中国国家图书馆藏

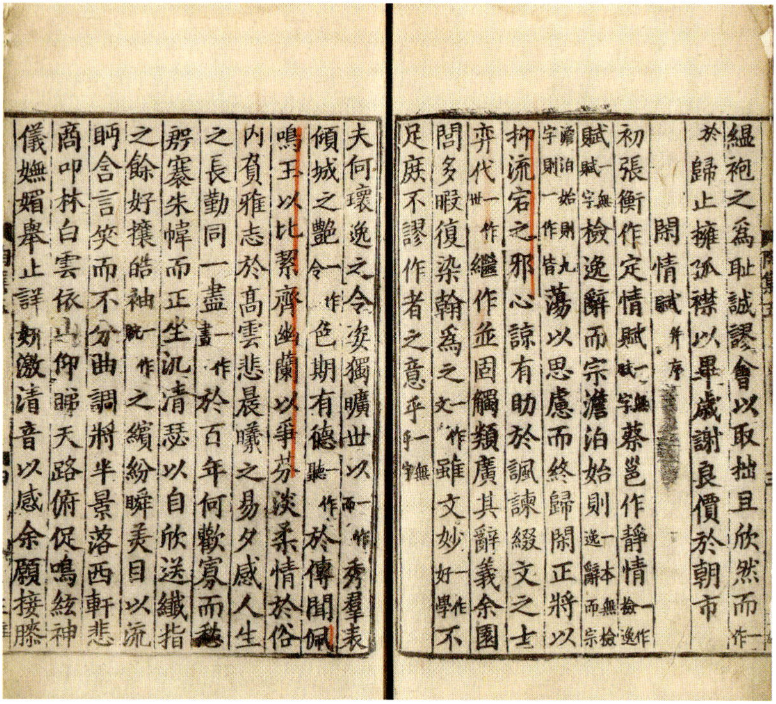
緼袍之爲耻誠謬會以取拙且欣然而（一作於）歸止擁孤襟以畢歲謝良價於朝市

閑情賦（并序）

初張衡作定情賦（賦一無字）蔡邕作靜情（一作檢逸）賦（一無賦字）檢逸辭而宗澹泊始則（一本無檢逸辭而宗澹泊始則九字一作始則）蕩以思慮而終歸閑正將以抑流宕之邪心諒有助於諷諫綴文之士奕代（一作世）繼作並固觸類廣其辭義余園閭多暇復染翰爲之（一作文）雖文妙（一作好學）不足庶不謬作者之意乎（一無乎字）

夫何瓌逸之令姿獨曠世以（一作而）秀羣表傾城之艷（一作令）色期有德（一作聽）於傳聞佩鳴玉以比絜齊幽蘭以爭芬淡柔情於俗內負雅志於高雲悲晨曦之易夕感人生之長勤同一盡（一作書）於百年何歡寡而愁殷褰朱幃而正坐汎清瑟以自欣送纖指之餘好攘皓袖（一作腕）之繽紛瞬美目以流眄含言笑而不分曲調將半景落西軒悲商叩林白雲依山仰睇天路俯促鳴絃神儀嫵媚舉止詳妍激清音以感余願接膝

图四　汲古阁本《陶渊明集》,《闲情赋》

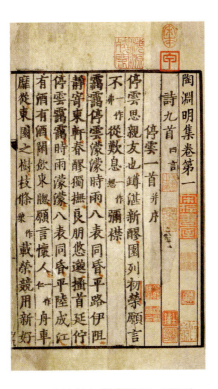

图五　汲古阁本《陶渊明集》,《停云》

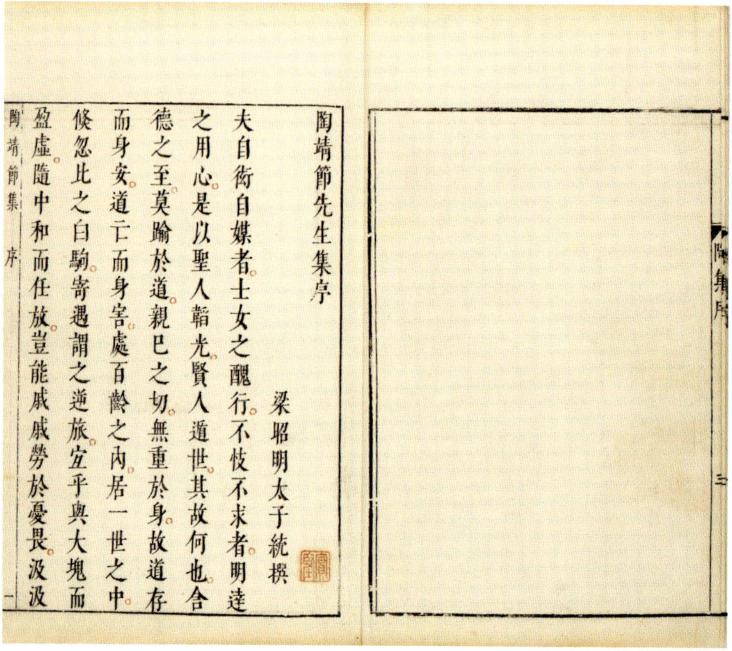
陶靖節先生集序
梁昭明太子統撰
夫自衒自媒者士女之醜行不忮不求者明達之用心是以聖人韜光賢人遁世其故何也含德之至莫踰於道親己之切無重於身故道存而身安道亡而身害處百齡之內居一世之中倏忽比之白駒寄遇謂之逆旅宜乎與大塊而盈虛隨中和而任放豈能戚戚勞於憂畏汲汲
陶靖節集 序 一

图六　明末焦竑八卷本《陶靖节集》,《陶靖节先生集序》,
自言得宋刻本为底本，哈佛大学燕京图书馆藏

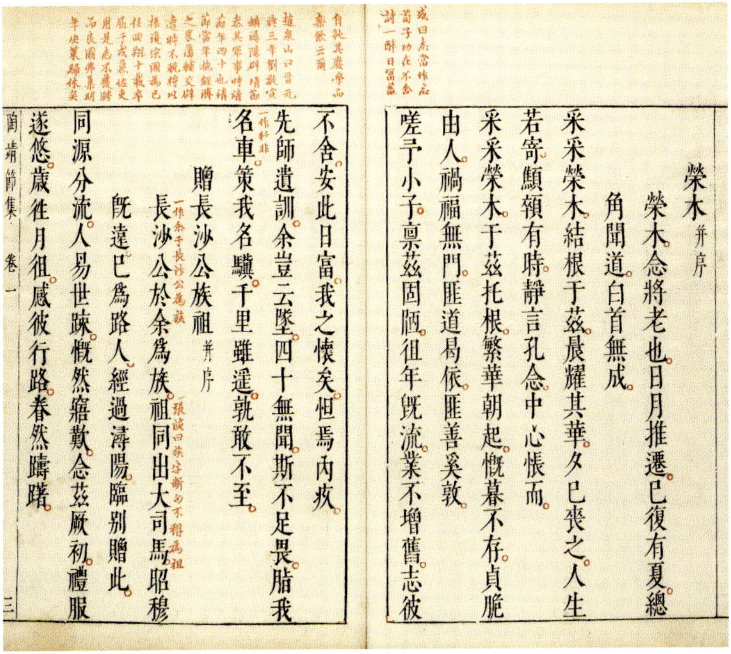

榮木 并序

榮木念將老也日月推遷已復有夏總
角聞道白首無成

采采榮木結根于茲晨耀其華夕已喪之人生
若寄憔悴有時靜言孔念中心悵而

采采榮木于茲托根繁華朝起慨暮不存貞脆
由人禍福無門匪道曷依匪善奚敦

嗟予小子禀茲固陋徂年既流業不增舊志彼

先師遺訓余豈云墜四十無聞斯不足畏脂我
名車策我名驥千里雖遙孰敢不至

不舍安此日富我之懷矣怛焉內疚

贈長沙公族祖 并序

長沙公於余為族祖同出大司馬昭穆
既遠已為路人經過潯陽臨別贈此

同源分流人易世疎慨然寤歎念茲厥初禮服
遂悠歲往月徂感彼行路春然疇躇

圖七　明末焦竑八卷本《陶靖節集》,《榮木》

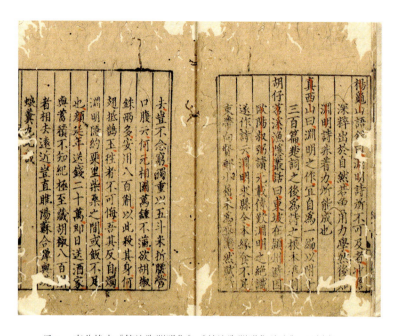

图八 李公焕本《笺注陶渊明集》,《补注陶渊明集总论》,元刻本,
　　 陶集第一个集注集评本,浙江图书馆藏

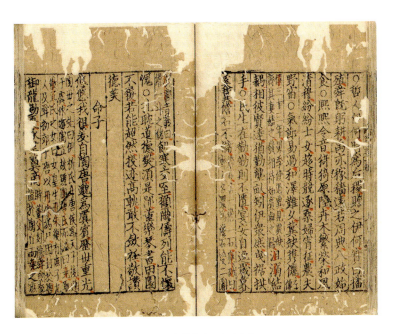

图九　李公焕本，《劝农》

图十　光绪刊本《陶渊明文集》,东坡小像

图十一　光绪刊本《陶渊明文集》,渊明小像

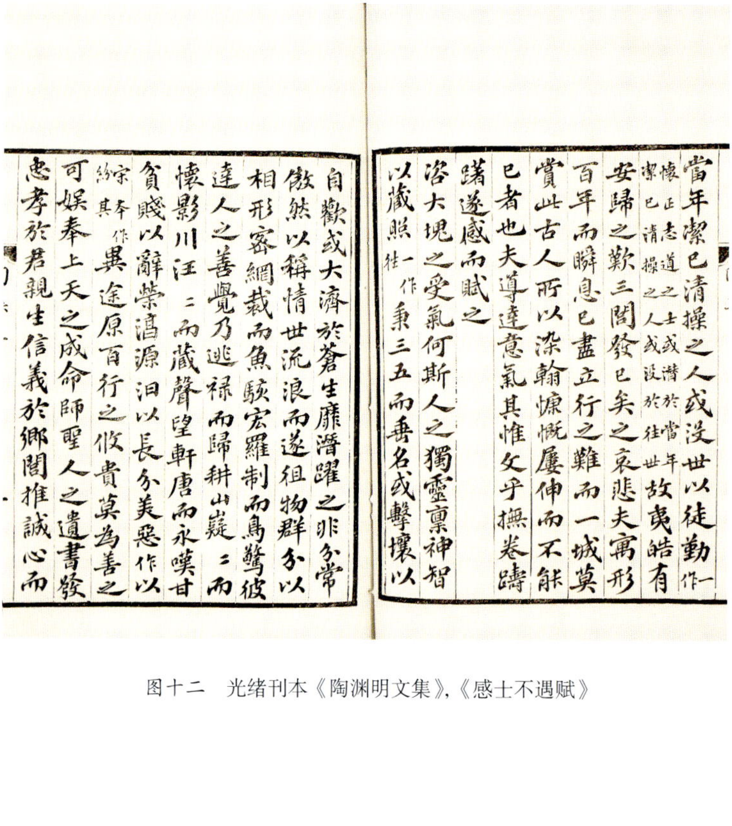

當年潔己清操之人或沒世以徒勤作一懷正志道之士或沒於往代故夷皓有安歸之歎三閭發已矣之悲夫寓形百年而瞬息已盡立行之難而一城莫賞此古人所以染翰慷慨屢伸而不能已者也夫導達意氣其惟文乎撫卷躊躇遂感而賦之

咨大塊之受氣何斯人之獨靈稟神智以藏照佳作秉三五而垂名或擊壤以自歡或大濟於蒼生靡潛躍之非分常傲然以辭情世流浪而遂徂物群分以相形密網裁而魚駭宏羅制而鳥驚彼達人之善覺乃逃祿而歸耕山嶷二而懷影川汪三而藏聲望軒唐而永嘆甘貧賤以辭榮淳源汩以長分美惡作以異途原百行之攸貴莫為善之可娛奉上天之成命師聖人之遺書發忠孝於君親生信義於鄉閭推誠心而

图十二　光绪刊本《陶渊明文集》,《感士不遇赋》

三联版序言

为自己的作品系列写序言，是一个不可避免的"回顾"的时刻。从 2000 年开始写作《尘几录》到现在，已经过去了二十年。在回顾中，因为时间的流逝和视角的改变，有一些东西变得更加清晰起来。

三联书店出版的这个作品系列，目前收入我 2000 年到 2016 年之间写的四部书：《尘几录：陶渊明与手抄本文化研究》《烽火与流星：萧梁王朝的文学与文化》《神游：早期中古时代与十九世纪中国的行旅写作》《赤壁之戟：建安与三国》。这些书，在主题和结构方式上，各有不同的侧重。在我眼里，一本学术论著的写作，不仅仅是收集材料、列举例证，把得出的结论写下来，也是对研究对象进行系统化思考的方式。写作一本书的过程，是一个探索和发现的过程，是思想得以成熟和实现的渠道。

《尘几录》从一个作者也是一位经典诗人的个案出发，讨论"抄本／写本文化"的特点，和它对文学史以及具体作家作品的巨大影响。相对于在书籍文化和出版文化研究里受到很多重视的印刷文化，这本书呼吁我们注意在抄本文化时代文本传播的特质，对中国写本文化研究与中世纪欧洲写本文化研究做出理论性的联系,提出"新式语文学或曰新考证派"的理念,指出被重新定义了范畴和意义的考证可以为古典文学研究"带来一场革命"。古今中外对写本的研究相当普遍,不过,以"手抄本文化"为题的《尘几录》,却大概是最早归纳"抄本文化"的抽象性质,并就它对作家形象、作品阐释和文学史书写的影响做出探讨的专著。虽然以陶渊明和陶集为中心,但是"写本文化"的意义是超越了个案的,它深深影响到经典的建构和解读。这些想法,在我后来的论著里陆续有所阐发。至于我对陶诗的赏爱,对我们没有一个权威的陶渊明却拥有多个陶渊明的强调,知音读者自能体会和领悟。如果不能,则也无庸再多做解释,就好比任何幽默,一旦需费唇舌进行分解,也就索然无味了。唯一值得一提的是,写《尘几录》的时候,在中国文学研究里还极少有人使用"抄本文化"这一词语,如今,对写本文化和文本流动性的研究和讨论在海内外比比皆是,无论赞同还是反对,都让人欣慰。有辩论,就说明存在着多元性;有不同意见,就说明存在着不同选择,这从哪个方面看起来都是好事。可以继续进行下去的工作,是对上古写本文化、中古写本文化,还有宋元以降印刷与写本的互动,做出更细致深入的区别对待,对"异文"的概念和处理,发展出更敏感、更富有层次感的意识。

《神游》是对中国文化传统中两大分水岭时代的勾勒和比较,同时,也集中讨论了一个我特别感兴趣的问题,也就是说,我们对世界的观看,如何不仅受到观看者的信仰和价值观的限制，而且受到语言——修辞手段、模式和意象——的中介。这里的张力，在观看者不仅遭遇异域，更遭遇到陌生异质文化的时候，表现得尤其突出。因此，这本书把六朝和晚清合在一部书里来写，希望超越对时代、文类和文体做出的孤岛式分隔，看到它们相似中的不似、不似中的可比，一方面细致深入地处理具体的时代和文本，另一方面庶可做出全景式综观。对这本书，曾有论者以为我想做的是所谓的"跨学科研究"，但我自己并不认同这一描述。如我在此书前言中所说，我采取的方法，是把通常被不同学科领域作为专门研究对象的文本放在一起进行考察，把这些文本还原到它们产生的语境中——在那个语境里，并不存在现代学科领域的分界，这么做的目的，是为了探索一个历史时代所共同面对的文化问题，共有的文化关怀。

《神游》一书的引言写道："在高等院校，在学术领域，古典和现代的分野常以各种机构化的形式表现出来……一方面，知识的专门化带来的好处是深与精；另一方面，它也造成学问、智识上的隔阂与孤立，妨碍学者对一个漫长的、连续不断的文化传统的延续和变化进行检视。当古典无法与现代交流，古典学者的研究和教学的重要性与时代相关性受到限制；当现代无法与古典通气，现代学者也不能深刻地理解和分析现当代中国。"这种希望贯通古今的理念，也体现在《赤壁之戟》一书中。《赤壁之戟》在时间跨度上和《神游》有相似之处，但是关注的问题性质不同，而且从建安时代一直写到当代大众文化，包括影视作品和网络同人文学。这部书在微观上试图重新解读某些文本，在宏观上则企图探讨某些具有内在关联的文化现象。"建安"与"三国"在历史时间上本来二而为一，后来却一分为二，二者作为文学和文化史现象，从它们各自的起源，直到今天，都在不断地被重新创造。检视一千余年以来这一传承与再造的过程，是这本书的一个基本出发点，也是我身为现代人，对我们自己的时代、我们当下的文化感到的责任。

《烽火与流星》一书的英文版出版于 2007 年。它集中讨论一个王朝也就是公元六世纪前半叶的萧梁王朝的"文学文化"（literary culture），被书评称为"西方语言里第一部聚焦于六朝之中一个特定时代的著作"。这本书的正式写作虽说是从 2003 年开始的，但早在上个世纪九十年代读书期间，南朝就是一个让我感到强烈兴趣的时代，并成为我博士论文的题目：直觉上，我感到它既是中国文化传统可以清楚辨识的一部分，又具有一些新颖的、异质的、和宋元明清一路传递下来的中国大相径庭的因素。它健旺、自信，充满了蓬勃旺盛的创造力与热情奔放的想象力，它也是一个最易受到贬斥与误解的时代；初唐史家对南朝文学特别是宫体诗的论断被"不假思索"地接受下来，一直重复了一千余年。我希望这本书能够帮助读者看到一些观念是如何生成的，并因为了解这些观念的生成过程，意识到很多被视为理所当然的理念并不是"自然的存在"和"历史的事实"，而是出于人为的挤压与建构，出于各种服务于王朝意识形态或者纠结于当代文化政治的偏见，出于思想的懒惰或天真。

《尘几录》和《烽火与流星》都曾被视为"解构"之作。在一次学术访谈中,我曾谈到"解构"这个词在中文语境里面常被混用和滥用的情况。解构主义(Deconstruction)本是一种学术思潮和理论,有具体切实的所指;但在中文语境里,它却往往被错误地和"破坏、消除"(destruction)等同起来。展示一台机器的内在结构和它的组装过程是破坏和消除吗?如果是,那么唯一被破坏和消除的,只是这台机器原本"浑然天成"的迷思而已。

给人最大收获的研究,应该是带来的问题比提供的答案更多的研究,因为它不是自足自闭的,而是予人启发和灵感,给同行者和后来者打开一片新天地。它不是为一座孤零零的学术大厦添砖加瓦,而是旨在改变现状,继往开来。对于一个现象,从简单的接受变为复杂的认知,慧心者会在其中看到更加丰富无限的可能。归根结底,我们需要强大的历史想象力:不是像小说家那样天马行空的虚构想象,而是认识与感知和我们的时代完全不同的时代、和我们的世界完全不同的世界的能力。我希望能够和考古学家一样,照亮沉睡在幽暗古墓里的奇珍异宝,使人们能够重新听到一个时代的声音。而《烽火》中最早完成的,就是关于烛火与"观照诗学"的章节。

一般来说,一个年轻学者的第一本书总是基于自己的博士论文,我的情况却并非如此,因为在我看来,在论文刚刚完成之后,暂时转移视线,和论文产生一点时间的距离,多一些积累和沉淀,是一桩好事。但是,积累和沉淀未始不是一个更长期的过程。我目前写作的书,可以说是《烽火》的续篇,一方面回望刘宋与萧齐,一方面向前推进到隋代的宫廷政治与文学文化。这一项研究,与这些年来在专著之外陆续写作的论文,无不是对早期中古文学的继续探索和发现,构成一个带有内在连贯性的整体,借以实现我在博士论文开题前曾经一度想要写作"魏晋南北朝文学史"的心愿。至于《剑桥中国文学史》里我所撰写的"东晋—初唐"章节,由于出版社对篇幅的严格限制,和尊重主编对预期读者的设定,既可以说属于不同的文体(譬如五言绝句与长篇歌行的区别),也可说是"壁画的初稿"。

编辑工作至为重要,而编辑在幕后的辛勤劳动,又很少得到应有的光荣。所以,我要特别感谢三联书店的冯金红编辑对这一作品系列的支持,尤其感谢这几部书的责任编辑钟韵和她的同事宋林鞠细心与耐心的编校。也衷心感谢刘晨、寇陆、张元昕三位译者,特别是在疫情肆虐的时日翻译了《赤壁》全书、对书中"瘟疫与诗歌"章节深有感触的元昕。书中的任何错误,都是作者的责任。

我也想借着这几本书从英文到中文的"回家"的机会,向我在汉语学术界的朋友们表示感谢和致意:不仅为这些年来学术上的交流,更是为了超越时间与空间、年龄与性别的友谊。从北京到南京,从苏州到上海,从香港到台北,许多次畅谈与酬饮,留下了温暖的回忆和对未来的期待。

这些年来,很多读者,无论是青年学子、出版界人士,还是学术圈外的文学爱好者,都曾给我热情的支持和鼓励,包括在国内演讲时直接的互动，或者写来电子邮件。因为学术研究、行政工作和个人生活的繁忙紧张，我不能做到一一回复，但是我的内心充满感激。无论洞见还是偏见，这些书里的见解都是我自己的，代表了我在不同阶段的阅读、探究与思考所得；精彩纷呈的文本，带给我无限乐趣，如果我能通过这些文字和读者分享万一，就足以令我感到欣慰了。

田晓菲

2021 年 7 月

目 录

引　言 1

　　杜诗与韦氏妓：手抄本文化中读者与文本的关系 7

　　"求真"的误区 15

　　生尘的几案 20

第一章　得失之间 29

　　见山与望山 38

　　有人夜半持山去 46

　　得与失 54

　　乱　曰 64

第二章　"先生不知何许人也" 67

　　正名：五柳先生与六朝隐逸话语 72

　　重构五柳先生：传记四种 78

第三章　失去的田园：归陶　107

　　不受欢迎的植物　108

　　"颇为老农"　126

　　饮食与文字　149

第四章　饮食、死亡与叙事　157

　　得　仙　158

　　何有于名？　168

　　阅读到天黑　175

　　文化想象的版图和燃烧的文字　199

第五章　成　器　209

　　中空的羞耻　213

　　荣　木　217

　　清算与盘点　224

　　紫葵的悲哀　227

　　无　成　230

第六章　实／石证　235

　　栗　里　238
　　场所与空间　244
　　"吐痕尚新"　254
　　石头记：一个关于文学的寓言　257

结　语　265

　　附录一　文本的历程　272
　　附录二　清醒的阐释：《述酒》　283
　　附录三　陶诗选评　323

　　引用书目　426
　　中文版后记　437

引言

你把我的爱情梦幻
转化为反感和憎厌：
就好比抄写者常常出错，
使一部手抄本全然改观。

十一世纪初期，在摩尔人统治下的西班牙，一位阿拉伯贵族学者伊贲·哈赞（Ibn Hazm, 994—1069）写了一部书，题为《鸽子的颈环》。在这部著作里，伊贲·哈赞探索了爱情的各个方面：它的起源，它的征象，恋爱中的人遭受的种种不幸。上面所引的诗句来自书中的一个章节，在这一章节里，伊贲·哈赞声称一个人可以仅仅通过聆听他人的描述而坠入爱河，根本用不着看到被爱者本人。但是，他警告读者，这样的爱情一般来说有两种结果：如果他在某一天亲眼看到了所爱者，"他的爱或是得到加强，或是完全消失"。伊贲·哈赞随即讲述了一个在双方见面之后爱情化为憎厌的故事，并引用了他自己写的诗。[1]

有意思的是，伊贲·哈赞运用了一个手抄本的比喻，而且，这一比喻充满模糊性。如果我们采取常见的观点，也就是说，抄本总是劣于原本，我们可以把抄本视为相爱的双方在其中相遇的现实：这一现实比起原本（也就是说，他人对被爱者的描述）显得如此低劣，以至于双方一旦见面，爱情就化为厌恶。但是，我们同样也可以把抄本理解为他人对被爱者的夸张描述，这样一来，被爱者就被比作了原本。在这种情况下，抄本实际上美化了原本，以至于看到抄本的人对一个虚幻的影子——一个并不存在的"完美的原本"——产生了爱情。在这第二种解读中，抄写者的"讹误"，反而改善了原本的质量。

手抄一本书，对绝大多数现代人来说，大概是相当陌生的体验了。但是，在手抄本文化时代，这是最重要的，也几乎是唯一的传播知识和信息的途径。一本印刷书籍，和上千册同版印刷的书籍一模一样；手抄本则不然，每一个手抄本，都是独一无二的。用西班牙古典文学学者约翰·达格奈斯（John Dagenais）的话来说，一部手抄本"具有口头表演的品质"。[2] 换句话说，口头表演虽然可以重复使用相同的

---

[1] Ibn Hazm, *The Ring of the Dove*, pp. 48–50.
[2] John Dagenais, *The Ethics of Reading in Manuscript Culture*, p. 17.

材料，但是因为时间、地点、观众、演员身心状态的不同，每次表演都和其他表演截然不同。同理，每一部手抄本都具有独特性，而且，抄写一部书也总是在一个特殊场合之下发生的。口头流传的诗歌，我们往往不知道它的作者、它产生的具体时间和地点；一部手抄本也许有作者，但是我们常常不再拥有作者本人手写的原本。这种情形，在中国手抄本文化中尤其普遍，因为我们的手抄本使用的媒介是纸；比起欧洲中世纪手抄本使用的羊皮或者小牛皮来说，纸非常脆弱，容易损毁。当我们不再拥有作者原本的时候，留给我们的只是无数抄本和一个不复存在的、虚幻的原本。被爱者是缺席的：我们拥有的无非是对他或她的描述，而这些描述不能为我们充分地传达被爱者的全貌。

这样一种思考手抄本文化的方式，似乎很符合基督教的宗教模型：我们在堕落世界里看到的，无非是神明不完美的显现。不过，虽然中国本土文化传统并不存在这样一种宗教模型，人们对唯一的"原本"所抱有的巨大热情却丝毫都不减色，这种热情促使学者们对恢复"被爱者的原貌"进行不懈的寻访和探求。但是，我们必须认清一个基本的事实：既然原本已经不复存在，任何寻访"原本"或"真本"的努力，不仅徒劳无益，而且从根本上来说，是没有意义的。最终，我们会发现，被爱者只是一种想象，只存在于他人的描述之中。

伊贲·哈赞和中国诗人苏轼（1037—1101）是同时代人。在苏轼生活的北宋王朝，印刷术日益普及，逐渐代替了抄写，成为知识传播的主要渠道——虽然在古代中国，无论印刷文化多么发达,手抄本文化一直与印刷文化同时并存,从未销声匿迹。我们可以肯定伊贲·哈赞和苏轼从来没有听说过彼此的名字,但是,苏轼的确曾在手抄本里寻找他的所爱——一位前辈诗人的作品,经由很多不同的手抄本保存下来,传到苏轼手中。苏轼以为自己找到了心爱的诗人真正的原本,他为这一发现激动不已。他痛责那些粗心、浅薄、庸俗的抄写者,认为他们五百年来一直都在扭曲和破坏被爱者的形象,直到今天,他,苏轼,才重新恢复了被爱者的"本来面目"。

苏轼相信自己知道这位心爱的诗人是"何等样人",而且,他以为这种知识赋予他一种特别的权威,使他能够准确地诠释这位诗人的作品,并指出那些粗心大意的抄写者所犯的"错误"。这里,只存在一个问题:苏轼对前辈诗人究竟为何等样人的理解只能来自那些讹误重重的抄本;而要想达到前辈诗人没有遭到破坏的"本来面目",苏轼必须本着他从这些不完美的抄本中得到的理解,反过来对抄本进行修正。细思之,这里存在着某种反讽。就好像葡萄牙作家萨拉马戈在《里斯本之围纪事》中所说的:"要是还没有达到真理,你就不能开始修订;然而,要是你不修订,你就无法达到真理。"

熟悉中国文学史的人,都知道苏轼心爱的前辈诗人是陶渊明(365?—427)——中国最伟大的诗人之一,也是受到误解最多的诗人之一。如果陶渊明被误解,那是因为后人把他视为一个永久不变的存在,而没有注意陶渊明的作品经过了手抄本文化的强大力量以及后代编者的塑造。陶渊明的形象,就存留于这些"被中介过"的文本中。

陶渊明生活在东晋末年。他的曾祖父陶侃（259—334）是东晋初期最有权力的政治和军事人物之一。陶渊明出生时，家族已经日趋没落，不过在朝廷里仍然保持着一定的政治地位，也显然被时人视为南方本土的"洪族"。陶渊明一生数次从宦，但是从未担任过显职。他最后一次做官，是由于族人的提携，在离家乡浔阳（今属江西九江）不远的彭泽担任县令，不久即弃职归里，隐居田园。他所交往的人，有其他隐士，也有地方及朝廷的官吏，包括公元五世纪前期最著名的文人之一颜延之（384—456）。陶渊明去世之后，颜延之为他作了一篇诔文。

陶渊明的诗文在他生前即已流传，至少是在他的朋友圈子之内。在陶渊明去世之后的一百多年间，有几种陶集抄本行于世，包括一种六卷本，两种八卷本。我们所知道的陶集最早的编定者是梁朝的昭明太子萧统（501—531）。萧统和他的弟弟梁简文帝萧纲（503—551）都是陶渊明诗文的爱好者。在唐代，陶渊明以"饮/隐者"闻名，虽然有一些诗人如王绩、王维、韦应物等显然受到陶渊明的影响，但陶渊明仅仅是六朝众多的著名诗人之一；他作为"唯一"伟大的六朝诗人的地位，是苏轼及其追随者们在陶渊明逝世五个多世纪之后建立起来的。

这本书起源于一个简单的观察。2000年春天，我在康奈尔大学东亚系任教。在为一个研究生班备课的过程中，我重读了陶渊明的诗。当时我使用的现代版本之一是著名的山东学者逯钦立编辑校注的《陶渊明集》。这个版本的好处，在于收录了大量异文。一般来说，这些异文没有受到古往今来的学者们太多的重视（唯一的例外就是"悠然见南山"的"见"字，它是陶集中曝光最多的异文，被苏轼及其追随者们视为浅陋的抄写者使一部抄本"全然改观"的最佳例证）。很多现代版本往往并不收录异文，大概觉得这些异文无关大体；或者只是选择性地收录部分异文而已。逯本参校了一系列富于校勘价值的陶集版本，而且把陶渊明作品的异文用小字一一开列在原文之下，令读者一目了然。在阅读的时候，我偶然注意到，在不止一次的情况下，采取异文而不是采取普遍接受的正文，不仅会改变整行诗句的意义，甚至可以使整首诗篇截然改观。随着这一发现，许多问题接踵而来：既然作者亲自校订的原本已不可复得，那么，是什么促使一位编者选择某一异文而拒绝另一异文？这样的决定，基于什么样的知识背景，对东晋文学与文化什么样的了解，什么样的编辑方针，什么样的意识形态基础？对那些时代较后的异文，我们当然可以不予考虑，但是陶集的现存异文大多来自宋版陶集，它们是现代陶集版本的基础。从晋到宋的五六百年之间，多少异文由于抄写者和编者无心的忽略与有意的排除而失落？而开始提出和思考这些问题，究竟意味着什么？

至少有一点十分清楚：在文本平滑稳定的表面之下，一个混乱的、变动不居的世界律动着。这就是手抄本文化的世界。这个世界，一般读者无缘知晓，因为它只在少数残存的早期异文中留下些许痕迹，而就连这些痕迹，也常常遭到编者无情的删除。

杜诗与韦氏妓:手抄本文化中读者与文本的关系

如前所述,因为传播媒介——纸张——的脆弱易毁,中国的早期手抄本大多已经绝迹了。唐与五代保留在敦煌的抄本,因为干燥的沙漠气候和偏远的地理位置而得以幸存,是十分特殊的例子(此外,还有少数存于日本、韩国的唐写本)。但是,我们还是可以从同时代的文字记载里,一瞥手抄本发生变化的过程,从而认识到手抄本文化的流动性本质。在这里,我们举两个例子,一个例子是作者本人发现他的作品被抄写流传之后变得几乎无法辨认,另一个例子则讲述一个女子如何补订她负责抄写的文本。

先让我们看看第一个例子。唐代诗僧贯休为他的一组《山居诗》写下这样的序言:

> 愚咸通(860—874)四五年中,于钟陵作山居诗二十四章。放笔,稿被人将去。厥后或有散书于屋壁,或吟咏于人口,一首两首,时或闻之,皆多字句舛错。洎乾符辛丑岁[1],避寇于山寺,偶全获其本:风调野俗,格力低浊,岂可闻于大雅君子?一日抽毫改之。或留之、除之、修之、补之。却成二十四首。亦斐然也。[2]

---

[1] 贯休此语有误:辛丑岁(881)是中和元年,唐僖宗自乾符(874—880)以来已两次改元。也许,住在荒僻的山寺里,贯休不能及时得知京城的消息。
[2]《全唐诗》卷八百三十七,第9425页。

贯休的序言使我们看到，这些诗篇好像诗人的后代，刚一出生就被带走，直到长成之后才回到父母身边，而父母几乎认不出来这就是他们的儿女。诗人对自己的作品完全失控：当他看到和听到自己的诗句时，他发现它们充满了"舛错"；只有依靠偶然的机会，原作者才得以"全获其本"。

贯休遇到的情况在手抄本文化中是常见的现象。据《北史》记载，公元六世纪中叶，阳俊之曾经"多作六言歌辞，淫荡而拙，世俗流传，名为阳五伴侣，写而卖之，在市不绝。俊之尝过市，取而改之，言其字误。卖书者曰：'阳五，古之贤人，作此伴侣，君何所知，轻敢议论！'俊之大喜"。[1]这位阳俊之是北朝著名文人阳休之（509—582）的弟弟；阳休之不是别人，正是陶渊明文集最早的编辑者之一。在这则故事里，我们再次看到作者对自己的作品失去控制。只不过阳俊之因为被书贩子当成了"古之贤人"而感到万分高兴，所以，他很可能最终没有修改写本中的谬误。

即使我们退一步说，抄手总是可以准确无误地抄写文本（这实际上是不可能的），也还是不能保证流传到后世的文本的权威性。在南北朝时期，文本流传的速度可以非常快。陶渊明同时代的诗人谢灵运（385—433）享有盛名，"每有一诗至都邑，贵贱莫不竞写，宿昔之间，士庶皆遍"。[2]陶渊明死后一百余年，梁朝诗人刘孝绰（481—539）

---

[1]《北史》卷四十七，第1728—1729页。
[2]《宋书》卷二十七，第1754页。

的诗文为当世取则,据《梁书》记载,"[孝绰]每作一篇,朝成暮遍,好事者咸讽诵传写,流闻绝域"。[1]在这种情况下,如果作者后来对自己的诗文加以修订,则自然成为异文产生的又一契机。在公元前一世纪的罗马,西塞罗曾把《论道德目的》的初稿借给朋友阅读,当得知文稿被朋友抄写了一份之后,西塞罗十分担心"抄本会广为流传,取代最后的定本"。[2]可知在手抄本文化中,这是一种常常发生的情形,举世皆然。

我们从贯休的序言里得知,文本在离开作者之后会经历意想不到的变化,那么随后而来的问题就是:这些变化是如何发生的呢?九世纪作家高彦休讲述过这样一个故事:有一位出身世家、进士及第的韦公子,"尝纳妓于洛"。她年仅十六,"颜色明华,尤善音律",但最让韦公子心动的地方,是她的"慧心巧思":"韦曾令写杜工部诗,得本甚舛缺。妓随笔铅正,文理晓然,以是韦颇惑之。"[3]能够随笔铅正杜诗抄本中的"舛缺",的确需要慧心巧思,不过,令现代读者惊异的,恐怕不仅仅是少女的聪明,还是她随笔铅正杜诗文本的自信,更是韦公子和故事的叙述者对此所持的态度:他们似乎都觉得修补和改正一部舛缺的文本是非常自然的事情,而一部如是订正过的杜诗抄本也显然并不减少它的价值。这第二个例子清楚地向我们显示:一个中世纪的读者,

---

[1]《梁书》卷三十三,第483页。
[2] Elaine Fantham, *Roman Literary Culture: From Cicero to Apuleius*, p. 37.
[3]《全唐五代小说》,第2085页。

在对待他或她阅读的文本时，和一个现代读者是多么不同。

对现代读者来说，理解这种差异不是一件容易的事情，因为我们习惯了印刷书籍的稳定不变，习惯于权威性版本、版权以及"知识产权"的概念。在现代社会，我们仍然可以被我们阅读的书籍所改变，但是我们已经无法改变我们阅读的书籍。在抄本时代，一个抄写者作为一个特别的读者，可以积极主动、充满自信地参与文本的再创造——哪怕这作品属于杜甫，中国最伟大的诗人之一。而且，这个抄写者可以是任何性别、年龄和社会背景的人：职业抄手、显赫的文人、世家子弟、读书识字然而学问不算渊博的一般平民，或者，多才多艺的妓女。抄写的目的也是多种多样的：他或她抄写一部文本，可以是为了谋生，为了对诗歌的爱好，或者为了爱情。这些人以其抄写、编辑、改动、修饰、补缺等种种活动，参与了手抄本的创造。他们的参与极为主动、活跃，因此我们不能再把这种参与描述为读者对某一固定文本的被动接受，而必须视之为读者对一个从根本上来说变动不居的文本积极主动的创造。在这样一种模式里，"作者"仍然十分重要，但是在其作品里，"作者"已经不再占据稳定、权威的中心地位，不再是一个全能的、控制和掌握了一切的存在。

在一篇题为《宋代中国书籍文化和文本传播》的长文中，美国学者车淑珊（Susan Cherniack）探讨了宋朝文本随着印刷文化的崛起而产生的流动性。她认为，印刷文本中的错误对读者产生的影响较手抄本更为广泛，因为"任何一个抄本中的错误都会限制在相对比较小的读者圈子里"。[1]这一见解无疑是正确的,但是,我们也应该注意到:由于同一版的印刷书籍全都一模一样,印刷可以限制异文数量的产生;与此相比,每一份抄本都是独一无二的,都可能产生新的异文,这样一来,比起印刷文本,手抄本就会大大增加异文的总数。

我们从韦氏妓的故事里得知,异文并不都是抄写者无心的错误,而完全可能是有意的改动,是对文本自觉地进行编辑整理的结果。在很大程度上,这正是北宋编辑们在准备印刷一部书籍时所做的事情。他们面对的,往往不只是一份抄本,而是同一文集的许多份不同的抄本。他们必须从众多异文中进行选择。有时,他们还得处理纸本和金石文献的不同。欧阳修校正的《韩愈文集》被公认为善本,但是,当他后来把集中韩文和碑刻进行比较时,还是发现了很多差异。欧阳修不由感叹道:"乃知文字之传,久而转失其真者多矣。"[2]

北宋的学者、编者、校勘者,继承了唐代手抄本文化巨大、分散、混乱的遗产。也许,正因为印刷扮演的角色日益重要,人们有史以来第一次对手抄本之间的差异产生了强烈的关怀。这告诉我们,物质文化和技术的发展会反过来影响人们感受认知世界的方式。叶梦得(1077—1148)

---

[1] Susan Cherniack, "Book Culture and Textual Transmission in Sung China," p. 73.
[2]《集古录跋尾》,见《欧阳修全集》,第1189页。

的《避暑录话》记载了这样一个故事：某中书酷爱杜诗，"每令书史取其诗稿示客，有不解意以录本至者，必嗔目怒叱曰：'何不将我真本来！'"[1]在这个故事里，我们不知道"真本"到底如何不同于"录本"：虽然号称"真本"，它不太可能是杜甫的手稿，那么，它是不是一份从唐代流传下来的手抄本，而"录本"只是这位中书自己抄录或倩人抄录的副本呢？无论如何，这一故事反映出人们对所谓"真本"的强烈意识和追求，而这样的态度在宋朝以前则是很少见的。校勘，这一历来十分重要的活动，现在变得格外充满紧迫感。在极端的情况下，校对精良的善本书甚至可以影响房地产的价钱。朱弁（？—1144）在《曲洧旧闻》里记载过这样一则逸事：宋敏求（1019—1079）家的藏书往往校过四五遍以上，爱好读书的士大夫为了借书方便，纷纷迁居到宋家所在的春明坊，春明坊地带的房价由此大增。[2]

前面说过，当陶渊明还在世时，他的诗歌已经在其朋友圈子里流传。陶集中有很多诗篇，或为赠答，或为同赋。陶渊明在《饮酒》诗序中说，他写的诗，曾经"聊命故人书之，以为欢笑"。在手抄本时代，文本的保存完全建立在抄写的基础上，因此，抄写的意义，实在远远超出了"以为欢笑"的范围：文本只有被人抄写才能流传，流传越广泛，得

---

[1]《宋元笔记小说大观》，第2647页。
[2] 同上书，第2985页。

以存留到后世的机会也就越大。[1]

北宋初年，存在着大量陶集抄本。据宋庠（996—1066）"私记"："今官私所行本凡数种，与二志不同。"[2]宋庠又说："余前后所得本仅数十家，卒不知何者为是。"一个"仅"字，向我们显示了陶集抄本行世之众多；"卒不知何者为是"，则表明这些抄本各各不同。蔡居厚（一名启，字宽夫，1109年左右在世）也说："渊明集世既多本，校之不胜其异，有一字而数十字不同者，不可概举。"[3]

选择"正确"的异文，是一项使北宋学者非常头痛的任务。他们花了大量时间和精力，处理手抄本文化留下的庞大而令人困惑的遗产。柳开（947—1000）是一位大刀阔斧型的编辑，他在校订韩愈文集时，改动了五千七百多字。[4]

---

[1] 李瑞良的《中国古代图书流通史》对我国古代图书流通情况的介绍十分详尽。在第一章结尾处，李氏指出："（书籍）流通一册，就要抄写一册……流通过程也是生产过程。在某种意义上，书籍的内容也是通过流通而得以不断完善的。"（第65页）我们必须就这一句话提出问题：何谓书籍内容的不断"完善"？"完善"是根据什么而定的标准？谁定的标准？在长达数个世纪的抄写过程中，这个标准能否是一直不变的？如果不可能一直不变，那么，一本书籍，比如说一本先秦著作，反映出来的在多大程度上可以说是"先秦"的观念，又在多大程度上，是对之进行加工整理的西汉时期的观念？这都是我们文史研究者必须面对的一些最基本的问题。
[2] "二志"指七世纪前半叶编辑的《隋书·经籍志》和十世纪前半叶编辑的《旧唐书·经籍志》。前者记载了两种陶集——九卷本和六卷本，后者记载了一种五卷本陶集。除此之外，《新唐书》（1044—1060年编定）的《艺文志》记载了五卷本和二十卷本陶集两种。参见本书附录一。
[3] 见《蔡居厚诗话》，《宋诗话全编》，第609页。
[4] 《韩愈全集校注》，第18页。

陶渊明的作品，就像所有的宋前文学作品一样，是经过了北宋文学价值观念的中介而流传下来的。理解宋人的"编辑方针"，对于我们理解陶诗至关重要，因为陶诗具有欺骗性的"单纯"，在很大程度上正是北宋编校者的施为。

对于后代编校者来说，宋人的编辑措施常常显得过于主观。据苏轼说，杜诗"白鸥没浩荡"的"没"字被宋敏求改为"波"字，因为宋敏求认为白鸥不会"没"于波浪。[1]又据十二世纪初期的《道山清话》记载，杜诗"天阙象纬逼"被王安石（1021—1086）直改为"天阅象纬逼"，而黄庭坚（1045—1105）"对众极言其是"。[2]蔡居厚曾经比较王洙（字原叔，997—1057）和王安石对杜诗的不同编辑策略："今世所传子美集本，王翰林原叔所校定，辞有两出者，多并存于注，不敢彻去。至王荆公为《百家诗选》，始参考择其善者定归一辞。"在举例说明之后，蔡居厚告诉我们："若此之类，不可概举。其采择之当，亦固可见矣。"[3]

我们要知道，这些大胆的编辑，诸如柳开、宋敏求、王安石，对手抄本进行的改动，并非孤立的例子，而是非常具有代表性的。他们的所作所为，和韦氏妪并无本质区别。至于他们的"铅正"究竟基于什么样的编辑方针，这样的编辑方针意味着什么，这是我们下一步需要探讨的问题。

---

[1] 见《苏轼诗话》，《宋诗话全编》，第789页。
[2] 《宋元笔记小说大观》，第2939页。
[3] 见《蔡居厚诗话》，《宋诗话全编》，第612页。

"求真"的误区

面对手抄本文化留下的庞大而混乱的遗产,初步进入印刷文化时代的北宋编校者相信,他们必须在"一字而数十字不同"的情况下,做出"正确的"选择。但他们往往不止于对现有的异文进行选择,而是更进一步,径直对文本做出改动,从而以更活跃主动的方式,参与宋前文学的再创造。

蔡居厚说,王安石在编辑杜诗时,但凡遇到他认为"于理若不通"或"与下句语不类"的文字,即"直改"之,"以为本误耳"。[1] 在这里,我们可以看出:常见的编辑方针是选择在上下文中意义最通顺的异文。但是,"通顺易解"是一个问题重重的标准,因为"意义"是具有历史性的:某一时代的读者一目了然的文本,在另一个时代里可以轻易地失去它的透明度。在陶集异文的选择中,表面上最"通顺"的异文往往排挤掉了那些乍看起来似乎不能和上下文轻易串讲的异文,然而,那些被后代编者排除的解读,对陶渊明的同时代读者来说,却很有可能是熟悉的指称。换句话说,在衡量异文的时候,我们必须考虑到时代的因素。文学并非高高在上、自给自足的存在,它超越了历史、社会和文化。然而,对于古往今来的很多读者来说,"尚友古人""直接与古人沟通"的信念,却往往湮没了古今之间的时间距离。古代作者很容易被视为一个永远"在场"的人物,超越了时间和

---

[1] 见《蔡居厚诗话》,《宋诗话全编》,第612页。

变化，也不受时代风气习俗的制约。这种令人遗憾的倾向，在解读陶渊明时尤甚。阳休之曾说，陶集中"往往有奇绝异语"；但是，这些"奇绝异语"，经过无数代辗转抄写，再经过宋代编者的删削去取，几乎已经消失殆尽了。只有在从来不被人注意和重视的异文中，经过我们对晋代文学语境的重建，对文字来源与意义的详细考索，才能窥见端倪。宋人从自己的审美眼光出发，极口称陶渊明"平淡"，而陶渊明的诗文风格也似乎确实符合宋人所谓的"平淡"；但是在很大程度上，这份"平淡"正是宋人自己通过控制陶集文本异文而创造出来的。

陶渊明被视为隐士诗人之宗。在现代中国，他更是被视为代表了某种"中国本质"的诗人。换句话说，陶渊明不仅脱离了他的历史背景，而且被限制为一个固定的形象。虽然学者和评论者们试图把这一形象复杂化，指出陶渊明"也有"不满足的一面、豪放的一面，也曾对弃官归隐的决定感到矛盾，但是，陶渊明作为一个人和一个诗人的基本形象已经定型了：他是高尚的隐士；他"自然""任真"（人们对那些不够"自然任真"的逸事往往避而不谈），对饮酒情有独钟，不为社会习俗所拘束（虽然当我们通读《世说新语》或《宋书》《晋书》中的"隐逸传"时，我们会意识到：陶渊明的"任诞"行为在其时代语境中其实相当传统）；他忠于东晋王朝，或者至少对东晋王朝的颠覆感到痛心；他最终决定远离政治世界，追求个人价值观的实现，在闲适的隐居生活中找到乐趣；他不为物质生活的清苦放弃原则，并写作了很多自然清新的田园诗赞美这种生活方式；等等。关于陶渊明忠于晋室的说法有着悠久的历史，但直到南宋才被深受道学精神影响的评论者极力彰扬——他们想必在陶渊明的时代背景中，看到了南宋王朝的影子。虽然陶渊明本人在其诗文中从未明白地流露过任何忠晋情绪，但从赵宋直到现代，"忠于王室"已经成为陶渊明的人格特征之一，也是对他的作品进行阐释的一个指导思想，有时会导致非常牵强的解释，比如从南宋以降对其《述酒》诗所做的解读。在现代社会，陶渊明"忠于晋室"的一面已经不再引起读者最强烈的兴趣，但陶渊明传统形象的其他方面仍然延续下来。在二十世纪民族主义思想的影响下，很多读者认为陶渊明的作品与人格体现了"中国文化的本质"。但是，人们往往忽略了陶渊明及其作品的历史性与时代性，而"中国文化的本质"乃是现代意识形态的产物，是想象的建构。

既然作者的"原本"已不存在，在很多情况下，我们不可能知道哪一异文是"正确"的，但是，我们至少可以检视选择某一异文和排除另一异文的历史动机，也检视被这样的选择所压抑和隐藏的"另一个陶渊明"。上述种种对陶渊明的普遍看法，还有对于维持诗人固有形象的愿望，都对异文的选择产生了深刻的影响。哪一异文被当作正文，哪些异文以"一作"和"又作"的形式出现在校记或脚注里，成为在社会意识形态方面意义重大的编辑决定。最著名的例子，就是苏轼发起的"望/见"之争（详见本书第一章），但除此之外，我们也将在陶集中尽可以看到为数众多的异文，这些异文往往可以全然改变我们对一首诗的解读。

人们总是自觉或不自觉地渴望稳定：文本的稳定，知识结构的稳定，历史的稳定。对异文带来的问题，我们最常看到或听到的排斥就是：就算字句"略有改变"，至少一篇作品的"核心"是稳定不变的，所以，我们可以安心地在旧日的路上走下去。对稳定的渴望是人类共有的，但是，"稳定"只是一种幻觉。字句的改变不是无关大局的小节，它可以使一首诗全然改观；变化逐渐积累，就可以改变一个诗人的面貌，进而改变一部文学史的面貌。我们最终会发现：陶渊明既是时代的产物，也比他的传统形象更加新异，更富有游戏感。在他的诗作里，陶渊明常常体现出一种强烈的自觉，而且，虽然人们总是谈到陶渊明对田园的热爱，但实际上，诗人对于大自然的黑暗力量——它的无情，它的毁灭性——感到很多的焦虑不安。

在为数不多的百余篇陶渊明诗文中，异文所占的比例相当大。据袁行霈在《宋元以来陶集校注本之考察》一文中的统计，可以上溯到南宋的汲古阁本有七百四十余处异文，这包括字、词甚至整句的异文，"又作"等不算在内；有1140年跋的苏写本（也称绍兴本），包括大约两百多处异文，其内容不超过汲古阁本范围；十三世纪中叶的汤汉本以诗为主，有一百四十三处异文；到了年代更晚的李公焕本，则不过只有六处异文而已。[1] 我们现有的陶集版本不过是宋

---

[1]《陶渊明研究》，第205—206页。关于汤汉本，我个人的统计结果是一百六十余处校记，汤本收录的两篇散文不算在内。

元流传版本的一小部分而已，但假如我们看看这些统计数字，还是会注意到异文数目有逐渐减少的趋势。这种趋势是和陶渊明形象逐渐固定相平行的。

袁行霈在文中讨论了三种影响到文本意义的异文：关系到"修辞"的异文，关系到"正误"的异文，以及关系到陶渊明"生平事迹的考证"的异文。[1]在这三种异文中，第三种影响到陶渊明年谱的修订，在本书中不构成讨论重点。第二种异文，既包括与上下文语义不合者，也包括编校者发现陶渊明引用古代文本有"误"时加以"改正"者。也就是说，如果编校者注意到诗人的引文和现存文献有异，他就会根据现存文献，把"错误"移植到脚注之中（或者索性从文本中排除，而我们将无从得知）。这在传统上被视为对一个版本的"改进"，但是我们也应该考虑这样的可能：陶渊明所见文本和后代编校者所见很可能是不同的，或者根本另有所据。

袁行霈谈到的第一类异文对于我们的探讨特别重要，我们可以对之进行更细致的分类。有的选择基于较为纯粹的审美取向，比如袁行霈所举的例子："日月掷/扫人去。"二者意义差近，编者一般选择"掷"而不选择"扫"，想必觉得前者是一个更有力量的动词，音声也较为铿锵。但是，也有一些选择表面看来是出于审美的考虑，其实掩藏着强烈的意识形态差异。即以著名的"悠然见/望南山"而论，已经

---

[1]《陶渊明研究》，第207—208页。

远远超出了艺术修辞范畴。"见"被视为更自然、更具有偶然性;"望"被认为太自觉,太用力,因此不够"自然"。既然陶渊明被视为"自然任真之人",那么只有"见"才能代表"真正的"陶渊明;而对"见"的选择,反过来更"证明"了陶渊明是一个"自然任真"的人。这样一种阐释怪圈(以心目中的陶渊明形象为基础来选择异文,然后再反过来用选定的异文"证实"心目中的陶渊明形象),值得我们对这一取舍过程进行严肃的反思。换句话说,如果我们不断追问到底应该作"见"还是作"望",或者试图为"望"翻案,那么,就是没有能够理解问题的关键所在。

生尘的几案

"任真"的陶渊明,才是"真正"的陶渊明:"真"的双重意义在明清两代被赋予特别的重要性。在这一时期,发现"真正的陶渊明"和获得一部罕见的宋版陶集,这两种欲望纠结在一起,变得难解难分。这和印刷的普及(特别是十六世纪后期出版业蓬勃迅速的发展)、日益扩大的书籍市场、对藏书的热情,还有宋元善本书不断增长的价值,是同时出现的现象。明清著名藏书家的总数远远超过了此前任何一个历史时期。[1] 对这些藏书家来说,宋版书是最宝贵的收藏品,因为它们是最早的刻本(因此最好地代表了"原本"),因为

---

[1] 李瑞良,《中国古代图书流通史》,第406页。

它们脍炙人口的印刷质量和优美的字体,也因为它们的罕见。藏书家们几乎是狂热地描绘这些宋刻本的外观、气味、纸与墨的质地,我们简直可以说,这些书之所以被人重视,更多的是由于它们的物质特性,而不是由于它们的内容。的确,一部古书绝不仅仅是供人阅读的,它作为美丽、贵重、被人渴望的物品而受到珍视。有很多故事讲述书商如何伪造宋版书以求牟利,[1]也有很多故事讲述藏书家如何费尽心机获得一部善本书——不惜使用经济的报酬、政治的压力、美色的诱惑,乃至欺骗和诡计。陶集的宋元版本,特别是一部据说由苏轼手写付印的刻本,就是这样一种欲望对象,被人追求和争夺。

很多明清藏书家本人也是著名的学者、校勘学家、版本学家。善本书不断增长的商业价值,和对古代作者"真正本质"的追求,具有对等关系。到清代,版本学和校勘学已成为独立、自觉的学科。[2]黄丕烈(1763—1825),有清一代最著名的藏书家和校勘家之一,是一位具有代表性的人物。他生活在乾隆、嘉庆年间,可谓重视版本、校勘和文本考证的乾嘉学派之一员。黄丕烈相信"求古"和"求真",这两个目标在他心目中常常合而为一。他曾说:"古人一事一物必有精神,命脉所系,故历久不衰。然世远年湮,不无显晦之异,又有待于后人之网罗散佚,参考旧闻,此古之所

---

[1] 叶德辉,《书林清话》,第255—257页。
[2] 校勘活动向来十分重要,但到清代达到一个高潮。

以贵乎求也。"[1]在他具体的收藏与校勘活动中,"求古"和"求真"意味着早期刻本(也就是说宋代版本)或者早期抄本总是比后来的更好,因为在黄丕烈看来,它们能够更好地反映一部书籍的"原始面貌",从而显示古代作者的"精神"。黄丕烈校勘原则的优点在于他校对时非常谨慎,总是记录下来所有的异文,但是,这种思想的缺点也很明显,因为拒绝承认手抄本文化中文本的流动性和不稳定性,便加强了这样的幻觉:尽管在文本流传过程中存在着重大的问题,我们还是可以完美地恢复古人的面貌与精神。

这里需要指出的是,文本流动性的问题并不限于手抄本文化的时代,也并不截止于印刷文化日益发达的宋朝。一方面,直到明清两代,人们仍然大规模地抄写书籍:在近年出版的《中国古籍稿钞校本图录》的序言中,陈先行指出,《中国善本古籍书目》著录的56787部古籍中,一半以上是抄本。[2]另一方面,中国的雕版印刷术要求抄写全书,[3]而抄写者和刻版者都可能有意无意地改动文本。但时至今日,手抄本文化的性质及其问题尚未得到学者足够的注意。虽然有关出版历史或者印刷文化的著作常常涉及抄本文化,但往往较为简略,而且论述重点总是集中在所谓"正本"、"真

---

[1] 姚伯岳,《黄丕烈评传》,第123页。
[2] 《中国古籍稿钞校本图录》,第9页。
[3] 贾晋珠(Lucile Chia)在关于福建建阳书坊的近著中提道:"手写原本被面朝下覆在书板上以供雕刻,这使抄本和刻本之间的关系比起西方活版印刷要来要密切得多。"*Printing for Profit*, p. 42.

本"和"原本"上。

如前所述，对"真"的追寻，在阅读陶渊明时获得了一种特别的意义。某些异文被排斥或者被批评，因为它们不代表"真正的"陶渊明，因此，它们也就不可能是"真本"：它们被视为抄写者粗心大意造成的错误，或是由不理解陶渊明"本意"的"浅人、俗人、妄人所改"。这些主观的认知，往往并非来自对陶渊明的历史、文化、社会、文学等背景的详细考察，也常常缺乏历史材料的佐证，却很容易被不加思索地接受下来。具有讽刺性的是，用剔除了异文之后的"净化"文本加以证明的陶渊明人格，又被反过来当作后代编者进行异文选择的标准或凭证。

在一定的意识形态的指导下被过滤的文本，证实了陶渊明之"真"：这里的"真"，既指诗人的"真本"，也指他的所谓"任真"的品质，这种品质被视为陶渊明的人格特征。对稳定文本的渴望和把诗人塑造为单纯个体的渴望，就这样完美地结合在一起，而诗人单一纯粹的形象，也就成为稳定文本的坚实基础。陶渊明和他的诗被编织成一个巨大的文化神话，在二十世纪以来建筑现代民族国家文化的工程中起着作用。在这一文化神话中，陶渊明其人其作奇迹般地处于一种"原始自然"状态，陶渊明被视为完全透明，完全不拥有任何自觉的诗人，因为在很多人眼里，一个人的"自觉"会损害他的"真"，甚至竟被视为"虚伪"的同义词。这不是说，陶渊明不可以有自我怀疑：自我怀疑最终更显示了他选择"从心所欲"的高尚；所谓缺乏自觉，是说很多人相信陶渊明"无意为诗",他只是在"生活",然后碰巧写出一些诗,而这些诗又碰巧被完好地保存下来,如此而已。这样的看法,使得陶渊明就和他的诗一样显得异常简单和透明,俨然是一座单一、纯粹而坚固的雕像,不受时代与环境的影响。任何对这种形象的不同意见都受到强烈的抵制,其坚决性在中国古代诗人研究里是罕见的。

《尘几录》的主要目的,是勾勒出手抄本文化中的陶渊明被逐渐构筑与塑造的轨迹。和传统的读者接受批评不同的是,本书旨在探讨读者如何积极主动地参与对"陶渊明"的生产和创造。读者接受理论的前提,是文本的稳定性和作者对作品的权威性控制;而《尘几录》则探讨手抄本文化对一位诗人的作品产生的巨大影响,并试图揭示:对作品与作者之间关系的传统看法,在手抄本文化的情况中不仅不再适用,而且是一种幻象。读者并不只是被动地阐释作品,而且还亲自对作品进行塑造,并用自己参与创造的文本"证明"他们的诠释。《尘几录》希望把陶渊明放在他的历史、社会、文化和文学语境中进行探讨。只有当我们看到陶渊明是多么深刻地根植于文学和文化传统,我们才能更好地理解和欣赏他对传统的革新。本书的目的不是简单地颠覆对陶渊明的种种固有看法,而是希望给这些看法增加厚度和深度,使我们最终认识到手抄本文化的世界是如何变动不居,而这种流动本质在我们的古典文学研究领域尚未得到正确的理解或重视。我们将会发现,陶渊明的诗歌文本,即使在诗人逝世之后,仍被后人不断地生产和创造。传统意义上那个"真正的陶渊明",只是陶渊明众多可能的形象之一,是社会意识形态的产物;它太片面,太缺乏时代性,因此,也就很难发生效力。

本书第一章,围绕有关陶诗之"得"的概念展开:对获得诗人"真意"的渴望如何导致后人依靠选择"正确"的异文来控制陶诗文本面貌,这一渴望又如何与北宋的文化风气紧密相关。到明清两代,获得诗人"真意"与占有宋版陶集合为一体,宋版陶集遂成为具有文化和商业双重价值的欲望对象。本书第二章则借助对陶渊明四种不同传记的比较,讨论"先生究为何许人"。这些传记常常被当作独立的"历史语境",用以诠释甚至校改陶渊明的诗文。笺注家们或者尽量试图消解陶渊明传记与其作品之间的矛盾之处,或者对那些不尽符合诗人传统形象的逸事忽略不提。本章旨在揭示这样的事实:陶渊明传记中塑造的诗人形象一方面基于陶渊明本人在诗文中的自我形象投射,一方面深受六朝隐逸话语的影响;同时,这些传记的行文风格、材料去取也受到传记作者不同信念、不同动机的左右。

陶渊明被视为田园诗的开创者,而田园诗的主要题材是隐居生活和乡土风光。很多学者都谈到过陶渊明对躬耕生活的满足和对大自然的欣赏。本书第三章通过对陶渊明一些著名田园诗里的异文进行探讨,揭示一个和传统形象有所不同的陶渊明。我们将会看到,在那些被排斥和压抑的异文里,诗人与自然的关系充满矛盾和张力,而且,他在非常自觉地"做"一个农夫。换句话说,诗人十分明白他不"是"一个农夫,归根结底,他只能作为一名旁观者,站在农人社区之外，反思自己的差异与异化。

也许，因为陶渊明的诗常被指为朴素直白，也因为他的诗被具有意识形态偏见的编校者处理为相当透明的文本，现代陶渊明研究往往致力于"陶渊明的思想到底属于儒家还是道家"的讨论。有时，他被指为受儒家影响更深；有时，他被指为受道家影响更深；也有很多人认为，这些哲学倾向都对诗人产生过一定的影响。可惜的是，当我们把精力投入这些讨论中的时候，陶诗中的"诗歌"因素难免受到了忽视。我们甚至会忘记，陶渊明首先是一个诗人——无论我们多么颂扬他的"人格"，如果没有他的诗，陶渊明不过是《宋书》《晋书》和《南史》所记载下来的众多隐士中的一员。陶渊明不仅是一位诗人，更是一位伟大的诗人。诗歌可以容纳哲学思想，但是优秀的诗歌总是超越了哲学思想，是那一点"多出来的东西"，使之成为诗歌。和哲学论文不同，诗歌不那么系统化，而具有更大的偶然性、时机性，诗是"瞬间"的产物，而这些"瞬间"的历史语境和背景，常常非我们所知。尽管后代学者试图重新构筑诗人的生平，以便恢复那些"瞬间"的面貌，但是，我们知道，这样的构筑永远都是不完美的。我们真正拥有的，只是那些诗篇：它们当然可能反映出时代的思想，但是那些思想都已被转化为诗歌语言，我们不能像对待哲学论文一样，从陶渊明留下的诗篇里，提取出一套严谨、精密、系统化的思想来。本书的第四和第五章将探讨诗人关心的问题如何在诗歌意象和主题中得到具体表现。这两个章节试图勾勒出陶渊明与其时代的复杂关系：一方面，诗人喜爱的主题无不来源于文学传统，也和当时的文化氛围紧密相关；另一方面，诗人表现这些主题的方式，是相当独特和不寻常的。

在最后一章，我们将把注意力转向庐山的一块石头，"醉石"。据说，诗人在上面留下了身体的痕迹。这一痕迹经历了很多奇异的变形，衍生出很多自相矛盾的记述，人们不断在石头上面留下题词与镌刻，直到它最终成为一个寓言：诗人被凝固在一个坚硬的表面，但即便如此，他也还是能够逃避我们对他的追求——借助于文本的流动、舛误和变形。

在《未编订的文艺复兴》（*Unediting the Renaissance*）一书中，英国文艺复兴时期文学的研究者利娅·S.马库斯（Leah S. Marcus）为我们展示被现代标准读本所压抑的"形形色色的阐释可能"。她特别指出文本的不稳定性和物质性对当代学者而言是多么重要："随着电脑技术和后结构主义理论进入了文学研究的范畴，我们中的大多数人都开始转变我们对文本的一贯看法，而把文本视为更灵活多变的实体。如果文本可以经由电脑输出，那么'原本'的概念就会失去很多吸引力：我们怎么能可靠地区分'原本'和'副本'呢？我们可以从电脑里印出自己的作品，这使我们每个人都成为小规模的印刷者和设计者，因此，我们就会对过去的书籍生产方式以及形式如何影响诠释感到更大的兴趣。新语文学或曰新考证派（New Philology）将在一个最根本的物质的层次，探索文本的不稳定性。"[1] 在这一层次，文学作品不应被视为存

---

[1] Leah S. Marcus, *Unediting the Renaissance*, pp. 26–27.

在于"作者的意图"中,超越了抄本或刻本的物质形式;抄本和刻本也不应再被视为"仅仅是工具而已",或者只是"内容的载体"。[1]每一个抄本和版本,都是一场独一无二的、具有历史性和时间性的表演,参与表演的有抄写者、编辑者、评点者、刻版者和藏书家,他们一个个在文本上留下了他们的痕迹,从而改变了文本。

就好像北宋的学者和编辑一样,我们生活在一个转折的时代。北宋学者对印刷的勃兴感到焦虑,因为随着知识传播的媒介由抄写转化为印刷,人们和书籍的关系发生了根本的变化。虽然互联网文化缺乏物质实体,它却和手抄本文化具有根本的相通之处:它们都是多维的,都缺少中心,缺少稳定感,缺少权威。这种变化令人不安,但是,它也可以给我们带来前所未有的自由。无论手抄本文化,还是互联网文化,其实都是人类处境的寓言。

宋敏求的父亲宋绶(991—1041)是一位勤于校勘的藏书家。他曾经说过这样的话:"校书如拂尘,旋拂旋生。"[2]"尘几"不仅是对校勘与编辑的完美比喻,也象征了我们对嘈杂无序的手抄本世界的云游。对此,陶渊明想必会理解,因为他比任何人都更清楚地了解自然的混乱,它无时无刻不在威胁着人类文明强加给它的脆弱秩序。

---

[1] Leah S. Marcus, *Unediting the Renaissance*, p. 30.
[2] 沈括(1031—1095),《新校正梦溪笔谈》,第261页。朱弁在《曲洧旧闻》里把这句话系于宋敏求名下。见《宋元笔记小说大观》,第2985页。

第一章 得失之间

本章所要论述的是一个人如何与一座山建立起某种关系：见山，望山，试图用图画或者文字传山之"神"，买山，或者，窃山。

让我们以陶渊明最著名的一首诗开始。无论在萧统编辑的《文选》中，还是在初唐类书《艺文类聚》里，这首诗都被称为《杂诗》。但是，自宋代以来，它是作为《饮酒》组诗中的第五首出现的：[1]

> 结庐在人境，而无车马喧。
> 问君何能尔，心远地自偏。

---

[1] 见《唐钞文选集注汇存》，第470页。这是现存最早的《文选》抄本残卷。也见《艺文类聚》卷六十五，第1161页。

> 采菊东篱下,悠然望南山。
> 山气日夕佳,飞鸟相与还。
> 此还有真意,欲辨已忘言。

车马的喧声不是普通的噪音,它隐指公卿贵族的来访。在《读山海经》其一中,诗人曾委婉地表示朋友们少来过访是因为他住的巷子太狭窄;但在这首诗里,他只是简单地说:"心远地自偏。"这是纯粹的庄子:居住之地与是否在"人境"没有关系,重要的是心境。

在采菊之际,诗人抬头凝视远处的南山。这一姿态不仅已经成为陶渊明的标志,而且后代读者往往把篱畔的菊花看成诗人高尚节操的象征。其实,正是因为和陶渊明联系在一起,菊花才获得了这样的象征意义。由于陶渊明而生发的联想,常常就这样作为与历史脱节的语境,回到我们对陶渊明的解读中。在陶渊明本人生活的时代,菊花让人想到延年益寿,不是隐士的高风亮节。诗的第三、四联巧妙地交织了永久广大与纤弱短暂的意象:一方面是巍然的南山,一方面是篱畔的菊花和天际的飞鸟——在即将降临的黑暗中,这些联翩归山的飞鸟"相与"而还,更显得渺小无助,转瞬即逝。[1]

最后一联用了庄子的典故:

---

[1] 王瑶指出南山象征了长寿,并举《诗·小雅·天保》为例:"如南山之寿。"《陶渊明集》,第63页。

> 筌者所以在鱼，得鱼而忘筌；蹄者所以在兔，得兔而忘蹄；言者所以在意，得意而忘言。吾安得夫忘言之人而与之言哉！[1]

陶诗最后一联暗示诗人已经"得意"，所以才会"忘言"。我们当然不会忽略这其中的讽刺意味：诗人毕竟还是要用"言"来传达"忘言"的信息。但是，诗人所得之"意"究竟为何，却是一个谜。诗人仅仅用了一个庄子的典故，对他的所得做出含蓄的表达。

我们可以确知一点：庄子所渴望的，不仅仅是某种"真意"而已，他还渴望一个得意忘言的人与他交言。哲人的孤独隐含在这种自相矛盾的渴望里，诗人的孤独则表现在他就是那个"忘言之人"，可是哲人却已不在了：

> 少时壮且厉，抚剑独行游。
> 谁言行游近，张掖至幽州。
> 饥食首阳薇，渴饮易水流。
> 不见相知人，惟见古时丘。
> 路边两高坟，伯牙与庄周。
> 此士难再得，吾行欲何求。
>
> （《拟古》其八）

---

[1] 见《庄子集释》，第944页，《外物》篇。

在这首诗里，诗人自述青年时代四处远游，寻觅知音。伯牙和庄子并列，似乎有些奇怪，但在两部西汉作品《淮南子》和《说苑》里，伯牙与庄子都是失去了知音的人："钟子期死，而伯牙绝弦破琴，知世莫赏也；惠施死，而庄子寝说言，见世莫可为语者也。"[1]在陶诗中，不仅诗人找不到知音，就连那些曾经感叹知音已逝、可以给予诗人一些同情的人也已作古。在诗的最后一联里，诗人明确使用了"得"字：别说钟子期和惠施，就连像伯牙和庄子的人也"难再得"了。

"得"的概念在南山诗中的出现是隐形的，但它其实是一个中心概念，帮我们更好地理解全诗。庄子"得意忘言"的一段话，在陶渊明生活的时代具有极大影响。汤用彤甚至以为"言""意"之间的关系为整个魏晋玄学提供了基础。[2]我们不可能在此对言意问题做详细论述，但是一点简单的介绍也许会有所帮助。王弼（226—249）在《周易注疏》中的一段话被普遍视为言意之辨的源泉：

> 言者所以明象，得象而忘言；象者所以存意，得意而忘象……是故存言者非得象者也，存象者非得意者也。[3]

---

[1]《淮南鸿烈集解》，第654页，《修务训》。《说苑·谈丛》记载了类似的说法。在《庄子·徐无鬼》篇里，庄子感叹惠子的死使他失去了可以谈话的对象。
[2] 汤用彤，《魏晋玄学论稿》，第23—42页。
[3]《周易注疏及补正》，第9—10页。

王弼相信,"尽意莫若象,尽象莫若言"。[1]这代表了他和庄子"书籍文字无过是古人渣滓"思想的分道扬镳。但是对王弼来说,言和象都仅仅是一种媒介,就好像用来捕鱼的筌。这里我们需要注意的,不是"忘言",而是"得意",或者,更准确地说,是"得"的概念。作为一个动词,"得"可以用于一系列事物,从田产、家业,直到一行精彩的诗句。它意味着建立所有权。

公元五世纪初期编写的《世说新语》这样记述郗超(336—377)对隐士的慷慨资助:

> 郗超每闻欲高尚隐退者,辄为办百万资,并为造立居宇。在剡为戴公起宅,甚精整。戴始往旧居,与所亲书曰:"近至剡,如官舍。"郗为傅约亦办百万资,傅隐事差互,故不果遗。[2]

隐居本身是一种文化资本,它也需要一定的经济资本才能付诸实施。隐居是有代价的,而且常常发生于一个特定的地理环境。从《世说新语·栖逸》篇中,我们得知康僧渊在公元340年左右来到江西豫章,"立精舍,旁连岭,带长

---

[1] 欧阳建(约270—300)在《言尽意论》里持相同观点,但他也指出,"言不尽意"是长期以来人们的普遍看法:"世之论者,以为言不尽意,由来尚矣。至乎通才达识,咸以为然。"《全上古三代秦汉三国六朝文·全晋文》卷一百零九,第2084页。
[2] 《世说新语笺疏》,第660页,《栖逸》篇。戴公即戴逯(?—395)。

川,芳林列于轩庭,清流激于堂宇"。好奇的朝士纷纷前来参观这位胡僧如何"运用吐纳",康僧渊开始时"处之怡然,亦有以自得,声名乃兴",但是终于"不堪,遂出"。[1]

在文字简略的《世说新语》里,对康僧渊精舍的描述显得颇为铺张。正是在这样一种环境里,康僧渊才能够"有以自得"——"自得"的表面意思,就是"获得自我"。隐居必须发生于一个明确界定的空间,这在另一则《世说新语》逸事中表现得更为明显。在这则故事里,隐士仅仅居住在山岭旁边已经不够了,还必须以更加具体的方式拥有一座山:

> 支道林因人就深公买印山。深公答曰:"未闻巢、由买山而隐。"[2]

巢由,即巢父、许由,上古的高尚隐士。据四世纪竺法济《高逸沙门传》:"遁得深公之言,惭恧而已。"支道林未得印山,先得法深排调之言。不过,支道林终于还是定居印山了。

我们应该在这样的时代背景下解读陶渊明的南山诗。诗人强调结庐在"人境",可以视为对当时"铺张隐居"风气的抵制。和康僧渊不同,诗人门前无车马之喧,没有受到

---

[1]《世说新语笺疏》,第659页,《栖逸》篇。
[2] 同上书,第802页,《排调》篇。

朝士来访的干扰，这表示他真正做到了"隐身"。他的成功不是由于"地偏"，而是因为"心远"，而这正是时人所谓"小隐""大隐"的分别。[1]

陶渊明不仅在人境结庐，而且十分小心地和传统的隐居环境——山林——保持距离。一道篱笆不仅隔开了人境，也隔开了南山。在精神上，他和联翩归山的飞鸟和谐一致。在《杂诗》其七中，诗人把人生比作行旅："去去欲何之？南山有旧宅。"南山不仅是飞鸟的家园，也是诗人的归宿。虽然没有支道林的买山之举，陶渊明也终于"获得"了南山，只不过他得山的手段是和南山保持距离，对之遥遥瞩目而已。

在这种意义上，陶渊明的南山诗成为宗炳（375—443）《画山水序》的先声。宗炳在《画山水序》里告诉我们，因为年老体衰，他不能再像青年时代那样四处游历，于是他选择用笔墨来再现山水，通过观画，故地重游：

> 余眷恋庐衡，契阔荆巫，不知老之将至。愧不能凝气怡身，伤跕石门之流。于是画象布色，构兹云岭。夫理绝于中古之上者，可意求于千载之下；旨微于言象之外者，可心取于书策之内；况乎身所盘桓，目所绸缪，以形写形，以色貌色也。

---

[1] 晋人王康琚《反招隐诗》："小隐隐陵薮，大隐隐朝市。"逯钦立，《先秦汉魏晋南北朝诗·晋诗》卷十五，第953页。

在这里，宗炳极力强调"再现"的忠实性。他说，如果我们可以通过文字把握千年以前的道理，那么更何况"以形写形，以色貌色"的图画呢？借助想象力，我们可以通过言和象来求取言象之外的东西。这样的想法，显然来自魏晋玄学对言、意、象三者关系的论述。宗炳把这些玄学范畴应用在绘画上，典型地体现了当时强调以形传神的美学理论。[1] 有时，对神的重视和对形的忽略可以达到极端的程度。东晋著名政治家谢安（320—385）曾把支道林描述为一个九方皋式的人物：九方皋相马，甚至弄不清楚马的性别和毛色，他注重的只是马的"神理"而已。[2] 同样，如果我们能够获得山的神理，我们就可以获得一座山：

> 且夫昆仑之大，瞳子之小，迫目以寸，则其形莫睹；迥以数里，则可围于寸眸。诚由去之稍阔，则其见弥小；今张绢素以远映，则昆阆之形，可围于方寸之内。竖划三寸，当千仞之高；横墨数尺，体百里之迥。如是，嵩华之秀，玄牝之灵，皆可得之于一图矣。

---

[1] 东晋画家顾恺之有"四体妍蚩，本无关于妙处，传神写照正在阿堵中"的议论。见《世说新语笺疏》，第721页，《巧艺》篇。顾恺之关于眸子传神的观点令人联想到蒋济（？—249）关于知人必观其眸子的理论。虽然蒋济的说法可以上溯到孟子，但也是时代的产物。从东汉末年到东晋，"品评人物"构成政治和社会文化中重要的一部分。

[2] "谢安目支道林如九方皋之相马，略其玄黄，取其俊逸。"见《世说新语笺疏》，第843页，《轻诋》篇。

和南山不同，昆仑阆风本是神话传说中神仙所居之地，但即便如此，也还是可以借助一幅画轻易地得到它。对宗炳来说，买山而居根本没有必要；绘画即是完美的媒介，观者可以尽"得"山之灵秀于其中。艺术的再现，几乎可以完全代替真实的经历，甚至超过真实的经历：

> 夫以应目会心为理者，类之成巧，则目亦同应，心亦俱会。应会感神，神超理得。虽复虚求幽岩，何以加焉？

画家凝望山水，可以揣得其神，而高超的技艺又可以使得画家把山水之神传达给观者，观者"目亦同应，心亦俱会，应会感神，神超理得"。宗炳在此所关心的，并非山水画是否可以传画家之神，而是山水画是否能够完美地再现山水，把蕴含于山水之中的神理表达出来。

宗炳无疑是相信"言尽意"的：

> 又神本亡端，栖形感类。理入影迹，诚能妙写，亦诚尽矣。

随后，他描述了自己从画家一变而为观者的体验：

> 于是闲居理气，拂觞鸣琴，披图幽对，坐究四荒。

第一章 得失之间

在这里，我们似乎看见了诗人陶渊明的影子：就和宗炳一样，陶渊明也是通过观看获得了山的神理——南山诗结尾处神秘的"真意"。

然而，五百年之后，对醉心于获得奇花异石以及珍贵艺术品和文物的北宋文人来说，"得"山已经不再是那么容易的事。在北宋，陶渊明脱颖而出，被塑造为最伟大的六朝诗人，并且最终演变为一个如南山一般巍然屹立的文化偶像。这种脱胎换骨的变化在很大程度上正是围绕着南山诗发生的，或者，更准确地说，是围绕着诗中的一个异文发生的。归根结底，重要的不仅是得山，更是诗人得山的方式。

见山与望山

陶渊明的南山诗有很多异文，这里要谈的是第六行的第三个字：望，一作见。蔡居厚告诉我们："渊明集世既多本，校之不胜其异，有一字而数十字不同者，不可概举。"他随即引此句为例："悠然见南山，此其闲远自得之意，直若超然邈出宇宙之外。俗本多以见字为望字，若尔，便有褰裳濡足之态矣。"蔡居厚感叹说，这样不智的选择，"并其全篇佳意败之"。[1]

蔡居厚的意见，想必来自当代文学巨擘苏轼——最早提出"见"的异文并为之激烈辩护的人：

---

[1] 见《蔡居厚诗话》，《宋诗话全编》，第609页。

> 因采菊而见山，境与意会，此句最有妙处。近岁俗本皆作望南山，则此一篇神气都索然矣。古人用意深微，而俗士率然妄以意改，此最可疾！[1]

对苏轼来说，"见"出于无心，具有随意性；"望"则暗示了渴望和努力，这对一位北宋文人来说，未免显得过于迫切，过于热情。

苏轼在其他地方也曾举"望/见"为例，来表达他对擅改古人文本的不满："近世人轻以意率改，鄙浅之人，好恶多同，故从而和之者众，遂使古书日就讹舛，深可愤疾。"[2] 实际上，就连北宋诗人的作品在流传过程当中也常常出现讹误，或者被刻印者以"于理不通"为由进行修改，从而产生异文。在宋代笔记资料中，我们不止一次看到，苏轼本人就常常无法控制自己的文本，这也许可以帮助我们更好地理解他对"鄙浅之人"以意轻改文本感到的愤怒。[3]

---

[1] 见《蔡居厚诗话》，《宋诗话全编》，第786页。
[2] 同上书，第789页。
[3] 马永卿（1109年进士）在其《懒真子》中称苏东坡的诗句"天外黑风吹海立"被妄改作"天外黑风吹海至"。见《宋元笔记小说大观》，第3185页。一个更有趣的例子是邵伯温在《邵氏闻见后录》中记载的故事。据苏仲虎（苏轼之孙）言，有人以澄心纸向苏轼求书，苏轼遂命仲虎"取京城印本《东坡集》诵其中诗，即书之"。待念到"边城岁莫多风雪，强压香醪与君别"，苏轼放下笔，对仲虎怒目而视，道："汝便道香醪！"仲虎"惊惧久之"，才意识到印本"误以'春醪'为'香醪'也"。见《宋元笔记小说大观》，第1955页。苏轼在《答刘沔书》中曾说："世之蓄轼诗文者多矣，率真伪相半，又多为俗子所改窜，读之使人不平。"又说："李太白韩退之白乐天诗文，皆为庸俗所乱，可为太息。"

苏轼称"近岁俗本皆作望南山",这告诉我们当时关于陶渊明的南山诗存在着一种得到普遍承认的标准解读,这种解读采取的是"望",不是"见"。苏轼尽可以嘲笑"鄙浅之人,好恶多同",但是富有讽刺意味的是,苏轼对"见"的偏好很快就被广泛接受。"见"代替"望"成为正文,以至于后代评论家对"望"的存在感到尴尬。[1]"见"优于"望",因此一定是陶渊明原文的观点,得到苏轼文学集团成员的强烈支持,不断被人在诗话中重复。彭乘(1105年左右在世)是"苏门四学士"之一黄庭坚的好友。在他的笔记里,苏轼的意见被系在黄庭坚名下:"鲁直曰:……如渊明诗曰'采菊东篱下,悠然见南山'。其浑成风味,句法如生成,而俗人易曰'望南山',一字之差,遂失古人情状,学者不可不知。"[2] 惠洪(1071—1128？)的《冷斋夜话》也有同样的记载。[3]

在卷帙浩繁的宋诗话、笔记中,对同一个观点无休无止的重复形成了一股强大而顽固的文化力量。就连政见未必和苏轼一致的沈括,在"望/见"问题上也完全同意苏轼。他在《梦溪续笔谈》中写道:"陶渊明《杂诗》'采菊东篱下,悠然见南山',往时校定《文选》,改作'悠然望南山',似未允当。若作'望南山',则上下句意全不相属,遂非佳

---

[1] 明末闵齐华注、孙鑛评《文选瀹注》:"见南山果妙,不知何人改为望字!"《陶渊明诗文汇评》,第169页。直到二十世纪,著名学者程千帆在《陶诗结庐在人境异文释》中,也以同样的理由极力论证"见"是原文。见程文,《古诗考索》,第308—314页。
[2] 见《彭乘诗话》,《宋诗话全编》,第551页。
[3] 见《惠洪诗话》,《宋诗话全编》,第2440页。

作。"[1]沈括谈到"往时校定《文选》,改作'悠然望南山'",似乎是说曾经存在着一个"正确的"《文选》版本作"见南山",而被校订者改为"望南山"。但问题是现存最早的《文选》抄本和初唐类书《艺文类聚》皆作"望",不作"见"。而且,种种迹象似乎表明,在苏轼提出"见"乃原文之前,没有哪一种陶集版本是作"见南山"的。苏轼宣称少时所见的"蜀本大字书皆善本",并暗示某蜀本陶集作"见"不作"望",[2]但是,如果我们猜测苏轼自己发明了"见"的异文,并把这一"发明"归结为少年朦胧的记忆,也许不能算是完全没有根据的信口开河。叶梦得在《石林诗话》中提到,他曾从赵德麟处借到陶渊明集,"本盖苏子瞻所阅者,时有改定字"。[3]这些改定字是苏轼另有所据呢,还是苏轼"以意率改"呢?(陶集显然属于赵德麟,在朋友的书上改定文字也是颇为率意的举止——除非赵藏陶集原属苏轼)

"见"字之重要,在于它是一种意识形态的选择。在所有关于"望/见"的早期讨论中,晁补之(1053—1110)的发挥具有关键意义。晁补之是苏门四学士之一,他在一篇写于1104年11月19日的陶诗跋语中,提出了以下的观点:

> 诗以一字论工拙,如"身轻一鸟过""身轻一鸟

---

[1]《新校正梦溪笔谈》,第338页。又见《沈括诗话》,《宋诗话全编》,第501页。
[2] 见《苏轼诗话》,《宋诗话全编》,第789页。
[3] 见《叶梦得诗话》,《宋诗话全编》,第2694页。

下"，过与下与疾与落，每变而每不及，易较也。如鲁直之言，犹碔砆之于美玉而已。然此犹在工拙精粗之间，其致思未白也。记在广陵日见东坡云："陶渊明意不在诗，诗以寄其意耳。采菊东篱下，悠然望南山，则既采菊，又望山，意尽于此，无余蕴矣，非渊明意也。采菊东篱下，悠然见南山，则本自采菊，无意望山，适举首见之，故悠然忘情，趣闲而心远。"此未可于文字精粗间求之。以比碔砆美玉，不类。崇宁三年十月晦日晁补之题。[1]

"身轻一鸟过"是杜甫的诗句。在《六一诗话》里，欧阳修谈到陈从易曾得到杜集旧本，文多脱落，"'身轻一鸟'，其下脱一字，陈公因与数客各用一字补之，或云'疾'，或云'落'，或云'起'，或云'下'，莫能定。其后得一善本，乃是'身轻一鸟过'。陈公叹服，以为'虽一字，诸公亦不能到也'"。[2]

晁补之在陶诗和杜诗的异文之间画出了一条十分微妙的界线：杜诗用字之精，表现了诗艺的高超，从其性质上来看，是一个"工拙"的问题，人人都可以一眼就看出原文的精彩；至于陶诗，看出哪个字更高妙就没有那么容易，因为这

---

[1] 见《晁补之诗话》，《宋诗话全编》，第1042—1043页。广陵即扬州。苏轼曾出守扬州，晁补之任其下僚，时在1092年。《宋诗话》以"此未可于文字精粗间求之，以比碔砆美玉，不类"为苏轼语，详文意，应作晁语。
[2] 见《欧阳修诗话》，《宋诗话全编》，第213页。

里涉及的已经不再是诗歌的语言艺术，而是诗人的思想境界。晁补之对手抄本文化带来的问题既无意识也不关心，他的讨论甚至远远离开了诗歌的审美范畴。在这里，望、见之别完全是从意识形态的角度来考虑的。突然之间，望与见的差异被赋予了一种非凡的意义，它远远超越了对古代大诗人的钦佩，超越了对文本讹误感到的焦虑，甚至也超越了对找到一个完美的字眼以"补之"的强烈渴望。我们看到的，是一个所谓"意不在诗"的诗人，而如果一个诗人"意不在诗"，那么其诗作的魅力，也就不在于诗作本身，而在于这个诗人所达到的思想境界。换句话说，在于一个被宋人，特别是被苏轼及其文学集团成员所凭空创造出来的理想化人格。

在《后山诗话》中，陈师道（1053—1101）如是说："渊明不为诗，写其胸中之妙尔。学诗不成，不失为工；无韩［愈］之才与陶之妙而学其诗，终为乐天尔。""才"与"妙"之间的区别，再次构成重要的判断标准。前者指一个诗人的文学创作能力，后者则指向诗人的人格。

从这一时期开始，陶诗"自然天成"的观点占据了统治地位。黄庭坚称谢灵运、庾信"有意于俗人赞毁于工拙"，因此陶渊明之墙数仞，为二子所未能窥。他在《题意可诗后》重申这一见解："至于渊明，则所谓不烦绳削而自合。虽然，巧于斧斤者多疑其拙，窘于检括者辄病其放……渊明之拙与放，岂可为不知者道哉。"[1] 杨时（1053—1135）称

---

[1] 见《黄庭坚诗话》，《宋诗话全编》，第954，948页。

陶诗"所不可及者，冲淡深粹，出于自然"，"非著力之所能成"。十二世纪初黄彻的论断结合了黄庭坚、杨时的说法："渊明所以不可及者，盖无心于非誉巧拙之间也。"[1]陶渊明的文字世界，从此被视为一个缺乏自觉的世界，以漫不经心的"见"而不是充满追求意愿的"望"作为标志。诗人之得山，是一种偶然和意外，至少从表面看来，是无意得之而不是热情求得的。

直到南宋初年，人们依然在寻求实在的文本证据来支持苏轼的说法。吴曾在《能改斋漫录》里写道：

> 东坡以渊明"采菊东篱下，悠然见南山"，无识者以见为望，不啻碔砆之与美玉。然余观乐天效渊明诗有云："诗倾一尊酒，坐望东南山。"然则流俗之失久矣。惟韦苏州《答长安丞裴说》诗有云，"采菊露未晞"，"举头见秋山"。乃知真得渊明诗意，而东坡之说为可信。[2]

在一个松散的文学集团里，观点经常改换主人：黄庭坚"碔砆美玉"的比喻，曾被晁补之认为"不类"，现在又被系于苏轼名下。但更值得我们注意的是吴曾为苏轼的说法在历史上寻求根据的努力。白居易的诗句引自《效陶渊明体

---

[1] 见《黄彻诗话》，《宋诗话全编》，第2388页。
[2] 见《吴曾诗话》，《宋诗话全编》，第3006页。

十六首》其九。如果白居易在写下这两行诗句时确曾想到陶渊明的南山诗，那么，他看到的陶集版本恐怕不仅作"望南山"，而且作"时时望南山"。顺便提到，对"望"大加鞭挞的笺注家们对"时时望南山"的异文多半保持缄默，大概是觉得不屑一驳。

韦应物的引文比较成问题，因为韦应物没有像白居易那样清楚地标示出这是一首"效陶体"的诗。韦诗一共十八行，是一篇客气的应酬之作，感谢裴丞于百忙之中抽空探望他，除了吴曾引用的两行之外，和陶渊明并没有更多的联系。吴曾引用的两句其实来自如下两联："临流意已凄，采菊露未晞。举头见秋山，万事都若遗。"另一位南宋文人葛立方（？—1164）曾因此批评韦应物没有达到陶渊明的境界："应物乃因意凄而采菊，因见秋山而遗万事，其与陶所得异矣。"此处我们再次看到这个字——"得"。在葛立方看来，韦应物显然没有能够像陶渊明那样得到远山所蕴含的真意。[1]

其实，在唐朝读者眼里，"见"和"望"也许根本就没有什么深刻的区别。韦应物的另一首诗，《同韩郎中闲庭南望秋景》，无论在内容上，还是在词句上，都比吴曾引用的《答长安丞》一诗更体现出陶渊明南山诗的影响。在这首诗

---

[1] 葛立方，《韵语阳秋》卷四，见《葛立方诗话》，《宋诗话全编》第8225—8226页。具有讽刺意味的是，葛立方的父亲葛胜仲（1072—1144）——陶诗的爱好者和《文选》的细心读者——显然接受的是"望南山"而不是"见南山"。他曾根据陶渊明诗意盖了一座"真意亭"，并作长诗纪念亭子落成，诗中写道："东篱秋色晚，悠然望翠微。"见《葛胜仲诗话》，《宋诗话全编》，第2582—2583页。

第一章 得失之间　45

里,"望"和"见"是同时并存的:

> 朝下抱余素,地高心本闲。
> 如何趋府客,罢秩见秋山。
> 疏树共寒意,游禽同暮还。
> 因君悟清景,西望一开颜。[1]

有人夜半持山去

现在让我们暂时把注意力转向另一座山——一座微型的山。在1094年,苏轼在湖口人李正臣那里看到一块九峰奇石。他打算以一百金的价格把它买下来,但因为得到贬谪海南的处分,没有来得及买下石头就仓促动身了。他写了一首诗,纪念这一经历,并把石头命名为"壶中九华"。七年之后,苏轼遇赦回来,在湖口打听"壶中九华"的下落,发现它已经被人以八十千钱的价格买走了。苏轼又写了一首诗,追和前诗之韵,借以安慰自己。在这首诗里,他把自己比作归来的陶渊明。[2]但是苏轼的情况和陶渊明并不一样:陶渊明是主动辞官的,苏轼的归来却是遇赦的结果;陶渊明喜悦地发现故园"松菊犹存",苏轼却永远失去了他的奇石。

---

[1]《韦应物集校注》,第460页。
[2]《苏轼诗集》卷三十八,第2047—2048页。

又是晁补之,在一篇为李正臣的诗所作的题跋里,补充说明了"壶中九华"的下落:

> 湖口李正臣,世收怪石至数十百。初,正臣蓄一石,高五尺,而状异甚。东坡先生谪惠州,过而题之云壶中九华,谓其一山九峰也。元符己卯(1099)九月,贬上饶,舣舟钟山寺下,寺僧言壶中九华奇怪,而正臣不来,余不暇往。庚辰(1100)七月,遇赦北归,至寺下首问之,则为当涂郭祥正以八十千取去累月矣。然东坡先生将复过此,李氏室中,嶜崒森耸、殊形诡观者尚多。公一题之,皆重于九华矣。[1]

晁补之坚信,苏轼的品题会给李氏的收藏增加价值。自然之物,无论它们本身看起来多么奇特,总是缺少一个名字,一个身份,一个声音。它们必须得到一个人——一个卓越诗人的赏识,然后才能变得出类拔萃,与众不同,就好像陶渊明必须有苏轼的鉴赏才能够从众多六朝诗人当中脱颖而出一样。而且,对晁补之来说,"价值"不仅意味着审美价值,也意味着商业价值,可以用价钱来衡量。苏轼和晁补之

---

[1]《鸡肋集》卷三十三。根据苏轼之子苏过的记载,"壶中九华"只有一尺来长,见其诗《湖口人李正臣蓄异石,广袤尺余而九峰玲珑,老人名曰壶中九华,且以诗纪之,命过继作》。《全宋诗》,第15469页。郭祥正,北宋诗人,苏轼的朋友,和北宋很多士大夫一样,酷好收藏奇花异石、艺术品和文物。

都很仔细地记下石头的价钱，无论是估价，还是实价。在晁补之跋语的最后一句话里，"九华"一语双关，既指"壶中九华"，也指实际的九华山；"重"不仅表示分量和意义的沉重，也隐隐指向石头的"贵重"：文学的与商业的价值，都和苏轼的大师身份遥遥相称。但是苏门的忠实弟子晁补之唯一没有意识到的是，一块石头一旦由于大师的品题而得到一个名字，它也就获得了独特的身份与个性，就像被爱者那样变得独一无二，不可代替。就在晁补之写下这篇跋语的第二年，苏轼果然从流放地回到了湖口，但是他没有再为李正臣的其他藏石命名。他只是写了一首诗，充满眷恋地追忆他失去的那块石头——壶中九华。

研究宋代文学的美国学者艾朗诺（Ronald Egan）曾说，苏轼诗文中常常出现的一个主题就是"超脱"，也就是说，"不让自己太执着于物，或对物的占有欲太强"。[1]但问题在于这种对"超脱"的执着总是会走向自己的反面。苏轼其实非常留意于"得"。他在《仆所藏仇石希代之宝也王晋卿以小诗借观意在于夺仆不敢不借以此诗先之》一诗中，敦促王晋卿尽快把仇石还给他。[2]具有讽刺意味的是，王晋卿曾建成一座宝绘堂，贮藏平生收集的书画，苏轼特为之作《宝绘

---

[1] Ronald Egan, *Word, Image, and Deed in Su Shi's Life*, p. 157.
[2] 王晋卿即王诜，宋英宗（1064—1068在位）的女婿，书画鉴赏家和收藏家。苏轼曾提出以韩幹画马交换仇石，王诜不肯。后来苏轼又就此事写了两首诗。除了王诜以外，至少有三个朋友参与了唱和酬答。其中一个朋友在诗中对石与画表示艳羡，另一个朋友则建议焚画碎石。见《苏轼诗集》卷三十六，第1945—1948页。

堂记》，劝王晋卿"寓意于物，而不可以留意于物"，并说自己年轻时迷恋于物，现在已经醒悟，"见可喜者，虽时复蓄之，然为人取去，亦不复惜也"。[1]苏轼对仇石的眷恋似乎和他对自己的描述恰好背道而驰。

只有了解苏轼对物的执着，我们才能更好地理解他对陶渊明的推崇：在苏轼心目中，陶渊明是一位见山而不求山的诗人，不像苏轼自己，如此恋恋于一座壶中九华。陶渊明不用依靠买山来"得山"，而且，陶渊明之"得"表面上看来至为轻松自在、漫不经意，使苏轼羡慕不已。其实，陶渊明的这种轻松自在，一部分乃是苏轼本人的发明创造：他坚持"见"与"望"、无心与有意之间的分别，为后代读者对陶渊明的理解一锤定音。苏轼把自己的文化理想投射到了一个五百年前东晋诗人的身上。

本来这不过是读者接受理论的又一个典型范例，但是对异文的选择改变了整个问题的性质。换句话说，对陶诗进行诠释是一回事，依靠主动地控制和改变陶诗文本来塑造陶诗的解读则是另一回事。支配了异文选择的陶渊明形象本是后人的创造，陶渊明的早期传记作者已经开始了这一创造过程，苏轼及其文学集团更是对完成这一创造过程起到了决定性作用。这个形象与其说反映了历史上的陶渊明本人，毋宁说反映了北宋文人所关心的一系列文化问题，包括伴随着收藏鉴赏文化的潮流而产生的对于"得"的焦虑。我们在此面

---

[1]《苏东坡全集》，第389—390页。

临一个怪圈：陶渊明的人格形象决定了异文的选择，之后，被选中的异文又反过来被用于证明陶渊明的人格形象。一代又一代的陶诗读者被这一怪圈所困，鲜有能脱离者。

通过揭示"见"与"望"的重要区别，苏轼俨然成为得到了陶渊明"真意"的读者。在陶渊明之后，苏轼再次"得到"了南山的精神，从而"获得"了南山。

我们且来看一下陶渊明的另一首诗：《乙巳岁三月为建威参军使都经钱溪》。和南山诗一样，这是一首关于"得"的诗，而且全诗的关键也在于一个异文。在这个异文里，藏着一座被偷走的山。

> 我不践斯境，岁月好已积。
> 晨夕看山川，事事悉如昔。
> 微雨洗高林，清飙矫云翮。
> 眷彼品物存，义风/在义都未隔。
> 伊余何为者，勉励从兹役。
> 一形似有制，素襟不可易。
> 园田日梦想，安得久离析。
> 终怀在归/壑舟，谅哉负/宜霜柏。

从表面上看来，这首诗抒发了弃官归隐的愿望，但是，如果我们留意察看，就会发现这首诗实际上表现了诗人对于变动与恒久、流失和存留的关心。尽管时代变迁，战争频繁，山川、风雨这些自然事物却是永远存在的；就连飞鸟，虽然是脆弱短暂的个体生命，也因为被指称为"云翮"而保持了抽象的永恒。在这个长存不变的自然世界中，微雨洗高林，风吹干了鸟儿淋湿的翅膀，送它高入青云：一切事物都和其他事物发生微妙复杂的关系。第四联"眷彼品物存，在义都未隔"十分引人注目，因为诗人在自然万物的和谐与人事的复杂纷扰之间做出了鲜明的对比。人世存在着各种各样的间阻，比如诗人远离家乡，或者，他的"久不践斯境"。现在虽然故地重游，目睹事事如昔的旧日山川，诗人还是感到新的阻隔——在万物和谐相安的自然世界里，他自觉是一个不合时宜的侵入者：

伊余何为者？勉励从兹役。

虽然他对周围的自然景物感到眷恋，但他自己的存在却与之格格不入，他只是一个转瞬即逝的过客而已。"一形"不仅显得孤独，也受到外界的制约，因为诗人的旅程是违背自己心意的。当然也不是完全缺乏安慰：诗人的"素襟"没有受到影响，它的"不可易"呼应自然界的恒久，和人世风云变幻的政治环境形成反差。

在诗的最后一联中，我们看到两处异文。终怀在归舟，"归"一作"壑"；谅哉负霜柏，一作"谅哉宜霜柏"。素霜覆盖的松柏，无疑用了《论语》的典故——"岁寒，然后知松柏之后凋也"，同时也象征了诗人不可改易的"素襟"。至于前一句诗，如果我们采取"归舟"，当然很容易理解：它表达了诗人对回归田园的决心。果不其然，大多数陶集版本都采取"归舟"作为正文。"归舟"把诗的结尾变得十分透明，但也未免使之索然寡味。[1]

假如我们选择"壑舟"，则陶渊明的同时代人一定会想到《庄子》中的这一段话，它来自陶渊明特别喜爱的《大宗师》篇：

> 夫藏舟于壑，藏山于泽，谓之固矣。然而夜半有力者负之而走，昧者不知也。藏小大有宜，犹有所遁。若夫藏天下于天下而不得所遁，是恒物之大情也。特犯人之形而犹喜之。若人之形者，万化而未始有极也，其为乐可胜计邪！故圣人将游于物之所不得遁而皆存。[2]

在这段至为闳肆优美的文字里，庄子探讨了人生的易变。他宣称，只有把自己交付给无休无止的变化，才能真正获得永恒。夜深人静时，从大壑深泽中负舟而走的"有力者"是一个强劲的意象，代表了死亡不可抗拒的力量。在陶诗的语境里，这一意象照亮了整个诗篇：岁月尽可以逐渐堆积，但万事万物皆长"存"于不息的变化之中。大自然循环

---

[1] 何焯（1661—1722）与陶澍（1779—1839）是古代学者里唯一把"壑舟"作为正文的。在二十世纪的学者里，"归舟"仍然得到大多数陶诗编者的认同。龚斌的意见具有代表性："此若作'壑舟'，于义难通，当从各本作'归舟'。"《陶渊明集校笺》，第189页。
[2] 《庄子集释》，第243页。

往复的自新和个人"一形"的易朽形成了强烈的对照。也许是因为正在乘舟航行,诗人想到了"壑舟"的意象:在浓黑的夜色里,它被一个神秘的有力者负之而趋。这使诗人意识到,在他自己的生命之舟被负载到一个黑暗的港湾之前,他必须尽快把"素襟"付诸实施。生命短暂,只有选择自己真正喜爱的生活,才能对抗"大化"瞬息万变的飓风。变与恒之间的张力,就这样一直维持到诗的最后一行。

在《杂诗》其五中,陶渊明曾用"壑舟"的意象来描述生命的激流:

> 壑舟无须臾,引我不得住。
> 前途当几许,未知止泊处。

负舟而走的有力者,是死亡与变化的象征。在《过钱溪》一诗里,这个象喻本身就遭到了变化的拨弄,因为在这里变化是以文本异文的形式出现的。

窃舟者还窃走了一样更巨大的东西:藏在深泽中的一座山峦。当苏轼从流放地归来,发现"壶中九华"已被一个有力者夺走,他用一首诗表达叹惋。一年之后,苏轼去世了。又一年之后,苏轼的好友黄庭坚写下《追和东坡壶中九华》。[1]诗的开端蕴含着深深的伤痛:

---

[1]《黄庭坚全集》,第168—169页。宇文所安曾就苏、黄二诗进行过详细论述。见《只是一首诗》,《他山的石头记:宇文所安自选集》,第262—280页。

有人夜半持山去——

对黄庭坚来说，损失是双重的：他不仅失去了奇石，也失去了好友苏轼。二者都是被狂妄的夜贼窃走的大山。[1]

得与失

壶中九华的故事，可以作为陶诗的寓言。一块石头，虽然形状奇特优美，不过是大自然千万块奇石中的一块而已，只是因为苏轼的赏识，一变而为壶中仙山，从此身价倍增，甚至得到御前。与此相应，陶诗自从得到苏轼及其文学集团的推崇，也获得了前所未有的价值；而且，就和壶中九华一样，这种价值不仅是美学的，也是商业的。

---

[1] 我们在历史上最后一次听说"壶中九华"，是在北宋朱彧的《萍洲可谈》里（原有1119年序，今佚）。最终获取了"壶中九华"的"有力者"不是别人，正是那位酷爱收藏奇花异石的宋徽宗皇帝。朱彧在笔记中十分明确地把苏轼的赏识和石头价值的增长联系在一起："太平人郭祥正旧蓄一石，广尺余，宛然生九峰，下有如岩谷者，东坡目为壶中九华，因此价重，闻今已在御前。"见《宋元笔记小说大观》，第2322页。方勺（1066—？）在《泊宅编》里，试图打破人们对"壶中九华"的迷信："湖口李正臣所蓄石，东坡名以壶中九华者，予不及见之。但尝询正臣所刻碑本，虽九峰排列如雁齿，不甚嵚崿，而石腰有白脉，若束以丝带，此石之病。不知坡何酷爱之如此，欲买之百金，岂好事之过乎？予恐词人笔力有余，多借假物象以发文思，为后人诡异之观尔。"见《泊宅编》，第187页。就和晁补之一样，方勺明白石头的价值与其说在于石头自身，还不如说在于诗人对它的鉴赏。在方勺的叙述中，苏轼被还原为"有力者"，是他的"笔力"赋予了自然之物魅力和价值。

苏轼自己曾经多次谈到手写陶诗。[1]作为一个书法大家，苏轼的字是很多人追求和收藏的对象。既然如此，有一个版本在宋版陶集中特别吸引收藏家的注意，也就不是偶然。这个本子是一种苏体大字本，因为附有写于宋高宗绍兴十年（1140）的无名氏题跋，所以常常被称为"绍兴本"，又称"苏写本"。[2]

所谓苏轼手写陶集付刊一事，近乎神话，苏轼本人也从未提到过这样一个版本。退一步说，即使这样一个版本的确曾经存在过，它是否存留下来也很值得怀疑。1122年，出现了一种所谓"字画乃学东坡书，亦臻其妙"的信阳大字本，更使苏轼手写本的说法变得扑朔迷离。刘声木（1878—1959）曾就绍兴本或苏写本发表过如下看法，可供我们参考：

> 苏文忠公轼字体书陶渊明集十卷，俗传苏文忠公书，实则字体酷似苏，非文忠公笔也。据集后绍兴十年十一月□日□□□跋谓"仆近得先生集，乃群贤所

---

[1] 如《书渊明饮酒诗后》："元丰五年三月三日（1082年4月3日），子瞻与客饮酒，客令书此诗，因嘱其后。"见《苏轼诗话》，《宋诗话全编》，第785页。又如《书渊明东方有一士诗后》："绍圣二年二月十一日（1095年3月19日），东坡居士饮醉食饱，默坐思无邪斋，兀然如睡，既觉，写渊明诗一首，示儿子过。"见《苏轼诗话》，《宋诗话全编》，第798页。但邵伯温以为，"东坡于古人但写陶渊明、杜子美、李太白、韩退之、柳子厚之诗"。这恐怕是有些夸张了。据《道山清话》记载，苏轼因极爱杜牧《过华清宫》诗，自称至少写过三四十通送人。见《宋元笔记小说大观》，第2932页。
[2] 详见本书附录一。

校定者,因锓于木,以传不朽"云云。亦未明记所书之人。据其字迹,跋语与全书如出一手,殆即锓木是书者所书无疑。[1]

但是,在十七世纪著名藏书家毛扆(1640—1713)心目中,苏轼手写陶集付刊的说法不但是真实的,而且和毛扆自己的家族历史还有一段充满隐痛的纠葛。毛扆在"苏写本"抄本的重刊跋语中,记述了又一个关于鉴赏、识别、得失的故事:

> 先君尝谓扆曰:"汝外祖有北宋本陶集,系苏文忠公手书以入墨板者,为吾乡有力者致之,其后卒烬于火。盖文忠景仰陶公,不独和其诗,又手书其集以寿梓,其郑重若此。此等秘册,如随珠和璧,岂可多得哉。"扆谨佩不敢忘。

毛扆的先君也就是毛晋(1598—1659),明末的大藏书家和出版家,汲古阁的建立者。一部南宋陶集因为曾经属于汲古阁而被称为"汲古阁本",现藏于中国国家图书馆,这大概就是毛扆晚年卖给潘耒(1646—1708)的本子。[2]但是毛扆在这里谈到的陶集版本是另外一种,当年曾被一个"有

---

[1]《茶楚斋续笔》卷三,见《茶楚斋随笔续笔三笔四笔五笔》,第288页。
[2] 详见本书附录一。

力者"从他外祖那里夺去。虽然毛扆没有指名道姓，但是他的同时代人，或者熟悉历史掌故的读者，应该已经猜测到他说的大概就是晚明的著名文人钱谦益（1582—1664）。钱谦益是江苏常熟人，和毛扆是同乡。1643年，他曾为一部"坡书陶渊明集"写过这样的题跋："书法雄秀，绝似司马温公墓碑，其出坡手无疑。镂板精好，精华苍老之气，凛然于行墨之间，真希世之宝也。"[1]这很可能就是他从毛扆外祖家获取的宋本陶集。同年，钱谦益盖了一座绛云楼，用以贮存他的善本书和姬人柳如是（1618—1664）。钱谦益在绛云楼落成时写下的八首诗描写了他的双重乐趣，其中有道："百尺楼中偕卧起，三重阁上理琴书。"[2]但是，没有什么比他选择的楼名更不吉利的了：所谓"世间好物不坚牢，彩云易散琉璃脆"，1650年的一场大火烧毁了绛云楼，也烧掉了很多珍本藏书。这也许就是毛扆在其跋语中提到"卒烬于火"的来由。

毛扆的跋语并未到此结束。他在下面叙述自己如何担当起蔺相如的角色，在一场隐秘的家族之争中，为自己的外祖家遭受的损失实行了一场小小的报复：

> 一日晤钱遵王，出此本示余，开卷细玩，是东坡

---

[1]《牧斋初学集》，第1781—1782页。
[2]《绛云楼上梁以诗代文八首》，见《牧斋初学集》，第738页。历史学家陈寅恪直截了当地把女子和书摆在同一"所有物"的地位："牧斋平生有二尤物：一为宋椠两汉书，一为河东君。"见《柳如是别传》，第416页。

笔法。但思悦跋后有绍兴十年跋，缺其姓名，知非北宋本矣。而笔法宛是苏体，意从苏本翻雕者。初，太仓顾伊人湄赍此书求售，以示遵王。遵王曰："此元版也，不足重。"伊人曰："何谓？"遵王曰："中有宋本作某，非元板而何？"伊人语塞，遂折阅以售。余闻而笑曰："所谓宋本者，宋丞相本也。遵王此言，不知而发，是不智也；知而言之，是不信也。余则久奉先君之训，知其为善本也。"伊人知之，遂持原价赎之，颜其室曰陶庐，而乞当代巨手为之记。

钱遵王即钱曾（1629—1701），钱谦益的侄孙。据说绛云楼烬于火后，所余藏书尽归此人。[1]我们不知道钱曾告顾湄以"元版"云云，是有心欺骗还是出于无知或疏忽，因为一般来说，看到"宋本"字样自然会视为"宋代版本"的简称，但"宋本"和陶集联系在一起，常常是指"宋庠本"而不是"宋代版本"。既然钱曾轻易地答应顾湄以原价赎回，似乎说明钱曾并不晓得这一版本的珍贵。毛扆帮顾伊人从钱氏家族赎回不小心贱价出售的宋本陶集，无形之中为自己的外祖出了一口恶气。但是毛扆从中得到的好处还远不止此。他对顾伊人提出一个请求：

---

[1] 王士禛（1634—1711），《分甘余话》卷四："钱先生藏书甲江左，绛云楼一炬之后，以所余宋椠本尽付其族孙曾，字遵王。《有学集》中跋述古堂宋版书，即其人也。先生逝后，曾尽鬻之泰兴季氏，于是藏书无复存者。闻今又归昆山徐氏矣。"第91—92页。

余谓之曰:"微余言,则明珠暗投久矣,焉得所谓陶庐者乎?今借余抄之可乎?"业师梅仙钱先生,书法甚工,因求手摹一本,匝岁而卒业。笔墨璀璨,典刑俨然。后之得吾书者,勿易视之也。先外祖讳梅字德馨,自号约斋,严文靖公之孙,中翰洞庭公第四子也。甲戌(1694)四月下浣汲古后人毛扆书谨识。

在跋语末尾,毛扆笔势一转,回到自己的外祖父,明白揭示了他有心为外祖扬眉吐气的用心。前文没有提到姓名的"吾乡有力者",至此完全被毛扆外祖父的名、字、别号及其显赫的家世掩盖了。作为严氏后人,毛扆的胜利不仅在于帮助顾湄夺回宋本陶集,而且,还在于托业师钱梅仙花了一年时间,精心摹写了一个本子。我们要知道,这不是一般的抄本。在没有复印机的时代,这种历时一年的"手摹",旨在创造完美的"影印"效果。毛扆的父亲毛晋,如果不能得到某宋元刻本及旧抄本,便会"延请名手选上等纸精抄一部",号称"影宋抄",可以达到"与刊本无异"的程度。毛扆的《汲古阁珍藏秘本书目》存有购书价和抄书值,"我们从中看到,毛钞所耗资财,几乎与宋元本同,甚至有轶其价者"。[1]

毛扆的故事,不仅关系到得与失,而且关系到商业交换和商品价值。就像一部善本书那样,知识与信息在经济交

---

[1] 章宏伟,《出版文化史论》,第196—197页。

换系统里也可以获得价值：毛扆对宋本陶集的识别使他终于获得影写此书的权利。即使到了今天，手工制作品仍然比机器产品更为昂贵。这也正是为什么毛扆特别仔细交代钱梅仙花了多少时间抄写全本的原因。

归根结底，毛扆的故事关系到权力的运作：一册图书（书的作者本是对权力最不感兴趣的人）成为权力争夺的集中点。"吾乡有力者"虽然从严栐手中夺走了珍本，但是终究不能抗拒大自然的可怕力量，在一场火灾中失去了它；他的晚辈，则因为无知和晦气，失去了另一册珍本；相比之下，严栐的后人则以一个新的抄本，和一篇传之于后世的跋语，弥补了家族的损失。[1]

在明清两代，一部善本书就和一幅画、一座花园或者一件三代的青铜器一样，不仅是人人艳羡的商品，也是经济、政治和文化权力的运作场。在一部汤汉（1202—1272）编注的宋版陶集后面，顾自修写于1787年的跋语记叙了他的朋友周春（1729—1815）获得这一珍本的前后过程。[2]

1781年，鲍廷博（字以文，1728—1814）和吴骞（号

---

[1] 据钱曾自己在一部陶集题跋中说，他和顾湄情同兄弟，所以，"见余苦爱陶集，遂举以相赠"（但实际上我们几乎可以肯定这牵涉到某种交换）。后来，在1666和1667年之间，钱曾把他收藏的许多宋版书卖给了季振宜（1630—1674），其中即包括这部宋版陶集。季振宜去世以后，藏书分散，顾湄又把这部陶集买了回来，并且拿给钱曾看——只不过这次他没有再"举以相赠"了。钱曾说，他为之写跋的这部陶集乃"购名手从宋刻影摹者"——很可能就是毛扆托钱梅仙抄写的苏本陶集。见《读书敏求记》，《续修四库全书》卷九百二十三，第390—391页。
[2] 详见本书附录一。

葊里，1733—1813）过访周春。当天晚上在聊天的时候，鲍廷博提到一部前有汤汉序言的陶集，并说已经把书付给了海盐张燕昌（号芑堂）。吴骞对汤汉的来历一无所知，周春则立刻拍案大叫"好书"，并为之具言汤汉的始末。这时，鲍廷博才意识到他和一部南宋珍本失之交臂，不由"爽然若失"。五月初五日，周春向张燕昌借观此书。随后发生的事件，被顾自修婉言描述为张燕昌不断催还而周春提出用书画玩器交换，其实显然是周春在放刁耍赖，巧取豪夺。整个谈判过程持续了两年之久，也许张燕昌终于意识到周春是不打算交还此书的了，终于答应以价值白金若干的古墨交换。1783年，"此书乃为先生所有，盖其得之之难如此"。到了1786年，鲍廷博得到一部此书的抄本，张燕昌则敦促拜经楼主人吴骞把书"重行开雕，共忏悔觌面失宋刻公案"。[1]在题跋结尾处，顾自修赞美周春，认为没有周春高人一等的识别力，则此本不可能流通于世。他也称鲍、张、吴三人之"好事"乃"流俗中所罕觏云"。换句话说，顾自修试图向读者传达这样一个信息：负责刊印此书的人，就和他们所付刊的书一样，都是不可多得的。

以上是顾自修对周春如何获取汤汉本陶集的描述。周

---

[1] 吴骞重雕汤汉本陶集有1786年跋，见陶澍《陶靖节先生集》，"诸本序录"。吴骞在跋语中对重雕本的来龙去脉交代得相当模糊。他既没有提到鲍以文把原本给了张燕昌，也没有提到他的重雕本乃是以原本的抄本为底本的。他的题跋含糊其词，给人留下他的重雕本乃直接来自原版汤汉本的印象。这一方面增加了重雕本的价值，另一方面恐怕也是为了遮掩他没有识别出宋版原本的羞愧。

春自己则只是说:"偶从友人处得之,不胜狂喜",手自补缀,重加装订。周春的记述写于1781年夏,当时这本书还没有真正属他所有,是刚刚从张燕昌那里借来的。尤为好笑的是,周春重新装订此书时在书前加页,书页另一面盖有一方优美的印文:"自谓是羲皇上人。"这句话来自陶渊明《与子俨等疏》。在信中,陶渊明自称五六月间,高卧北窗之下,凉风吹来,自谓是羲皇上人。"五六月"正是周春获得汤汉本陶集的季节。

周春旋即把自己的书斋命名为"礼陶斋"。"礼",是指他所拥有的一部"宋刻礼书",但同时也可理解为一语双关的"礼拜陶集之斋"。顾湄也曾把自己的书斋命名为"陶庐",纪念他失而复得的宋版陶集。以书名斋是炫耀收藏品的绝妙方式,这样的公开炫耀,同时显示了主人对所有物的珍重隐藏。据说周春得到此书后不仅"秘不示人",而且甚至准备以之殉葬。周春大概十分清楚以书示人可能带来的危险后果,但他大概也知道,"秘不示人"只会激发起他人更强烈的欲望。"佞宋主人"黄丕烈即在此书跋语中自承:"余素闻其说于吴兴贾人,久悬于心中矣!"

1808年夏秋之际,黄丕烈听说某书商得到此书,欲求售于吴门,但是此后久久没有音信。最后从一位嘉禾友人处得到消息,这位朋友说,他许以四十金易之,未果,已为某峡石人家得去。一年之后,黄丕烈从友人吴修(字子修,1764—1827)处得知,峡石人家"可商交易",遂终以百金得之。我们注意到书价已经从原先的"四十金"翻了一倍还多。黄丕烈的题跋写于1809年中秋。在这一跋语之上，书页的空白处，还有后来加上的数行小字，称周春自从卖掉他的宋刻礼书后，改书斋名为"宝陶斋"；而在卖掉陶集后，又改颜之为"梦陶斋"了。至于黄丕烈自己，则因为这是他收藏的第二部宋版陶集，遂名其书斋为"陶陶室"——陶陶者固为"二陶"之谓，然亦双关"其乐陶陶"也。

这许多的书斋名虽然皆有"陶"字，此"陶"却既不代表诗人陶渊明，也不代表陶渊明的诗文，而仅仅代表了陶集的一个版本而已。把陶渊明和一部宋版书等同起来，使我们得以通过一本书而获得和拥有诗人陶渊明。陶渊明的诗文在此已经不是重心所在：对拥有珍奇之物的欲望占了上风。当然，一部善本书是相当特别的珍奇之物：对书的热情追求本身即是一个人的文化资本，带有一个特殊社会阶层的诱人光圈。

历代收藏者在汤汉本上留下的大小印章超过四十余枚，这令人想到一部珍本书和中国的许多山峦具有的共同之处：那些山峦常常刻有历代题铭，有时在一面石壁上几乎找不到一点空白。二者的目的，都是在欲望对象上面留下自我的痕迹，从而建立实际的或者象征性的所有权。陶渊明的作品，就这样变得越来越好像是一面刻满字迹的石壁，成为逐渐石化的物体，与其说是因为它的内容，还不如说是因为它的外表而受到赞誉。获得一部宋版陶集就好比获得一块奇异的山石：如果不能得到山峦本身，那么，得到山峦的一小部分，一块形状似山的石头，也是好的。同样，人们以为可以通过获得一部珍贵的宋版书,来捕获一位变幻不定的诗人:他的流动性如此之强的文本曾经在众多抄本中以不同的面貌出现,以至"有一字而数十字不同者","卒不知何者为是"。

在《与子俨等疏》里,陶渊明曾如是描写他生活中的乐趣:

> 开卷有得,便欣然忘食。

这是阅读的乐趣,却又不仅仅是阅读的乐趣:它向我们展示了"有得"之乐——仅仅阅读是不够的,还应该从书中"得到"一些什么。陶渊明的话,和他在《五柳先生传》中的话相互映照生发:"好读书,不求甚解,每有会意,便欣然忘食。"在这两处文字中,我们都听到"得意忘言"的回声。在中国文化史上,对"得"的迷恋很早就已经开始了。

乱 曰

生活在公元八世纪的唐代诗人皎然曾写过一首诗,题为《九月十日》。在诗的最后一联,他提到"南望":

> 爱杀柴桑隐,名溪近讼庭。
> 扫沙开野步,摇舸出闲汀。
> 宿简邀诗伴,余花在酒瓶。

悠然南望意,自有岘山情。[1]

一般人写诗,都会选择"九月九日"作为题目,皎然却偏偏选择了九月九日的余波。剩余的菊花,插在空空的酒瓶里。它们是昨日之"余",是赘物,它们的在场暗示了时间的流逝、贫乏和缺席。

柴桑是陶渊明的故乡。陶渊明诗集中有三首赠给柴桑令的诗,一首写给丁柴桑,两首写给刘柴桑。丁柴桑未知何人,刘柴桑据考证是刘遗民,隐士,虔诚的佛教徒。皎然诗的最后一句,用了西晋名臣羊祜的典故:羊祜镇守襄阳时,常常前往岘山饮酒赋诗,流连终日。有一次,他在宴席上叹息道:"自有宇宙,便有此山。由来贤达胜士,登此远望,如我与卿者多矣,皆湮灭无闻,使人悲伤。如百岁后有知,魂魄犹应登此也。"羊祜死后,襄阳百姓为了纪念他,在山上竖立起一块石碑,看到石碑者往往泪下,因此,羊祜的继任者杜预称之为"堕泪碑"。杜预自己也非常关怀后世名,曾经"刻石为二碑,纪其勋绩,一沉万山之下,一立岘山之上,曰:安知此后不为陵谷乎"。[2]

我们不知道皎然写这首诗时人在何处,"南望"的又是哪座山。但是有一件事很清楚:诗人并没有像羊祜那样登上岘山向他处远望,相反,岘山成了诗人眺望的目标(哪怕只

---

[1]《全唐诗》卷八百十五,第9178页。
[2]《晋书》卷三十四,第1020,1031页。

是在想象之中）。皎然的诗，处处令我们联想到陶渊明（而且我们可以推测，皎然所读到的南山诗想必作"望南山"而不作"见南山"）：溪水靠近讼庭，呼应了陶诗"心远地自偏"的意境；菊、酒与南望，也都是极为熟悉的意象。和陶渊明的南山诗一样，皎然的诗表达了对永恒的渴慕。庞然的岘山和插在酒瓶里的余花遥遥相对，既是宇宙长存的象征，也暗示了人类生命的短暂：在重九采菊，祈求长生，归根结底是多么徒劳无益的行动，因为就连"举俗爱其名"的重阳佳节都已成了明日黄花。

从羊祜、陶渊明到皎然，已经几百年过去了，但是，人们对永恒的渴望依然如故；除此之外，人境中的所有其他东西都是转瞬即逝的。不过，自称谢灵运十世孙的皎然，在描写他和山的关系时，没有用"得"，而用了"有"，而且，还是"自有"：一种自然的、毫无牵强之感的拥有，不像后人那样，充满对得失的牵挂与焦虑。皎然还宣称，他拥有的不是山，而是"岘山情"：那是一种对永恒的渴望，它曾使羊祜叹息，使杜预堕泪，使陶潜忘言。这是另一种"得山"的方式，只是"得"的性质却从来没有改变。

第二章 "先生不知何许人也"

言,身之文也。身将隐,焉用文?是求显也。

——《左传·僖公二十四年》

陶渊明的年谱,向来争议很多。史传中的陶渊明传记,并不能帮助我们澄清种种疑点。相反,这些传记,以及学者专家处理它们的方式,对于重塑诗人形象、建构历史和对待手抄本文化,都带来了一些值得注意的问题。虽然数种陶传的主体基本一致,但是细节的增减,使它们各自呈现了相当不同的诗人形象,同时,也揭示了传记作者本人的不同思想倾向。

陶渊明一生从未担任过高官显职,在世时也不是陶氏家族中名望最高的人物之一,甚至不是家族中唯一著名的隐士。[1]据此我们可以推测,要想搜集有关诗人的传记资料,一方面依靠诗人和当代有名之士的交游,另一方面必须诉诸诗人自己的作品。陶渊明诗文的英译者戴维斯(A. R. Davis)曾经评论说:"诗人的家庭背景和任职经历,想必有某种形式的官方记载可以依凭;但是,那些有关诗人性情的趣闻逸事,在很多情况下,陶渊明自己的作品可能是主要的资料来源。这些逸事在进入史册之前,已经被多多少少夸张了。有时候,为了显得逼真,还被赋予特定的,但是真实性值得怀疑的现实背景。如果这种观点是正确的,那么,用陶渊明传记里的逸事为具体的陶诗做注脚,显然是很危险的做法。"[2]

我们可以进一步发挥戴维斯的这一见解。当我们对陶集进行仔细考察,就会发现,连"诗人的家庭背景和任职经历"也可以很容易地从陶渊明自己的诗文中找到来源。比如说,陶渊明担任过的官职,只要是他的传记里提到过的,除了起始的职务江州祭酒之外,几乎全都出现在他的作品里。第一章里讨论过的《乙巳岁三月为建威参军使都经钱溪》,就是一个很好的例子。再比如《始作镇军参军经曲阿》,也同样有一个详尽明确、叙事性甚强的题目。《归去来辞》的序言讲述了诗人辞去彭泽县令的故事。《命子》诗简直是一部微

---

[1] 陶渊明的叔父陶淡从各方面来看都是比陶渊明更为极端的隐士。他一生未婚,住在山中,养白鹿为伴。如果有人造访,无论亲戚还是朋友,他都会立刻逃避到涧水另一端,"莫得近之"。《晋书》卷九十四,第2460页。

[2] A. R. Davis, *T'ao Yuan-ming: His Works and Their Meaning*, vol. 1, pp. 1–2.

型家谱，不仅清楚地表明诗人的先人乃是长沙公陶侃，而且还告诉读者，诗人的祖父、父亲都曾担任官职。类似的例子还有很多，兹不一一列举。后面我们会逐一分析"陶渊明传记里的逸事"和陶渊明作品的相合之处，这里我们可以暂时下结论说：陶渊明的诗文给他的传记作者提供了丰富的资料和证据，从这种意义上说，他写的确实是"自传性诗歌"。[1]

中国文学理论强调"知人"。自从孟子提出这样的观点，"知人论世"已经统治了中国文论将近两千五百年之久。[2] 这种阐释观念，源自诗歌的经典定义："诗者，志之所之也。"[3] 诗歌因此被视为诗人独特的人格、个性、思想、感情的表述。这样的诗学带来一系列问题。强调"志"与语言表达的一致性，必然导致对"真"的焦虑，对语言透明度的焦虑。孟子一再指出"知言"的重要："诐词知其所蔽，淫辞知其所陷，邪辞知其所离，遁辞知其所穷。"孔子则对"巧言"表示怀疑，并自称"始吾于人也，听其言而信其行；今吾于人也，听其言而观其行"。[4]

一种文学批评理论，如果宣称建立在"知人"的基础上，一定会要求我们为文本提供一个相应的语境，在这一语境里对文本进行诠释。具体到陶渊明，我们面对着一个无法解决的难

---

[1] Kang-I Sun Chang, *Six Dynasties Poetry*, pp. 16–37; Stephen Owen, "The Self's Perfect Mirror," in *Vitality of the Lyric Voice*, pp. 71–102.
[2] 《孟子注疏》，第188页，《万章章句下》。
[3] 《毛诗正义》卷一，第13页。
[4] 《论语注疏》卷五，第43页，《公冶长》篇。

题：如果诗人的传记在很大程度上以诗人自己的作品为资料来源，那么以诗人传记为基础，为陶渊明的诗文构筑诗文之外的语境和背景，只能陷入一个怪圈。实际上，所有的陶渊明传记，都是以陶渊明本人的虚拟自传《五柳先生传》开始的，诗人的自述为他的史传奠定了基调。在引述《五柳先生传》全文之后，传记作家无一例外地告诉我们："时人以为实录。"

在这里，我们已经可以看到，用陶渊明的作品来理解和定义陶渊明的倾向，使现实与文学建构之间的区别已经变得模糊了。传记作家利用诗人作品建构诗人的生平，而读者则运用诗人的作品来印证传记中的描述，从而"证实"诗人的"真"与"透明"。正如当代学者王国璎所言，从宋代开始，无论是在陶渊明年谱的编著还是在陶渊明诗文的解析中，陶渊明传记总是被当作文本证据，佐证一个观点或者一种论述。[1] 陶渊明传记中的点点滴滴，都被拿来诠释陶渊明诗文，合成一幅诗人肖像。在这幅肖像画里，陶渊明的自我描述和他的生平事迹变得难解难分。

每当编者和笺注家们遇到文本异文的时候，一个常见的解决方式就是以陶渊明的正统肖像为准，来决定到底哪个异文代表了陶渊明本人，哪个异文又是所谓"浅人妄改"。第一章里讨论的"望/见"之争，就是一个最典型的例子。至此，形成了一个完整的循环系统：诗人传记建立在诗人作品上；作品根据传记中的诗人形象被增删改动；最后，作品

---

[1]《史传中的陶渊明》，第198页。

的定本被用来印证诗人的形象。

中国的古典文学研究领域,其特点之一是对"知"的热切追求。这种追求不见得是实用主义的,因为知道建威参军究为何人并不会从根本上影响到我们对诗的理解和欣赏。可以说这种追求是为了获得一种归属感,因此,在围绕着社会关系建立起来的诗学里,它一直占据着中心地位。

问题在于即使是在他的虚拟自传中,陶渊明已经宣称五柳先生的真实身份是不可知的:"先生不知何许人也,亦不详其姓字,宅边有五柳树,因以为号焉。"奇妙的是,《五柳先生传》的开头虽然全仿阮籍(210—263)《大人先生传》,[1] 却成为对陶渊明命运的预言:陶渊明死去不过半个世纪,他的名字已经成为疑点。第一个为陶渊明作传的沈约(441—513)在《宋书》中写道:"陶潜字渊明,或云渊明,字元亮。"数年之后,萧统的《陶渊明传》颠倒了这一陈述的顺序:"陶渊明字元亮,或云陶潜,字渊明。"《晋书》《南史》中的陶传保存了"渊明""潜""元亮"这些基本元素,但是各有其不同的混合方式。围绕陶渊明的名字产生的种种疑团最终导致一种假设,就是陶渊明一定是在东晋覆亡后改了名字。[2] 不过,

---

[1] "大人先生者,盖老人也,不知姓字。陈天地之始,言神农黄帝之事,昭然也。莫知其生年之数。尝居苏门之山,故世咸谓之闲。"《全上古三代秦汉三国六朝文·全三国文》卷四十六,第 1315 页。
[2] 最早提出这一假设的是吴仁杰(1244 年进士),陶渊明年谱的最早修订者之一。此后,人们对于陶渊明的名字进行了种种猜测。朱自清曾经在《陶渊明年谱中之问题》一文里总结了十种关于陶渊明名字的说法。《朱自清古典文学论文集》,第 457—459 页。

这种假设更多地反映了南宋时人而不是东晋时人的心态。在南北朝时期,不事二姓的观念远远没有后来那么严格。

也许,在我们仔细对比不同的陶渊明传记之前,有必要先看看诗人是如何在虚拟自传里建构自己的形象的,同时,也对陶渊明时代的隐逸话语进行一番探索。

正名:五柳先生与六朝隐逸话语

陶渊明的《五柳先生传》想来对很多中国读者都并不陌生:

> 先生不知何许人也,亦不详其姓字,宅边有五柳树,因以为号焉。闲静少言,不慕荣利。好读书,不求甚解,每有会意,便欣然忘食。[1]性嗜酒,家贫不能常得。亲旧知其如此,或置酒而招之,造饮辄尽,期在必

---

[1] 很多生活在从前或者和陶渊明同时代的隐士专治章句之学,而陶渊明对于阅读的态度正好与之形成鲜明对比。袁粲(421—478)有《妙德先生传》,继承了《大人先生传》《五柳先生传》等虚拟自传的传统,其中一段话可为陶文作注:"先生幼凤多疾,性疏懒,无所营尚,然九流百氏之言,雕龙谈天之艺,皆泛识其大归,而不以成名。"《全上古三代秦汉三国六朝文·全宋文》卷四十四,第2682页。另一方面,在东晋时代,因为受到老庄思想的影响,陶渊明的读书态度在时人当中也自有其代表性。如《列子注》的作者张湛嘲笑大儒范宁,送给范宁一个治愈目疾的方子,道是:"损读书一,减思虑二,专内视三,简外观四,旦晚起五,夜早眠六。"《全上古三代秦汉三国六朝文·全晋文》卷一百三十八,第2256页。范晔(398—445)《后汉书》称汉代隐士梁鸿:"博览无不通,而不为章句。"《后汉书》卷八十三,第2765页。

醉,既醉而退,曾不吝情去留。环堵萧然,不蔽风日,短褐穿结,箪瓢屡空。晏如也。常著文章自娱,颇示己志,忘怀得失,以此自终。赞曰:黔娄有言,"不戚戚于贫贱,不汲汲于富贵"。[1] 极其言兹若人之俦乎。酣觞赋诗,以乐其志。无怀氏之民欤?葛天氏之民欤?

这幅自画像强调了几个因素,其中之一是"自然"。五柳先生一切任其自然的态度表现为读书之不求甚解,如果开卷有得,也是十分偶然的。他也并不主动造访亲朋,他们邀请他,他便赴会,到了便饮酒,酒喝完了便告退——这一切都旨在表现他对社会礼节漫不经意。

《五柳先生传》所强调的另外一点,是精神上的快乐自足。从住宅到衣食,文章列举了一系列生活必需品,而这些全都是五柳先生缺乏的东西——环堵萧然,不蔽风日,短褐穿结,箪瓢屡空——最后结以三个至为简单的字:"晏如也。"这样的心态显然不是物质生活充裕丰富的结果,而是和读书写作有直接的关系:"每有会意,便**欣然**忘食","常著文章**自娱**","酣觞赋诗,以**乐**其志"。

但是,心境的晏如,并不意味着忘记了社会礼节或者生活必需品。如钱锺书所说,《五柳先生传》充满了否定词"不"。[2] 钱锺书所没有指出的是,一切否定都包含了它所否

---

[1] 各本无异文,唯曾集本云,一作"黔娄之妻有言"。按"不戚戚"云云作为黔娄之妻的话,载于公元前一世纪刘向的《列女传》,第52—53页。
[2] 《管锥编》,第1228页。

定的东西。譬如说，当作者宣称五柳先生已经"忘怀得失"，"得失"的概念就镶嵌在这一陈述中。如果我们把《五柳先生传》作为自传来对待，把作者和五柳先生视为同一个人，我们就会体会到其中的反讽性。

最后需要注意的是"常著文章自娱，颇示己志"这句话。"自娱"和"示己志"，似乎是两个相互矛盾的目标。如果一个人的预期读者是自己，那么又示志给谁看呢？这里，我们有必要检视一下六朝时代的"隐逸话语"。当时的人对于隐逸的看法，可以帮助我们在一个广大的历史语境中理解陶渊明。

陶渊明传首次出现于《宋书·隐逸传》。在《隐逸传》前言里，沈约对"隐"与"显"提出了自己的思考。他把隐居分为两类：贤人之隐和隐者之隐。贤人隐居，是为了回避乱世，所以深于自晦，世人根本察觉不到他的踪迹；隐者藏身，则是因为与世相违，所以往往自我标榜，"用致隐者之目"。前言中缕缕提到的"迹"，是老庄思想中的一个重要概念。

> 夫隐之为言，迹不外见，道不可知之谓也。若夫千载寂寥，圣人不出，则大贤自晦，降夷凡品。止于全身远害，非必穴处岩栖。虽藏往得二，邻亚宗极，而举世莫窥，万物不睹。若此人者，岂肯洗耳颍滨，皦皦然显出俗之志乎。

> 遁世避世，即贤人也。夫何适非世？而有避世之因。固知义惟晦道，非曰藏身。至于巢父之名，即是

见称之号；号曰裘公，由有可传之迹。此盖荷蓧丈人之隐，而非贤人之隐也。[1]贤人之隐，义深于自晦；荷蓧之隐，事止于违人。论迹既殊，原心亦异也。身与运闭，无可知之情；鸡黍宿宾，示高世之美。运闭故隐，为隐之迹不见；违人故隐，用致隐者之目。身隐故称隐者，道隐故曰贤人。[2]

曾历仕三朝的沈约，几乎难以掩饰他对那些"示高世之美"的隐士的不屑。在沈约看来，真正的隐士应该不留下任何可以为人所知的事迹。隐士而进入史传，是一个悖论。同时，他对袁淑（408—453）记载了从古到今所有无名隐士的《真隐传》也表示不以为然。对沈约来说，不留名也不足以证明是真隐，譬如"巢父"的称呼，虽然不是真正的名字，"即是见称之号"，而留下见称之号，是由于有"可传之迹"。沈约的议论，可以与老子对"道"与"名"的观点参看：老子以为，至道无名，但是，又必须给它一个名字："吾不知其

---

[1] 嵇康《圣贤高士传》："巢父，尧时隐人。年老，以树为巢而寝其上，故人号为巢父。""被裘公者，吴人也。延陵季子出游，见道中有遗金，顾而谓公曰：'取彼金。'公投镰瞋目，拂手而言曰：'何子居之高而视之卑。五月被裘而负薪，岂取遗金者哉！'季子大惊，既谢而问其姓名。公曰：'吾皮相之士，何足语姓名哉'"见《全上古三代秦汉三国六朝文·全三国文》卷五十二，第1344，1346页。荷蓧丈人见于《论语·微子》："子路从而后，遇丈人以杖荷蓧。子路问曰：'子见夫子乎？'丈人曰：'四体不勤，五谷不分，孰为夫子？'植其杖而芸。子路拱而立。止子路宿，杀鸡为黍而食之，见其二子焉。明日，子路行以告，子曰：'隐者也。'使子路反见之。至，则行矣。"见《论语注疏》卷十八，第164—165页。
[2]《宋书》卷九十三，第2275—2276页。

名，字之曰道，强为之名曰大。"同样，如果隐士都不留下"可传之迹"，《宋书》里也就没有办法设立"隐逸传"了。因此，沈约不得不放松他对隐士的要求，把他心目中真正的隐士称为"贤人"，与身隐而非道隐的"隐者"区别开来。

在陶渊明的时代，更有一批所谓的隐士，把隐居当成一种文化资本。如柏士隐（Alan J. Berkowitz）所说，"隐居成为奇货可居的姿态，被追求名利者滥用，这种现象是时人经常讨论的话题"。[1]隐居不仅是获取名声官位的手段，而且可以带来物质利益。[2]在这种情况下，"禄"与"耕"几乎很难维持它们的对立。沈约完全有理由对所谓的隐士感到怀疑，而这恐怕也就是为什么六朝人在记述隐士时，往往特别注明某隐士曾经拒绝某官吏甚至皇帝本人的物质援助。但是，如何区别出"真隐"仍然是一个问题。在五世纪初期，《后汉书》为隐士立传，范晔在"逸民传"前言中试图为隐士辩护，在社会里为他们划分出一个清楚界定的空间："彼虽硁硁有类沽名者，然而蝉蜕嚣埃之中，自致寰区之外，异夫饰智巧以逐浮利者乎。"[3]

虽然范晔不是初次为隐士立传的作者，但是，在史书

---

[1] Alan J. Berkowitz, *Patterns of Disengagement*, p. 137.
[2] 譬如当时的"充隐"皇甫希之，就是被桓玄"雇用"来扮演隐士角色的。《晋书》卷九十九，第2593—2594页。又根据《世说新语·栖逸》记载："许玄度隐在永兴南幽穴中，每致四方诸侯之遗。或谓许曰：'尝闻箕山人，似不尔耳。'许曰：'筐篚苞苴，故当轻于天下之宝耳。'"太尉郗超"每闻欲高尚隐退者，辄为办百万资，并为造立居宇。"《世说新语笺疏》，第661—662页。
[3] 《后汉书》卷八十三，第2755页。

中开辟"逸民传",而不是像嵇康(223—262)或皇甫谧(215—282)那样撰写一部独立的《高士传》,仍然是一个非常重要的现象。它把隐士置于一个大的历史语境中,为"逸民"分类,定性,给予他们一个固定的位置。分类是区别和认识物种的手段,带来权力和控制。就和在自然历史领域中一样,一个物种必须和其他物种有以分别。"身份以及身份的标识是由差别决定的。我们认识某一动物或某一植物,不是因为它身上带有什么烙印,而是看它和其他动物或植物有什么不同。"[1]隐士也一样。如果隐士是"逸"民,那么,他已经被范晔成功地捕获,纳入《后汉书》的自然历史博物馆。隐士作为一个独立的物种,必须和"砥砥沽名者"以及"饰智巧以逐浮利者"区分开来。范晔为"逸民"立传,反映了当时对隐士进行定义,区别真隐与充隐的需要。

盛行于六朝时期的老庄思想,认为命名即分别,而命名与分别是对无名无别的"道"的毁坏。《庄子》中的寓言人物混沌,就是这样丧生的。[2]留下"可传之迹",也就是留下可歌可颂的言行,必然导致"名"——与他人的分别。这和一个人的姓字是否可知没有关系:巢父、裘公,就都不是真正的名字,仅仅是"号"而已。沈约意识到,"名迹"之显,和"隐"是互相抵牾的。为隐士立传是一个自身充满矛盾的行为。沈约的"隐逸传"前言,在很大程度上,是老庄"强名"思想的体现。

---

[1] Michel Foucault, *The Order of Things*, p. 144.
[2] 见《庄子集释》,第309页,《应帝王》篇。

真正的隐士，应该完全不为人所知。但是如果世界充满了"硁硁沽名者"，一个真正的隐士又该如何区别自己呢？如果隐的行为本身不能不彰显于世，不能不成为可见之迹，避免"充隐"之讥的唯一方式，就是心迹合一。换句话说，就是必须让内与外、实与名保持一致。

据我们所知，陶渊明是第一个反复权衡、讨论、解释和辩护他的退隐决定的诗人。他特别注意用诗文彰示己志。五柳先生没有姓字，但是有号：门前的五棵柳树标识了他的家宅，也标识了宅中人。但他以五柳先生见知，却并不是因为这五棵柳树，而是因为他留下了"可传之迹"。换句话说，不是人以五柳知名，而是五柳以人知名。五柳先生的"迹"，正是他用以自娱和示志的文字。

《五柳先生传》的作者和范晔、沈约不同，自己就是一个隐士。《五柳先生传》是自传，"时人以为实录"。这说明当陶渊明还在世时，《五柳先生传》已经在他的朋友圈子里或者知道他的人当中流传了。这篇自传本身，也就成了作者陶渊明的可见之"迹"。虽然一开始就宣称"先生不知何许人"，《五柳先生传》为作者带来了不朽的声名。如果我们打开2001年编订的小学六年级语文课本，在课本的彩色插页里，可以赫然看到一幅陶渊明的画像，就题为"五柳先生"。

重构五柳先生：传记四种

中国史学传统把历史视为镜子，如果是这样，那么，这面镜子也可以反映出持镜者的面容。为历史人物作传，从材料的取舍和安排上，我们可以清楚地看出传记作者的倾向。不过可惜的是，南朝及唐代史学家们所拥有的大量资料，今天已经看不到了，因此，我们也就无从得知现存的四种早期陶渊明传记在材料取舍方面做了一些什么样的决定。但是，四种传记互有同异，显然曾经互相参考，而且很可能使用了共同的资料来源。

四种传记里，最早的一种出现于沈约在公元五世纪末编著的《宋书》，离陶渊明去世不过六十年左右。到了六世纪初，萧统再度为陶渊明作传，将其录入他所编订的陶渊明集。陶传第三种，被包括在完成于648年的《晋书》里。陶传第四种见于李延寿（618—676）编纂的《南史》。和官修《晋书》不同，《南史》是李延寿继承父亲李大师的遗业，以一己之力完成的，于659年上呈给唐高宗。

据李延寿在《北史》中的自述，他修撰《南北史》"凡十六载"，其间因参加《隋书》《晋书》的编写工作，有机会接触到大量史料，甚至曾经亲手抄写魏、齐、周、隋、宋、齐、梁、陈正史。[1] 所以，尽管《晋书》先《南北史》十一年成书，《晋书》陶传和《南史》陶传的撰写究竟孰先孰后，是很难判断的。但是我们可以下结论说，李延寿必然熟知《宋书》《晋书》陶传，因此，《南史》陶传如有歧异之处，应当是作者有意为之。

---

[1]《北史》卷一百，第3343页。

下面，我们将按照撰写时间顺序对四种传记进行从左到右的排列和比较阅读：

《宋书》陶传	萧传	《晋书》陶传	《南史》陶传
陶潜字渊明，或云渊明字元亮，寻阳柴桑人也。曾祖侃，晋大司马。	陶渊明字元亮，或云潜字渊明，寻阳柴桑人也。曾祖侃，晋大司马。	陶潜字元亮，大司马侃之曾孙也。祖茂，武昌太守。	陶潜字渊明，或云字深明，名元亮。寻阳柴桑人。晋大司马侃之曾孙也。
潜少有高趣，尝著五柳先生传以自况曰：（略）。其自序如此，时人谓之实录。	渊明少有高趣，博学善属文，颖脱不群，任真自得。尝著五柳先生传以自况曰：（略）。时人谓之实录。	潜少怀高尚，博学善属文，颖脱不羁，任真自得，为乡邻之所贵。尝著五柳先生传以自况曰：（略）。其自序如此，时人谓之实录。	少有高趣。宅边有五柳树，故尝著五柳先生传云：（略）。其自序如此，盖以自况，时人谓之实录。

我们在这里看到，四种传记无一例外以陶渊明的自画像奠定基调；只不过《五柳先生传》的篇末赞语全被省略掉了，就好像传记作者希望保留为传记对象下结论的权利。《南史》不同处在于，它从《五柳先生传》中抽出一句"宅边有五柳树"，把这句话从"五柳先生"名号的来源，变成了陶渊明作《五柳先生传》的机缘。这是一个很好的例子，向我们显示传记作家如何创造性地运用陶渊明本人的作品。

上引四种传记的开头，还存在着其他值得注意的差异。萧统对《宋书》陶传所做的几处增添，在陶渊明形象建构中具有关键作用。萧统首先强调了陶渊明的"博学"，其次提出他"善属文",再其次称陶渊明"颖脱不群,任真自得"。"任真"可以说是对《五柳先生传》塑造的诗人形象最恰当不过的总结,这也是陶渊明在他的诗歌里所歌颂的品质。

《晋书》基本上追随萧传,但是在"任真自得"后面加了一句:"为乡邻之所贵。"这一添加表面看来微不足道,但是从总体来看,它和《晋书》里塑造的陶渊明形象——处世随和、小心谨慎——是一致的。

陶渊明的曾祖父陶侃并非出身高门。他甚至可能不是汉族人。[1] 温峤(288—329)曾轻蔑地称之为"溪狗";《晋书》陶侃传论更是说:"士行望非世族,俗异诸华。"[2] 又据《晋书·列女传》,陶母湛氏被陶侃父亲陶丹"娉为妾"。[3] 果然如此,陶侃的社会地位就更有问题。清人李详在《世说》注里说:"云娉,似非妾称。"[4] 这一怀疑没有道理,因为"娉"字在六朝时既用于娶妻也用于娶妾。[5] 颜之推(约531—591)曾在《颜氏家训》里面提到南北习俗不同,表现之一在于南方人不歧视媵妾所生子,但《颜氏家训》毕竟是三百年之后的作品,而且,东晋上层人士多为北人。

虽然陶侃的父亲曾任武职,但陶侃早孤,家境贫寒,

---

[1] 陶氏的民族身份是学者争论的对象。见陈寅恪,《魏书司马睿传江东民族条释证及推论》(《金明馆丛稿初编》,第69—106页);古直,《陶侃及陶渊明是汉族还是溪族呢?》,载《光明日报》1957年7月14日。
[2] 《世说新语笺疏》,第617页;《晋书》卷六十六,第1782页。
[3] 《晋书》卷九十六,第2512页。
[4] 《世说新语笺疏》,第691页。
[5] 如《后汉书》卷十四,第559页:"乾居父丧,私娉小妻。"《魏书》卷七,第156页:"虽娉为妻妾,遇之非理,情不乐者亦离之。"

他的母亲曾截发卖钱,换来酒肴招待陶侃的朋友,这个朋友大为感动,遂把陶侃推荐给庐江太守,陶侃被起用为督邮。此后,陶侃通过他的行政及军事才能而逐渐崭露头角,终因他在平息苏峻之乱中起到的关键作用被封为长沙公,成为东晋名臣。根据史传记载,陶侃是个雄毅威严、重视实际的人,他不喜欢当时盛行的玄学清谈和所谓的旷达放任行为,曾说"老庄浮华,非先王之法言,不可行也。君子当正其衣冠,摄其威仪,何有乱头养望自谓宏达邪"。他以"俭"闻名,既爱惜财物,也爱惜光阴;他鼓励百姓"力作",在他的影响下,"百姓勤于农殖,家给人足"。他曾经"在州无事,辄朝运百甓于斋外,暮运于斋内。人问其故,答曰:'吾方致力中原,过尔优逸,恐不堪事。'其励志勤力,皆此类也"。此外,他"每饮酒有定限",饮宴时,哪怕"欢有余而限已竭",也从不超越这一定限。[1]可以说在很多意义上,陶侃的言行都代表了与东晋士族截然相反的价值观念。[2] 不过,另一方面,陶侃"媵妾数十,家

---

[1]《晋书》卷六十六,第1773—1778页。
[2]《世说新语》里有数条关于陶侃的记载,分别见于《容止》篇、《假谲》篇和《俭啬》篇,都反映了东晋士族对陶侃的复杂态度:一方面佩服他的政治、军事才能,一方面蔑视他普通的家庭出身和脚踏实地的实用主义精神。《世说新语》故事之一,讲述庾亮(289—340)如何凭他的风度谈吐把陶侃的敌意转化为好感,而且知道"陶性俭吝",因此食薤故意留白,以获得陶侃的尊重。在这些记载里,陶侃的形象都不甚佳。其实,陶侃容忍庾亮,完全有可能是出于政治需要,但是在《世说新语》的世界里,讲述一则有趣的逸事比记录现实重要得多;而且,《世说新语》对东晋高门的"风流"是非常仰慕的——或者可以说,在很大程度上,是《世说新语》创造了东晋士族的"风流"。

僅千余,珍奇宝货富于天府"。《晋书》史臣对他的评价,赞辞与微辞兼有之。

在《赠长沙公》和《命子》诗中,陶渊明对家族历史表示过极大的自豪。不过,他在诗文中频频描述自己爱酒、闲居,这未免和他曾祖父的人生选择恰好背道而驰。[1] 陶侃恐怕不会赞同五柳先生的生活方式。好在"五柳先生"只是个人理想的投射,陶渊明其实继承了曾祖的很多特点,我们在后来的章节里会看得很明白。

《宋书》陶传	萧传	《晋书》陶传	《南史》陶传
亲老家贫,起为州祭酒,不堪吏职,少日自解归。州召主簿,不就。躬耕自资,遂抱羸疾。	亲老家贫,起为州祭酒,不堪吏职,少日自解归。州召主簿,不就。躬耕自资,遂抱羸疾。	以亲老家贫,起为州祭酒,不堪吏职,少日自解归。州召主簿,不就。躬耕自资,遂抱羸疾。	亲老家贫,起为州祭酒。不堪吏职,少日自解而归。州召主簿,不就。躬耕自资,遂抱羸疾。

无论"亲"指的是父亲、母亲还是双亲,用"亲老家贫"作为出仕的理由是很传统很常见的。[2] 在《归去来兮辞》序中,陶渊明开门见山指出"家贫,耕植不足以自给"和

---

[1] 陶渊明的自我形象和他对外祖父孟嘉的描述颇有相近之处。孟嘉闲静风流,正是东晋士流所仰慕的一种人。陶曾作《晋故征西大将军长史孟府君传》。
[2] 颜延之《陶征士诔》称陶渊明"母老子幼,就养勤匮",并把陶渊明比作历史上为养亲而出仕的田过、毛义。见《全上古三代秦汉三国六朝文·全宋文》卷三十八,第2646页。但陶渊明在《祭程氏妹文》中明明说:"慈妣早世,时尚孺婴。我年二六,尔才九龄。"这一矛盾使汤汉提出陶与程氏妹非一母所生的说法,李公焕、陶澍以及许多现代笺注者都倾向于接受这一说法。

"幼稚盈室"是他出仕的理由。"躬耕"一词很模糊:我们不能确知陶渊明到底亲自参与了多少农业劳动,不过,要是我们以为陶渊明像一个真正的农民那样在田里"力耕",并以此来养活全家大小,显然是很荒唐的。我们须知,从"亲老家贫",到"躬耕自资",甚至于"抱羸疾"的描述,都是当时的传记、书信、个人记述中经常用到的词语,简直可以说是"隐士话语"的一部分。[1]

《宋书》陶传	萧传	《晋书》陶传	《南史》陶传
	江州刺史檀道济往候之,偃卧瘠馁有日矣。道济谓曰:"贤者处世,天下无道则隐,有道则至。今子生文明之世,奈何自苦如此?"对曰:"潜也何敢望贤,志不及也。"道济馈以粱肉,麾而去之。		江州刺史檀道济往候之,偃卧瘠馁有日矣。道济谓曰:"夫贤者处世,天下无道则隐,有道则至。今子生文明之世,奈何自苦如此?"对曰:"潜也何敢望贤,志不及也。"道济馈以粱肉,麾而去之。

和《宋书》相比,萧统在此增加了一则和檀道济(?—436)有关的逸事,这则逸事,《晋书》不取,而《南史》照录。因为这则逸事直接出现在陶渊明"躬耕自资,遂抱羸疾"之后,读者可能以为自己在阅读直线叙事。实际

---

[1] 譬如《宋书·隐逸传》里讲到戴颙(378—441)"长抱羸患",雷次宗(386—448)自称"少婴羸患",现在"归耕垄畔,山居谷饮"。见《宋书》卷九十三,第2276,2293页。

上，檀道济直到426年，陶渊明去世前一年，才成为江州刺史。就算上述故事是真实的，它发生的时间也相当晚，在陶渊明传中过早出现，容易引起读者的误解。萧统试图创造直线叙事的印象，使用了诸如"岁终""先是""时"的字样，但是，萧传里的年月次序其实颇为混乱。

这则逸事把陶渊明描绘成一个原则坚定、毫不妥协的隐士，同时，也给了陶渊明一个机会，回答隐士通常都要面对的问题：隐居是为了躲避乱世，现在既然时政清明，为什么不出来做官呢？陶渊明自称"何敢望贤"——这是谦辞，同时，意思是说他隐居的动机全然不同。

具有讽刺意味的是，隐士意在于"隐"，可是偏得不断表白自己的心志。《宋书》虽然没有包括这一逸事，但是，在四种传记里，《宋书》陶传引用陶渊明诗文最频繁。至于《晋书》不选取这则逸事，一来可能是因为不符合《晋书》所着力塑造的陶渊明形象，二来《晋书》陶传提供了另外一则为其所独有的逸事，其中陶渊明做了很多的自我解释，我们在后面将要谈到。

《宋书》陶传	萧传	《晋书》陶传	《南史》陶传
复为镇军、建威参军。谓亲朋曰："聊欲弦歌，以为三径之资，可乎？"执事者闻之，以为彭泽令。	复为镇军、建威参军。谓亲朋曰："聊欲弦歌，以为三径之资，可乎？"执事者闻之，以为彭泽令。	复为镇军、建威参军。谓亲朋曰："聊欲弦歌，以为三径之资，可乎？"执事者闻之，以为彭泽令。	后为镇军、建威参军。谓亲朋曰："聊欲弦歌，以为三径之资，可乎？"执事者闻之，以为彭泽令。

研究者们基本同意陶渊明于404年任镇军参军，于405年任建威参军。[1]又据《归去来辞》序，陶渊明在405年阴历八月出任彭泽县令，同年十一月解职归田。这里的"执事者"，据《归去来辞》序，就是陶潜的叔父。[2]用获取退隐之资作为出仕的原因，就和自称家贫、好酒或者好山水一样，是寻求仕宦的常见理由或借口。[3]

《宋书》陶传	萧传	《晋书》陶传	《南史》陶传
	不以家累自随，送一力给其子，书曰："汝旦夕之资，自给为难。今遣此力，助汝薪水之劳。此亦人子也，可善遇之。"		不以家累自随，送一力给其子，书曰："汝旦夕之资，自给为难。今遣此力，助汝薪水之劳。此亦人子也，可善遇之。"

这一段话，只出现于萧传，被《南史》掇取。萧统曾编辑陶集，这里的与子书很可能是直接以陶渊明集为来源的。只是陶渊明又有《与子俨等疏》，其中有句云："恨汝辈稚小，家贫无役，柴水之劳，何时可免？"这封信全文存录

---

[1] 见袁行霈，《陶渊明研究》，第317—320页；李锦全，《陶渊明评传》，第76页。
[2] 或以为即是《孟府君传》里提到的"从父太常夔"，但不可确知，亦不可考。
[3] 如阮籍因步兵厨有酒而求作步兵校尉（《世说新语笺疏》，第730页，《任诞》篇）；王弘之（365—427）"性好山水"而求作乌程令（《宋书》卷九十三，第2281页）；张融（444—497）以家贫求为南康守（《南齐书》卷四十一，第726—727）。

于《宋书》，被萧传省略了。《归去来辞》里提到"僮仆来迎"，倒和萧传引述的与子书相应。

有意思的是，上面《与子俨等疏》的引文，在后来的陶集刻本里，作"汝辈稚小家贫，每役柴水之劳，何时可免？""无"变成"每"，"役"的词性从名词（"仆役"）变成动词（"役作"），而且句读也不同了。这个方便的异文就此解决了陶家是否有仆役的问题，也解决了陶渊明的书信与萧传之间的矛盾。

《宋书》陶传	萧传	《晋书》陶传	《南史》陶传
公田悉令吏种秫稻，妻子固请种秔，乃使二顷五十亩种秫，五十亩种秔。	公田悉令吏种秫，曰："吾常得醉于酒足矣。"妻子固请种秔，乃使二顷五十亩种秫，五十亩种秔。	在县公田悉令种秫谷，曰："吾常得醉于酒足矣。"妻子固请种秔，乃使一顷五十亩种秫，五十亩种秔。	公田悉令吏种秫稻，妻子固请种秔，乃使二顷五十亩种秫，五十亩种秔。
郡遣督邮至县，吏白应束带见之。潜叹曰："我不能为五斗米折腰向乡里小人。"即日解印绶去职，赋归去来，其词曰：（略）。义熙末，征著作佐郎，不就。	岁终，会郡遣督邮至县，吏请曰："应束带见之。"渊明叹曰："我岂能为五斗米折腰向乡里小儿。"即日解绶去职，赋归去来。征著作郎，不就。	素简贵，不私事上官。郡遣督邮至县，吏白应束带见之。潜叹曰："吾不能为五斗米折腰，拳拳事乡里小人邪？"义熙二年，解印去县，乃赋归去来。其辞曰：（略）。顷之，征著作郎，不就。	郡遣督邮至县，吏白应束带见之。潜叹曰："我不能为五斗米折腰向乡里小人。"即日解印绶去职，赋归去来以遂其志，曰：（略）。义熙末，征为著作佐郎，不就。

这是陶渊明平生最著名的事迹，几乎已经成了陶渊明

的标志,然而,这也是陶传里最不可信的一部分。戴维斯认为:"诗人《归去来辞》序中的一句话,'公田之利〔一作秫〕,足以为酒',显然造就了这一则逸事,萧统在传记中添加的'吾常得醉于酒足矣',恰好强调了这一点……这个故事可以肯定是笨拙的编造,因为诗人已经告诉我们,他在彭泽的任职期是从农历八月到十一月(阳历九月到十二月),换句话说,根本不是种稻季节。"[1]

"编造"也许笨拙,但至少相当传统。在种秫的故事和《世说新语》中的数则逸事之间,存在不少相似之处:阮籍为步兵厨藏酒而求为步兵校尉;东晋孔群给亲友写信说:"今年田得七百斛秫米,不了曲糵事。"[2]

还有一种可能,就是《归去来辞》序被改动,以符合陶渊明传记中的记载。曾集本云:"(公田之利)足以为酒"一作"过足为润"。马永卿在其《懒真子》里,也说曾在"旧本"中看到过这一异文。[3]马永卿也指出陶渊明在彭泽的三个月不是种稻季节,不过他过于相信《归去来辞》序的文本可靠性,认为如果序言和陶传有矛盾,应以序言为准。但是,即连《归》序也存在两种不同版本。萧统《文选》中收录的《归》序,比起后来刻本中的《归》序简短得多,不但未包括很多有关作者生平的资料,比如叔父的援助、程氏妹之死,而且也没有提到他在彭泽任职的时限:"余家贫,

---

[1] A. R. Davis, *T'ao Yuan-ming: His Works and Their Meaning*, vol. 2, p. 179.
[2] 《世说新语笺疏》,第742页,《任诞》篇。
[3] 《宋元笔记小说大观》,第3177页。

又心惮远役，彭泽县去家百里，故便求之。及少日，眷然有归与之情，自免去职。因事顺心，命篇曰归去来。"[1] 我们知道萧统《文选》在收录作品时多有删削厘正，这里的删削，也许是为行文简洁，也许有其他原因。当然，我们不能排除长序也有失真的可能。

在长序里，陶渊明说明他辞职的直接原因是程氏妹在武昌去世，只字未提督邮的视察。《晋书》陶传称"义熙二年，解印去县"，也不符合陶序中乙巳年（义熙元年）十一月的日期。戴维斯因此认为，《宋书》《晋书》的编著者省略了《归》序，也许是因为他们意识到序言和传文之间互有歧异。[2] 洪迈（1123—1202）对序言与传文的歧异提出了自己的看法："所谓'矫励''违己'之说，疑必有所属，不欲尽言之耳。词中正喜还家之乐，略不及武昌，自可见也。"[3]

洪迈的解读，为我们昭示了发生于宋代的重要文化变革：宋代以前的读者，对文本中的差异和矛盾并不特别在意；到了洪迈的时代，人们却热衷于为一切歧异和差互找到合理化的解释；即使一个问题表面上看起来无法解决，也必须做出解决的努力。在这种文化语境里，文本异文就好像"逸民"，必须被重新纳入一个包括一切、诠释一切的历史系统。

---

[1]《文选》卷四十五，第2026页。
[2] A. R. Davis, *T'ao Yuan-ming: His Works and Their Meaning*, vol. 2, p. 180.
[3]《容斋随笔·五笔》卷一，第819页。

具有讽刺意味的是，陶渊明的曾祖父陶侃就曾担任过督邮的职务，而且在初涉仕途时被称为"小人"。[1]到了陶渊明一代，陶氏家族的社会上升已经达到了相当的程度；和刻意经营政治与经济资本的祖先不同，陶渊明把注意力转向文化资本的积累，已经不屑于为了五斗米向"乡里小人"的督邮折腰了。

下面一段文字仅见于《晋书》陶传：

> 既绝州郡觐谒，其乡亲张野及周旋人羊松龄、宠遵等或有酒要之，或要之共至酒坐，虽不识主人，亦欣然无忤，酣醉便反。未尝有所造诣，所之唯至田舍及庐山游观而已。

> 刺史王弘以元熙（419—420）中临州，甚钦迟之，后自造焉。潜称疾不见。既而语人云："我性不狎世，因疾守闲，幸非洁志慕声，岂敢以王公纡轸为荣邪。夫谬以不贤，此刘公干所以招谤君子，其罪不细也。"

张野、羊松龄、宠（或以为即"庞"之误）遵，分别被研究者等同于陶渊明诗题中的"张常侍""羊长史""庞参

---

[1]《晋书》卷六十六，第1768—1769页，《陶侃传》。

军"或"庞主簿"。[1]问题是，我们没有任何文本旁证，来支持或者反驳这样的"考证"。《宋书》陶传中出现过一个庞通之，被认为即是这里的"宠/庞遵"和陶诗中的"庞参军"。但是，这一假设，也不过只是建立在一个共同的姓氏之上而已。

陶渊明被邀去喝酒，"虽不识主人，亦欣然无忤，酣醉便反"，和《五柳先生传》中的自画像十分一致。但与此同时，随和、任真、不在乎社会礼节，也是晋代"通达之士"的普遍特点。如刘昶（约三世纪中期）"与人饮酒，杂秽非类"；诸阮与群猪共饮；罗友乞食，"得食便退，了无怍容"；陶渊明的朋友刘遗民借过往官吏的船做鱼脍，食讫便去，并直言："向得此鱼，观君船上当有脍具，是故来耳。"[2]

《晋书》陶传中关于王弘（379—432）的记载值得注意。王弘是著名的东晋高门王氏家族之成员，名相王导的曾孙。王弘本人在刘宋的建立以及宋文帝刘义隆承继皇位这两件大事中都起过重要作用。他于419年被任命为江州刺史，425

---

[1] 在有些宋代陶集刻本比如曾集本里，《赠羊长史》诗题下附有小注，称羊长史即羊松龄。但是，小注显然是后人添加的。张常侍，或以为是张诠（359—423）。二张都是隐士，据说朝廷征为散骑常侍，不就。但是张野征拜散骑常侍一事以及有关张诠的记载只出现在《十八高贤传》（又称《莲社高贤传》）里，《十八高贤传》大约是九至十一世纪的作品，可信性颇有问题，所谓白莲社几乎可以确定从未存在过，见汤用彤，《汉魏两晋南北朝佛教史》，第258—261页。
[2] 《世说新语笺疏》，第729，733，753，749页。

年卸任。王弘在当时的政治地位与文化影响，是我们理解陶渊明"称疾不见"故事的关键。可是接下来叙述的陶渊明对自己行为的解释，似乎再次向我们显示，史传作者觉得对隐士的行为动机和内心世界很有揭露和剖白的必要。陶渊明强调说，他的隐居不是为了"洁志慕声"，而是因为天生性情与健康状况。所谓"谬以不贤，此刘公干所以招谤君子"，指的是建安七子之一的刘桢（字公幹，？—217），对曹植亲近自己而疏远邢颙（曹植家丞）的劝谏。刘桢说："惧观者将谓君侯习近不肖，礼贤不足……为上招谤，其罪不小，以此反侧。"[1]这里陶渊明的意思是说，他本来不是贤人，不想让王弘因为拜访自己而得到习近不肖的名声。这和在萧传、《南史》里他告诉檀道济"何敢望贤，志不及也"十分相似。但是，《晋书》里的故事缺少对抗的意味：陶渊明的话，不像在萧传里那样是回答别人的挑战，而是主动剖白自己的心迹，为自己的行为解释和辩护。这个故事所表现出来的陶渊明，是一个极为小心慎微的人：他不想得罪王弘，也不希望因为王弘的拜访而引起世人的艳羡，更不愿以拒见王弘为荣；他对自己的言行充满自觉，处世谨慎、周全，毫无"任真"可言。恐怕正是因为如此，这是后代读者最不欣赏的一则逸事，在讨论陶渊明其人其文时，几乎完全没有人提到它，尽管这个故事和"秫稻""五斗米"等逸事相反，很有可能是真实的。

---

[1]《三国志》卷十二，第383页。

《宋书》陶传	萧传	《晋书》陶传	《南史》陶传
江州刺史王弘欲识之，不能致也。潜尝往庐山，弘令潜故人庞通之赍酒具于半道栗里要之。潜有脚疾，使一门生二儿舁篮舆。既至，欣然便共饮酌，俄顷弘至，亦无忤也。	江州刺史王弘欲识之，不能致也。渊明尝往庐山，弘令潜故人庞通之赍酒具于半道栗里之间要之。潜有脚疾，使一门生二儿舁篮舆。既至，欣然便共饮酌，俄顷弘至，亦无忤也。	弘每令人候之，密知当往庐山，乃遣其故人庞通之等赍酒先于半道要之。潜既遇酒，便引酌野亭，欣然忘进。弘乃出与相见，遂欢宴穷日。	江州刺史王弘欲识之，不能致也。潜尝往庐山，弘令潜故人庞通之赍酒具于半道栗里要之。潜有脚疾，使一门生二儿舁篮舆。既至，欣然便共饮酌。俄顷弘至，亦无忤也。

王弘不能招致陶渊明，于是煞费苦心地安排了一场"自然"的会见。当会见"自然"发生的时候，陶渊明也就"顺其自然"了。《宋书》、萧传、《南史》都没有《晋书》中王弘拜访陶渊明而陶渊明拒见的一段文字，因此，在上面所引的这段话里，我们就会特别注意到王弘不去陶渊明家登门造访而在第三地安排会面的情形。另外，"栗里"的地名在此出现。很明显，栗里是在陶渊明前往庐山的"半道"上，但到了后来，却被当成陶渊明居住的村子。《晋书》陶传是唯一没有提到栗里的。

> 潜无履，弘顾左右为之造履。左右请履度，潜便于座伸脚令度焉。弘要之还州，问其所乘，答云："素有脚疾，向乘篮舆，亦足自反。"乃令一门生二儿共舁之至州，而言笑赏适，不觉其有羡于华轩也。弘后欲

见，辄于林泽间候之。至于酒米缺乏，亦时相赠。

其亲朋好事，或载酒肴而往，潜亦无所辞焉。每一醉，则大适融然。又不营生业，家务悉委之儿仆。未尝有喜愠之色，惟遇酒则饮，时或无酒，亦雅咏不辍。尝言夏月虚闲，高卧北窗之下，清风飒至，自谓羲皇上人。

上面一段文字，仅见于《晋书》陶传。最后一段显然取自《五柳先生传》和《与子俨等疏》。造履的故事，资料来源是五世纪初期檀道鸾的《续晋阳秋》。[1] 我们在这里看到，陶渊明接受王弘馈送的鞋子、酒、米，和萧传中高傲地拒绝檀道济送来的粱肉似有天壤之别。总的来看，《晋书》中的陶渊明形象显得平易、随和得多。王弘、檀道济的不同身份，或许也可以帮助我们解释陶渊明的不同表现：前者是王导的后代，而后者不过是出身寒微的一介武夫。他们之间的等级差异，可以借陶氏家族的一则逸事说明。陶渊明的叔祖陶范在担任乌程令时，曾经送给当时正在隐居的王氏家族成员王胡之一船米，王胡之虽然"甚贫乏"，却不肯收取，说："王修龄（王胡之字）若饥，自当就谢仁祖索食，不须陶胡奴米。"[2] 仁祖，是东晋另一高门谢氏家族成员谢尚（308—357）的字；胡奴，是陶范的小名。《世说新语》的作

---

[1]《太平御览》卷六百九十七，第1892页。
[2]《世说新语笺疏》，第327页。

者没有把这一则逸事归入《简傲》之下，反而纳入《方正》篇中，说明作者很欣赏王胡之傲气凌人的势利态度。但王胡之的势利，与其说是针对政治权势，还不如说更多的是针对社会与文化资本。

《晋书》没有包括下面的段落：

《宋书》陶传	萧传	《晋书》陶传	《南史》陶传
先是，颜延之为刘柳后军功曹，在寻阳与潜情款。后为始安郡经过，日日造潜。每往必酣饮致醉。临去，留二万钱与潜，潜悉送酒家，稍就取酒。	先是，颜延之为刘柳后军功曹，在寻阳与潜情款。后为始安郡经过寻阳，日造渊明饮焉，每往必酣饮致醉。弘欲要延之坐，弥日不得。延之临去，留二万钱与潜，潜悉遣送酒家，稍就取酒。		先是，颜延之为刘柳后军功曹，在寻阳与潜情款。后为始安郡，经过潜，每往必酣饮致醉。弘欲要延之一坐，弥日不得。延之临去，留二万钱与潜，潜悉送酒家，稍就取酒。
尝九月九日无酒，出宅边菊丛中坐久。值弘送酒至，即便就酌，醉而后归。	尝九月九日出宅边菊丛中坐久之，满手把菊，忽值弘送酒至，即便就酌，醉而归。		尝九月九日无酒，出宅边菊丛中坐久之，逢弘送酒至，即便就酌，醉而后归。

颜延之是五世纪前半叶最著名的文人之一，他的仕宦生涯是从担任刘柳的后军功曹开始的。刘柳从415至416年担任江州刺史，颜延之和陶渊明"情款"应在此时。颜延之出任始安太守，则是在422年。陶渊明去世后，颜延之作

《陶征士诔》,这是现存第一篇评述陶渊明的文字。[1]

这里,《宋书》、萧传、《南史》基本相同,但萧传添加了一句话,后来被《南史》采用:"弘欲要延之坐,弥日不得。"这样一来,萧传似乎为三个著名人物划分出了自下而上的等级:从檀道济,到王弘,到颜延之。等级高下的决定因素不是政治权力,而是文化权力。萧统生活在公元六世纪,此时王谢家族的光环虽然尚在,其社会影响已经逐渐消退,让步给新兴的文化贵族。萧统的陶渊明传,反映了作者所处的时代。

在重阳节那一天坐在菊花丛中,是陶渊明最著名的形象之一。这一描绘,很可能来自陶渊明的《九日闲居》诗。

《宋书》陶传	萧传	《晋书》陶传	《南史》陶传
潜不解音声而畜素琴一张,无弦,每有酒适,辄抚弄以寄其意。	渊明不解音律而畜无弦素琴一张,每酒适,辄抚弄以寄其意。	性不解音而畜素琴一张,弦徽不具,每朋酒之会,则抚而和之曰:"但识琴中趣,何劳弦上声。"	潜不解音声而畜素琴一张,每有酒适,辄抚弄以寄其意。

这里的描写再次和陶渊明本人的作品发生了矛盾。在他的诗文里,陶渊明经常提到"琴书"的乐趣,除非他所说的"琴"是指无弦琴,或者,"琴书"只是一个常用语,用

---

[1]《宋书》卷七十三,第 1892 页。据《宋书·隐逸传》记载,另一隐士王弘之和陶渊明死于同一年,也享年六十三岁,颜延之"欲为作诔",但"诔竟不就"。卷九十三,第 2282—2283 页。

来描述家居之乐，和现实的"琴"没有太大关系。[1]

有趣的是，陶渊明《与子俨等疏》中有一处异文与此相关。在《宋书》《南史》里，这一句都作"少（年）来好书"；唐代类书《艺文类聚》和宋代类书《册府元龟》都相同。[2]但是，在陶集中，这一句却作"少好琴书"或"少学琴书"，并注"一作少来好书"。这是不是因为史传作者发现了矛盾之处，从而改动了陶渊明的书信，以保留传记中"无弦琴"的故事呢？我们无从知晓。苏轼是最早注意到这一矛盾的人之一。他说："旧说渊明不知音，蓄无弦琴以寄意，曰：'但得琴中趣，何劳弦上声。'此妄也。渊明自云'和以七弦'，岂得不知音？当是有琴而弦弊坏，不复更张，但抚弄以寄意，如此为得其真。"[3]在宋代，人们的阅读方式和以前大不相同了：他们注意到细节的歧异与差互，他们试图找到聪明而合理的解释，他们坚信能"求其真"和"得其真"。并且他们相信只存在一种"真"，不允许偶然事故、荒诞或者不合理性的存在。宋人对"得其真"的欲望，时至今日，已经被视为理所当然，成为解读过程必不可少的一部分。

---

[1] 陶渊明在《时运》、《答庞参军》（四言）、《始作镇军参军经曲阿》、《归去来辞》中都提到过"琴书"。关于陶渊明著作与传记的矛盾，见王国璎，《古今隐逸诗人之宗陶渊明论析》，第97页；齐益寿，《论史传中的陶渊明事迹及形象》，《郑因百先生八十大寿论文集》，第138—141页；陈怡良，《陶渊明之人品与诗品》，第154—162页。

[2]《艺文类聚》卷二十三，第424页；宋本《册府元龟》卷八一六，第9709页。

[3] 见《苏轼诗话》，《宋诗话全编》，第779页。"和以七弦"引自陶渊明《自祭文》。

《宋书》陶传	萧传	《晋书》陶传	《南史》陶传
贵贱造之者，有酒辄设，潜若先醉，便语客："我醉欲眠，卿可去。"其真率如此。	贵贱造之者，有酒辄设。潜若先醉，便语客："我醉欲眠，卿可去。"其真率如此。		贵贱造之者，有酒辄设，潜若先醉，便语客："我醉欲眠，卿可去。"其真率如此。
郡将候潜，值其酒熟，取头上葛巾漉酒，毕，还复著之。	郡将尝候之，值其酿熟，取头上葛巾漉酒毕，还复著之。		郡将候潜，逢其酒熟，取头上葛巾漉酒，毕，还复着之。

这里的第一则故事，和陶渊明到别人家中喝酒，"既醉而退，曾不吝情去留"的做法正好形成平行对照。第二则故事很可能来自陶渊明《饮酒》诗最后一首中的"若复不快饮，空负头上巾"：若没有这则故事，这两句诗的意义就比较费解了。[1]

下面一段文字是萧传所独有的：

> 时周续之入庐山事释慧远，彭城刘遗民亦遁迹匡山，渊明又不应征命，谓之浔阳三隐。后刺史檀韶苦请续之出州，与学士祖企、谢景夷三人共在城北讲礼，加以雠校，所住公廨近于马队，是故渊明示其诗云："周生述孔业，祖谢响然臻。马队非讲肆，校书亦已勤。"

---

[1] "巾"通常是用亚麻和丝做成的，本是庶人服色，有别于士人的"冠"，但到东汉末年，已经士庶通用，王公贵族皆以幅巾裹首以为雅，魏晋南北朝亦然，与儒生无关。参朱大渭，《魏晋南北朝社会生活史》，第77—78页。

"周续之入庐山"云云,几乎原封不动取自《宋书》周续之传。[1]后半段则是对陶渊明《示周掾祖谢》诗的注解。檀韶乃檀道济之兄,继刘柳之后,于416年任江州刺史,直到418年卸任给王弘。萧传录入这一逸事,显示出萧统对陶渊明诗文的熟悉。曾集本云,此诗诗题一作《示周续之、祖企、谢景夷三郎,时三人共在城北讲礼校书》。这或者是后人在抄写编辑时因萧传而添加,或者就是萧统传记的直接资料来源。

《宋书》陶传	萧传	《晋书》陶传	《南史》陶传
潜弱年薄宦,不洁去就之迹。自以曾祖晋世宰辅,耻复屈身后代。自高祖王业渐隆,不复肯仕。所著文章,皆题其年月,义熙以前,则书晋氏年号,自永初以来唯云甲子而已。 与子书以言其志,并为训戒曰:(略)。又为命子诗以贻之曰:(略)。 潜元嘉四年卒,时年六十三。	其妻翟氏亦能安勤苦,与其同志。 自以曾祖晋世宰辅,耻复屈身后代。自宋高祖王业渐隆,不复肯仕。 元嘉四年,将复征命,会卒,时年六十三。世号靖节先生。	以宋元嘉中卒,时年六十三。所有文集,并行于世。	潜弱年薄宦,不洁去就之迹。自以曾祖晋世宰辅,耻复屈身后代。自宋武帝王业渐隆,不复肯仕。所著文章,皆题其年月,义熙以前,明书晋氏年号,自永初以来,唯云甲子而已。 与子书以言其志,并为命子诗以贻之。 元嘉四年,将复征命,会卒。世号靖节先生。其妻翟氏,志趣亦同,能安苦节,夫耕于前,妇锄于后云。

---

[1]《宋书》卷九十三,第2280页。

沈约关于陶渊明在刘裕"王业渐隆"以后不肯复仕的评论,有一个较少为人注意的层面,那也就是说,陶渊明"自以曾祖晋世宰辅,耻复屈身后代",并不意味着陶渊明忠于晋室,而仅仅意味着陶渊明忠于家族的名誉,而且,刘裕既然出身寒微,陶渊明不肯复仕的决定是为门第观念所左右的。无论如何,沈约对陶渊明的心理分析不可能有任何文本证据——陶渊明本人当然不可能在任何情况下把这些想法(如果他真的怀有这些想法的话)付诸笔墨,所以,沈约的推测只是推测而已。

永初是宋高祖刘裕的年号(420—422),不题宋年号,也就是说不承认刘宋王朝的合法性。关于这一点,十一世纪的僧人思悦早就提出了尖锐的反驳意见。[1]思悦指出:在陶渊明现存诗篇中,共有九首(同题者算一首)以甲子题年月,这些诗全部作于庚子年(400)至丙辰年(416)之间晋安帝在位时。"晋禅宋,恭帝元熙二年也,岂容晋未禅宋前二十年辄耻事二姓,所作诗但题甲子,以自取异者?矧诗中又无标晋年号者。"思悦以为,"其所题甲子,盖偶记一时之事耳"。

对于思悦的质疑,历史上赞同与反对者兼有之,但是以反对者为多,不过反对者往往只是就陶渊明"人格"立论,难以提出强有力的文本证据。[2]这里我们需要看到的

---

[1] 关于思悦及其"附记",参见本书附录一。
[2] 见陶澍《陶靖节先生集》卷三,第2—7页。比如说谢枋得(1226—1289)以为陶渊明"逆知"东晋的覆亡,思悦等人"不足以 [转下页]

是，萧传和《晋书》都没有依从沈约。萧统是陶渊明诗文的爱好者，也是陶渊明文集的编者，想必对陶渊明的作品非常熟悉。萧统《陶渊明传》直承《宋书》陶传而来，但是对沈约"题甲子"的说法不置一词并且全文省略，是非常值得注意的。到了二十世纪，朱自清认为，沈约的结论下得过于随便，没有经过详细调查。[1]但与此同时，朱自清对南宋吴仁杰的说法表示赞同："要之，集中诗文于晋年号或书或否不一，概率无一字称宋永初以来年号者，此史氏所以著之者也。"[2]吴仁杰的话固然没错，可问题是现存陶集中只有一篇文字标明作于刘宋时代，那就是陶渊明的《自祭文》，我们不可能据此单证下结论说陶渊明有意避免使用宋年号。最重要的是，在这场辩论中，没有人考虑到文本的流动性：在手抄本时代，人们在抄写文本时改动一首诗的标题不是什么罕见的事情，当我们面对从手抄本时代流传下来的文本时，无论是诗题，还是文集中作品排列的顺序，都不应该视为完全固定和可信的，在此基础上所做的任何结论，都必须非常小心，而且需要打上一个大大的问号。

[接上页]知之"。陶澍则认为，沈约手头一定有诗人自己按照年代顺序编辑的文集，现在已经佚失了。这样的假设纯属臆测，没有任何证据，因此也就不值一驳。况且，在陶渊明时代，作者自己按照年代顺序编辑自己的文集，尚属未闻。别集的很多新编辑体例，比如集分前后，或一官一集，是到齐梁时代也即五世纪后期至六世纪初期之间才首次出现的。

[1]《陶渊明年谱中之问题》，见《朱自清古典文学论文集》，第462页。
[2] 同上书，第463页。

然而，千百年来，沈约的话一直被当作陶渊明忠于晋室、不事二姓的证据，人们由此在陶渊明诗文中发现了很多"忠晋"的情绪，再反过来用这些诗文证明沈约的正确。事实上，陶渊明在他的全部作品中，从未明确表达过任何这样的情绪。陶渊明在作品中赞美过很多的历史人物，比如说伯夷、叔齐，被后代笺注者认为含蓄地表达了作者的忠晋情愫，但他们都是晋代诗文中常见的歌咏对象。当我们在一篇作品中刻意寻找某种情绪和寓意，我们总是会如愿以偿，只不过找到的东西是我们自己的投影还是作者的"本意"就很难说了。白居易对陶渊明的解读十分有代表性。在816年，白居易写了一首题为《访陶公旧宅》的诗，开头六句道是：

> 垢尘不污玉，灵凤不啄膻。
> 呜呼陶靖节，生彼晋宋间。
> 心实有所守，口终不能言。[1]

陶渊明在南山诗中自称"忘言"，白居易却说他"不能言"。然而，这并不妨碍白居易的"慧眼"，看到沉默背后"实"有所守的陶渊明。把陶渊明转化为一座固定不变、可以凭着"直觉"理解和探查的高峰，这一过程此时已经开始了。当读者自以为能够体察作者的"真意"，在无言之中听到"实"言，有时，甚至无视作者之言，全凭己意，做出和

---

[1]《白居易集笺校》第一册，第362页。

一切文本证据截然相反的判断。这是解读的误区,也是作者的不幸。

在宋代,随着陶渊明地位的升高和理学的发展,大多数人都不假思索地接受了陶渊明不事二姓的说法,最常用到的一个"证据",就是所谓的"诗题甲子"。葛立方在《韵语阳秋》中说:"世人论渊明,自永初以后不称年号,只称甲子,与思悦所论不同。"[1] "世人"只肯相信他们愿意相信的东西;神话的力量,再次击败了现实。

综上所述,陶渊明的四种传记各有异同。沈约在陶传中收录陶渊明作品达四首之多;与此相比,萧传是萧统所编陶集的一部分,因此传记中无须赘录陶渊明的作品(除了《五柳先生传》以外),但是萧统对于陶渊明作为诗人而非仅仅作为隐士的兴趣是很显然的。比起《宋书》,萧传增加的逸事显示出了萧统对陶渊明诗文的熟悉程度,譬如送仆役给家人一段,与陶渊明在《归去来辞》中的描述更为符合;萧传称陶渊明"博学",也反映了萧统对陶渊明长于运用文学传统的敏感。萧传最后添加了一段关于陶渊明的妻子翟氏的描述,似乎间接反映了萧统对陶渊明《闲情赋》不以为然的态度:萧统以为此赋"卒无讽谏",乃是"白璧微瑕",而翟氏之"安勤苦",则似乎更好地衬托出诗人作为隐士的高洁——虽然这与陶渊明"室无莱妇"的说法产

---

[1] 见《葛立方诗话》,《宋诗话全编》,第 8238 页。

生了直接的矛盾。[1]

比起萧传中不肯接受梁肉馈遗的诗人，《晋书》中的陶渊明形象要温和得多。《晋书》里的陶渊明，谨慎、随和，小心翼翼地"任真"着。他对酒的爱好不像在其他传记里那样得到强调，主要因为送钱给酒店、重阳节酣醉、"我醉欲眠"以及葛巾漉酒的故事全部被省略了。一个小小的但是十分重要的不同，出现在关于无弦琴的一段文字中。《宋书》、萧传、《南史》此处皆作"每（有）酒适，辄抚弄以寄其意"，唯独《晋书》陶传云："每朋酒之会，则抚而和之。"其不同在于，陶渊明抚琴的行为从私下的欢娱变成了一个社会场合的公开手势，而且，我们又一次看到陶渊明向人解释他的行为动机，曰："但识琴中趣，何劳弦上声？"《晋书》和《宋书》、萧传的另一显著区别，就是略去了关于陶渊明不事刘宋的说法。比起《晋书》，《南史》陶传更贴近《宋书》和萧传。对一个参与了《晋书》编纂的史传作者来说，这是一个有意思的选择。

但如前所言，四种传记无一例外，都以陶渊明的自画像开篇。陶渊明的传记不仅充满了晋人对隐士以及通达之士的常见描写和缺乏现实基础的传言，而且同陶渊明自己的作品难解难分地纠结在一起，后来，又被用来佐证对陶渊明作

---

[1] 见萧统《陶渊明集序》，《全上古三代秦汉三国六朝文·全梁文》卷二十，第3067页。莱妇指老莱子之妻，曾劝老莱子毋仕楚。见刘向，《列女传》卷二，第55—56页。王国璎在《古今隐逸诗人之宗陶渊明论析》中对此有详细讨论，见第325—350页。

品的解读，而在某些情况下，甚至可能被拿来作为校改陶渊明作品的基准。后人还做出很多努力，试图解决在陶渊明的作品和他的传记中存在的矛盾，而有些段落，如果和陶渊明的主流形象不符，人们就索性对之避而不谈。

第三章 失去的田园：归陶

孟子相信一个理想的读者应该读其书，知其人，尚友古人。然而，当我们试图回归于陶渊明的时候，却发现他消失在重重迷雾之中：一方面，我们听到许多缺乏个性的类型化逸事；另一方面，是充满歧义的异文、编者的主观选择、意识形态互相矛盾的主张。手抄本文化带来的种种问题，激发了强烈的失落感，这种失落感，也正是陶渊明本人在弃官回家时体会到的——至少在《归园田居》的著名组诗里，他是这么说的。

几乎每次出仕，陶渊明都会表达对田园生活的向往与留恋；有时候，他的仕宦生涯简直成了戏剧化的弃官手势的必要前提。我们要想回到一个地方，必须首先离开它；至于考虑退隐，宣告解印，这其中蕴含的乐趣都不过是后话。可是，做出人生选择是一回事，面对这一选择导致的后果是另一回事，后者不像前者那样激动人心，可是对一个人的生活来说非常重要。譬如说，在弃官回家后，如果意外地发现家居生活和官场生活同样令人烦恼，该怎么办呢？或者更糟：如果"家"本身原来只是一个短暂易逝的幻象，又该如何？

不受欢迎的植物

失落的意象在《归园田居》一组诗中处处可见。其中"种苗在东皋"一首作为组诗的一部分出现，因有苏轼和诗，可以至少追溯到北宋时代，但后来已被公认为江淹（444—505）的拟作。不过这组诗似乎原本的确有六首。胡仔在《苕溪渔隐丛话》前集（1148年序）中引用了韩驹（字子苍，约1186—1135）的一段话："韩子苍云《田园》六首，末篇乃序行役，与前五首不类。今俗本乃取江淹'种苗在东皋'为末篇，东坡亦因其误和之，陈述古本止有五首，予以为皆非也。当如张相国本题为《杂诗》六首。"[1] 据韩驹此言，在公元十二世纪这组诗至少有三种不同的版本：所谓的"俗本"有六首诗系于《归田园居》的标题之下，其六出自江淹《杂体诗三十首》；陈述古本（未知是写本还是刻本）

---

[1] 见《胡仔诗话》，《宋诗话全编》，第3544页。据郭绍虞考证，北宋陈述古有二，一为陈尧咨（1000年进士）之子，早死；一为1042年进士。二人皆有文学。同样，北宋也有不止一位张相国。见郭绍虞，《陶集考辨》，《陶渊明研究》第二卷，第708—709页。

有《归田园居》五首，我们假设和现代通行版本中的五首内容及排列顺序相同；第三种情况是"张相国本"，有六首《杂诗》——"杂诗"这一题目非常松散，以杂诗为题的组诗，其间不一定存在任何内在关联——第六首描写"行役"，和现行的诗题《归园田居》毫无关系，除非我们假设诗人在组诗的最后重又离开了"田园"，并在离开时预期将来再度回归。

这神秘的第六首诗至今下落不明，但是在陶集通行版本中有《杂诗》十二首，其中有三首描写行役，而且，《杂诗》其九分明写的是诗人因公事离开田园之后对回归的向往。我们大概还记得著名的《饮酒》其五在早期资料如《文选》《艺文类聚》中都以《杂诗》为题，这使我们认识到：在手抄本文化中，诗题就和诗歌文本一样浮动不定，完全取决于后代编者。特别是在印刷文化出现之前，一首诗往往会被赋予一个"合适"的标题和作者，从而归入一个"理所应当"的范围。因此，下面的解读必须放在手抄本文化的语境里。换句话说，我们一方面必须从手头现有的资料出发进行研究和分析，另一方面我们也要意识到这些资料的局限性：我们对"陶渊明"的所知，是经过了很多代编者与抄写者的中介的。

组诗的第一首描述了陶渊明初归园田的喜悦，这一喜悦还没有因为日常生活的惯性而丧失新鲜。从诗的头两句开始，我们几乎每一步都会遇到异文的障碍：

少无适俗韵，性本爱丘山。

曾集本中,"韵"一作"愿"。"韵"一直是传统陶集版本的主流选择,多数现代选本亦步亦趋,而且对这一选择或者不加解释,或者以"韵"乃六朝时描述人物性情的常用字为理由。[1]我们要是想为历代编者对"韵"的偏好找到一个更好的原因,则必须考虑到"韵"与"愿"的意义差别:"韵"本属音乐词汇,表示和谐的音声,后来用以强调一个人的内在气质;"愿"则体现了后天的意志,而非一个人的天生性情。王坦之(330—375)在写给谢安(320—385)的信中曾说:"意者以为人之体、韵,犹器之方、圆;方、圆不可错用,体、韵岂可异处?"[2]这句话最好地说明了"韵"的含义。如果"韵"是天生的、不费气力的,"愿"则代表主动的抉择。这里的关键不是字的"对错",而是哪个字受到编者的偏爱和为什么。

诗人接下来把他的仕宦生涯描述为一个错误,现在,这个错误终于得到了改正的机会:

> 误落尘网中,一去三十年。
>
> 羁鸟恋旧林,池鱼思故渊。
>
> 开荒南野/亩际,守拙归园田。

"尘网"到今天已经成为常用词;在陶渊明的时代,

---

[1] 如龚斌以为,"韵为魏晋品藻人物常语,作韵是"。见《陶渊明集校笺》,第74,76页;王叔岷则认为:"盖韵之形误,或浅人所改。"见《陶渊明诗笺证稿》,第100页。

[2] 《晋书》卷七十五,第1968页。

"尘网"一词虽然在佛经中有所出现,在文学作品中却并不常见。[1]丁福保曾引用东方朔《致友人书》中的一句话说明它的来源:"不可使尘网名缰拘锁。"[2]问题是《致友人书》的文本来源并不可靠,多半出于后人伪托。另一方面,范宁(339—401),陶渊明的同时代人,曾经在一篇赞颂儒教、抨击著名玄学人物何晏与王弼的文章里,使用过这一词语。在这篇文章里,一个代表了老庄思想的虚拟人物声称何晏、王弼"振千载之颓纲,落周孔之尘网"。[3]这里"落"("拉下"或者"除去")的意义和陶诗中"落"("掉进")的意义截然不同,但是用词和句式却十分相似。范宁极力批判文中的虚拟人物,但是《晋书》告诉我们,范宁在他的时代属于少数派,所谓"崇儒抑俗"者。[4]曾经因为在马肆中讲《礼》校书而被陶渊明作诗嘲讽的周续之,自十二岁起就是范宁的得意门生,人称"颜子"。既然陶渊明和周续之相熟,我们有理由推测陶渊明可能看到过范宁的文章,因而在诗中有意颠覆"落尘网"的意义——周公和孔子都代表了被陶渊明视为"尘网"的公务世界。

"三十年"原本没有异文,但因为"三十"给陶渊明年

---

[1] 如西晋竺法护译《渐备一切智德经》卷一《离垢住品第二》,"堕在尘网"。
[2] 丁福保,《陶渊明诗笺注》,第48页。东方朔《致友人书》见《全上古三代秦汉三国六朝文·全汉文》卷二十五,第265页。严可均未给出文本来源。
[3] 《晋书》卷七十五,第1984页。也见于《全上古三代秦汉三国六朝文·全晋文》卷一百二十五,第2179页。
[4] 《晋书》卷七十五,第1985页。

谱的编定带来了诸多不便，所以激发了很多争执与各种各样的机智猜测。这里我们所关心的，是向往自由的池鱼羁鸟和"开荒"的意象之间出现的反差。一方面，自然界厌恶任何形态的拘束；另一方面，人类需要限制自然、改造自然。开荒，也就减缩了野生动物赖以生存的空间，而那正是鸟与鱼的家园。在"开荒南野/亩际"这一句诗里，"亩"是个有趣的异文：在旷野的边际开荒，是一个人试图谋生、和自然进行交涉；但是，在"南亩"的边际开荒，则意味着拓展现有的耕地，试图扩大文明的疆域。[1]

这里需要说明："开荒"在六朝时代是一项花时费力的大工程。据贾思勰《齐民要术》："凡开荒山泽田，皆七月芟艾之，草干即放火，至春而开。"[2]割治比较大的林木，有时需要三年的时间才能彻底完成。正如白馥兰（Francesca Bray）所指出的："大多数开荒工作需要人力财力的极大投入，唯富裕人家可办。"[3]

> 方宅十余亩，草屋八九间。
> 榆柳荫后檐，桃李罗堂前。
> 暧暧远人村，依依墟里烟。

---

[1] 陶渊明曾在《癸卯岁始春怀古田舍二首》其一中提到"南亩"。有学者以为"南亩"是陶渊明拥有的耕地之具体所指，但实际上"南亩"是《诗经》中常见的词，泛指农田。
[2] 《齐民要术》，第24页。
[3] Joseph Needham, *Science and Civilization in China*, vol. 6: 2, p. 98. 陶渊明在另一首诗《和刘柴桑》中也谈到新开垦的荒田："新畴复应畬。"

> 狗吠深巷中，鸡鸣桑树颠。
> 户庭无尘杂，虚室有余闲。

这里的描写，往往被视为陶渊明对家乡田园环境的描写，但是细读之下，我们发现不如说是对诗人家宅环境的描写，而诗人的家宅和农人聚居的村落有相当一段距离。诗人的家是一个被榆柳桃李环绕隐蔽、受到很好保护的空间，它远离朦胧的村落，炊烟既显示了也遮掩了村民的存在。对村民的生活，诗人没有清楚的视觉印象，只有鸡鸣狗吠的声音远远传来。

很多研究者注意到，"鸡鸣狗吠"二句和传统以为来自东汉时期的歌谣《鸡鸣》中的两句完全相同，[1] 但是《道德经》里的著名段落——"邻国相望，鸡狗之声相闻，民至老死不相往来"[2]——更有可能是这两行诗的真正来源。以陶渊明同时代人对老庄经典的熟稔看来，《道德经》中的段落也更有可能是他们立刻联想到的文本。

就像这段话所描述的那样，诗人遥望远方的村庄，聆听鸡犬之声，却并不想要逾越由榆柳桃李构成的疆界，和村民互相往来。诗人置身其中的这一空间不很大，容易整理，容易控制，一切都干干净净，秩序井然。陶渊明把他三十年

---

[1] "鸡鸣高树巅，狗吠深宫中。"《先秦汉魏晋南北朝诗·汉诗》卷九，第258页。
[2] 《老子校释》，第309页，《德经》八十章。也见于《庄子集释》，第357页，《胠箧》篇。

来经历的人事比作"尘网"(令人想到陆机的诗句:"京洛多风尘,素衣化为缁"),但是现在他终于可以过上"无尘杂"的生活。"虚室有余闲"呼应《庄子》的"虚室生白",笺释家以为室比喻心,心能空虚,即为得道。[1]诗人随即以下面两句结束全诗:

久在樊笼里,复得返自然。

这里,笼鸟意象再度出现,但诗人宣称他现在已经得到自由,重返自然。只是这一自然——从家宅前后一排排整整齐齐的树,到干干净净、毫无尘杂的户庭——就像《道德经》中的乌托邦境界一样,都属于极为理想化的自然。如果没有人工保护,则根本不能持久:它需要经常的、警醒的人为控制。可以说,这是一种非常不自然的自然,就像一座花园一样,因为园丁的辛勤照料而变得舒适悦目,是常常处于人工调控之下的"自然景观"。"开荒"一词,暗示了需要动用巨大的人力才能驯服自然。

不过,诗的最后一句有一个异文,这一异文不仅全然改变了诗的结尾,而且使整首诗骤然变得复杂起来:

久在樊笼里,安得返自然?

---

[1]《庄子集释》,第150—151页,《人间世》篇。

这一出乎意外的问题，完全打破了前面建立起来的宁静和平。我们突然意识到诗人虽然回到了田园，但是仍然充满焦虑和怀疑。他似乎在说：如果一个人在尘世的樊笼里关了太久，他如何还能够让自己习惯于这种简单、自然的新生活？这种对惯性的感叹，我们在七百年后南宋诗人杨万里（1127—1206）的一首绝句中犹可看到。杨万里在《晓起探梅》中写道："一生劫劫只长涂，投老山林始定居。梦破青灯窗欲白，犹疑雪店听鸡初。"这一年（1198），杨万里家居，一生漂泊惯了的诗人早晨醒来看到发白的窗纸，在半睡半醒之间，恍然还以为是野店投宿。

但在陶诗中，笺注家们却认定"安得"的异文根本站不住脚，因为大家都以为诗人已经挣脱了枷锁，可以享受一点安宁了。充分的悠闲，就像粮仓里的储谷一样有"余"，应该保证心境的平和。树木，受到树木隐蔽的空间，远处的鸡鸣，村庄，炊烟，空空的房间，干净的庭院，一切都显得十分宁静。但是，果真如此吗？

笺注家们有的时候会花费一些笔墨来解释他们对异文的取舍，但是对于上面的异文——"安得返自然？"——却全都缄口无言，大概觉得不屑一辨。"归田之乐"是一个关键。我们通常只听到我们想要听到的话，相信我们想要相信的东西。陶渊明真正写了什么变得无关紧要，只要我们相信他已经回到家乡，岁月静好。于是，我们把这一异文视为讹误，一根必须从诗的花园中拔去的杂草。归根结底，什么是杂草？杂草不过是具有侵略性的、不受欢迎的植物而已。

然而，这组诗里杂草丛生。在第二首诗开头，诗人表示要摒绝人事，保护户庭的孤寂与纯洁——这体现为白日闭门的手势。但是我们看到，随着诗人试图建立一种新的、更"自然"的生活方式，初回家乡的喜悦已经在逐渐消退。

> 野外罕人事，穷巷寡轮鞅。
> 白日掩荆扉，虚室绝尘想。

在第一首诗里，诗人宣告户庭无尘杂，现在则连尘想都被排除：精神的屋宇和物质的屋宇一样干干净净。"虚室"曾出现在前一首诗里，是心境的象征，但在这里，"虚室"一作"对酒"。我们不知道尘想的具体内容，想必和诗人已经捐弃的尘网有关（诗人是否也会想念他所离弃的世界呢？）——至少这是三十年尘世生活遗留下来的蛛丝马迹。如果我们采取"对酒"的异文，我们就会发现，"尘想"的力量如此强大，只有依靠酒，才能真正使之断绝。[1]不过，

---

[1] 在现存晋诗中，"尘想"一词只出现过一次，就是在本诗中。现存晋文中，"尘想"的出现总是和佛教有关（"尘"是一个常见的佛教概念，通常用来指感官世界对人的污染）。陶渊明同时代人谢敷在《安般守意经》译本序言里称"遏尘想以禅寂"（《全上古三代秦汉三国六朝文·全晋文》卷十三，第2259页）。东晋名僧慧远在《万佛影铭》中用到这个词（《全上古三代秦汉三国六朝文·全晋文》卷一百六十二，第2403页）。"尘想"也见于与慧远同时的僧人释慧观的《法华宗要》（《全上古三代秦汉三国六朝文·全晋文》卷六十三，第2777页）。虽然陶渊明从未在其作品中提到过慧远或者佛教教义，但是他们浸润在同一种文化与思想的大环境中，陶渊明诗文中的有些意象和词句，包括脍炙人口的《桃花源记》，如果放在东晋社会的宗教语境里，可以得到更好的理解。

尽管陶渊明以酒闻名,"对酒"的异文在各种陶集版本中都不是最受欢迎的选择。

"人事"意味着社会交往,这在下一句诗中得到印证:"穷巷寡轮鞅。"轮鞅明白地标志了官员身份。但是"寡"一作"解",这样一来,门无士大夫就变成了诗人自己出门乘坐的车子废弃不用。也许他在舟行之后正是乘坐这样的车子回家的,但是窄小的里巷不足容纳,同时,他也决定停止拜访某一社会阶层的人士。在《归去来辞》中他说:"请息交以绝游。"

我们在下文中会看到,解轮鞅或者息交绝游并不意味着诗人将要成为愤世嫉俗的隐士,只表示他不再和某一个圈子里的人来往。"人事"不包括乡村生活中的种种问题和忧虑,而是专门指向"有别于农业社会的政治领域",陶渊明的诗,不是为了田里的农人,而是为了"我们这个充斥了熙攘车马客和诗歌读者的世界"写的。[1] 传统中国笺注家自己即属于这个复杂的世界,属于这个车马客的社会阶层,正是因此,他们对一个浪漫化的"单纯、朴直"的诗人形象情有独钟,对他们而言,这一浪漫化的诗人和一个浪漫化的农人几乎难以区分。

在下面的诗句里,我们看到诗人的另一种交往:

    时复墟曲中,披草共来往。

---

[1] Stephen Owen, "The Self's Perfect Mirror," p. 84.

但是这两句诗一作：

> 时复墟里人，披衣共来往。

如果我们采取后一种版本，我们就会发现，因为诗句的模糊性，我们很难辨别诗人到底亲身参与了"墟里人"的社群呢，抑或只是旁观者。[1]笺注家一般采取前一种版本，认为诗人自己走出了关闭的家门。我们对这一点并不确定。但无论如何，"老死不相往来"的乌托邦景象是破灭了。

> 相见无杂言，但道桑麻长。

"杂言"令人想到前一首诗中的"尘杂"：从无尘想到无杂言，诗人强调的是一种纯洁感。当然还是可以有社会交往，但是诗人坚持说这个天地比外面的政治世界要好得多，

---

[1] 这里异文最重要的区别在于"墟曲中"或"墟里人"，但"披草"和"披衣"的含义也各不相同。披草，指绕室生蒿蓬，是对隐士的描述。披衣，把衣服披在身上而手臂不入袖，是随意的或者匆忙之间的行为，魏晋南北朝诗文中多用来描写夜分不寐，或者清晨来不及穿好衣服即做某事。陶渊明《移居》其二有"相思则披衣"（但披一作拂）；又《饮酒》其九"清晨闻叩门，倒裳往自开"表达了类似的意思。按逯钦立以为"草"指"草衣"，可能是因为异文之"披衣"产生的联想。但"披草"或"披草莱"在史传诗文中皆指"拨开荒草"，与披草衣无关。如袁宏（328—376）《三国名臣赞》："披草求君，定交一面。"《宋书·殷琰传》："顾琛、王昙生等皆军败迸走，披草乞活。"《周书·文帝纪》："乃奉帝都长安，披草莱，立朝廷。"相比之下，"草衣"一词的使用在魏晋南北朝史传诗文中少见得多。

整洁得多。"尘"与"杂"两个字构成了一个交错复杂的网,使我们不得不舍弃杂言的异文——"别言"。

然而,即使是在这样一个一切看来都很天真与单纯的农业社区里,也还是存在焦虑,关于年成的焦虑。在前一首诗里被理想化的田园生活变得更为真实和现实,也没有那么浪漫了:

> 桑麻日已长,我土日已广。
> 常恐霜霰至,零落同草莽。

桑麻日长,耕地日广(开荒的结果),自然在人力的侵逼下步步后退——这一切都是让农人觉得欢欣鼓舞的事情。但是,随着桑麻日长、时间流逝,自然也在以它自己的方式进行报复。如果桑麻在霜霰中零落,它们和诗人想要拔除的杂草其实没有任何分别;被人类珍惜的植物,和不受人类欢迎的植物,终将"同"归于尽。这里的"零落"也不仅仅属于草木。[1] 我们在其中听到《楚辞》的回声:"惟草木之零落兮,恐美人之迟暮。"而这已经不再属于一个农人的联想范围了。

这一节诗也有一个重要的异文:

> 桑麻日已长,我志日已广。

---

[1] 王叔岷,《陶渊明诗笺证稿》,第109页;Stephen Owen, "The Self's Perfect Mirror," p. 85。

蔡启认为，即使我们选择"志"，也不会给诗意带来太大改变。[1]这种想法是错误的。如果我们选择"志"，那么，全诗的最后两句就会变得格外有分量：对生命无常的忧虑，会和诗人日益增广的"志"直接发生关联，诗人似乎是说随着时间消逝，他担心自己无法完成他想做的事情。也许，只有田里的劳作才能缓解这样的焦虑。下面是组诗的第三首：

> 种豆南山下，草盛豆苗稀。
> 晨兴理荒秽，带月荷锄归。
> 道狭草木长，夕露沾我衣。
> 衣沾不足惜，但使愿无违。

在这组诗里，"荒秽"的威胁无处不在。随着桑麻日长，草木也同样日益茂盛。道路与耕地——人类文明的标志——都在受到侵袭。在第一首诗里兴冲冲开荒的诗人，在第二首诗里忧虑霜霰的诗人，在第三首诗中已经被迫走出关闭的家门，从早到晚治理荒秽了。不过，这里的豆子是文学的而未必是现实的豆子。笺注家们都指出，此处诗人用的是杨恽的典故："田彼南山，芜秽不治。种一顷豆，落而为萁。人生行乐耳，须富贵何时。"[2]这是一个很好的例子，给我们

---

[1] 见《蔡居厚诗话》，《宋诗话全编》，第609页。
[2] 这首歌见于司马迁外孙杨恽（公元前一世纪）的《报孙会宗书》。歌词反映的情绪，要么是放任自流的态度，要么是一种深刻的无奈感，最后的结论，是应该及时行乐。

看到陶渊明如何把他的阅读经验和他的实际生活经验在写作中交织在一起。

这首诗的关键词是"归":劳作一天之后,从田里回家。道路可以很狭窄,露水可以很寒冷,夜色可以很浓重,但是,如果想到道路尽头有一个温暖的家在等待,就会让人感到十分安慰。这种令人安慰的幻象在下一首诗里被打破了:

久去山泽游,浪莽林野娱。
试携子侄辈,披榛步荒墟。

"披"字在这里再次出现(第二首诗中有"披草共来往"句),"墟"也很醒目。如果在第二首诗中诗人也许是"墟里人"的旁观者,那么在这里我们确知诗人试图和墟落建立某种关系,虽然这墟落很特别,是失去了人烟的"荒墟"。诗人百计驱除的"荒",不但没有得到控制,反而吞噬了曾经一度鸡鸣狗吠的村庄。

徘徊丘垄间,依依昔人居。
井灶有遗处,桑麻残朽株。
借问采薪者,此人皆焉如。
薪者向我言,死没无复余。
一世异朝市,此语真不虚。
人生似幻化,终当归空无。

我们不断听到第一首诗的回音。同样的字词再度出现，但是语境全然不同。"依依"的炊烟，现在转化为对"昔人居"的描述，而且，产生炊烟的灶台只余下废墟。在第二首诗里得到精心照料的桑麻，这里只剩"朽株"，自然也就无所谓"鸡鸣桑树颠"。最令人难堪的是，井灶遗迹仍在，"昔人"却已"死没无复余"。从第一首诗到此，诗人用文字的魔术给我们施展了一场"幻化"。我们必须把这两首诗放在一起对照观看，并且记住在这两首诗之间发生的一切：对年成的忧虑和盼望，辛勤的劳作，为了维持人类文明和大自然之间的界限而付出的努力，对杂草入侵的抵制——总而言之，也就是人类生活的全部内容，如今在"荒墟"的意象中毁于一旦。读到诗的最后一句，我们再次遭遇"归"这个字，而这是各式各样的回归中最令人痛心的一种：这是《归去来辞》中的"聊乘化以归尽"，庄子所谓的"大归"。一切都将归于空无，除了告诉我们这一道理的文字之外（"此语真不虚"）。

在这组诗里，对"荒"的忧虑反复出现，但是，如果开荒、耕种，最后都要归于空虚，那么这一切又有什么意义呢？我们在诗中找不到回答。不过，诗人没有沉溺于绝望，他决定尽可能地享受目前所有的一切：

怅恨独策还，崎岖历榛曲。
山涧清且浅，遇以濯吾足。

和第一首诗一样，这首诗再次写到归家，但是和第一首诗不同的是，它充满了惆怅的情绪。诗的开端显得突兀，这提醒我们必须把这首诗放在组诗的整体语境里阅读。我们不知道为什么诗人剩下了独自一人，子侄辈已经无影无踪，也许，因为心境不佳，他率先离开了荒墟。

在回家的路上，他遇到一条山涧。诗句用了《楚辞》中渔父之歌："沧浪之水清兮，可以濯吾缨；沧浪之水浊兮，可以濯吾足。"据王逸（公元二世纪）笺注，歌词比喻治世和乱世中一个人面临的不同选择：到底是从宦呢，还是归隐山林。这首歌也出现在《孟子·离娄》章里，但是旨意有变：水因清浊不同而用处不同，这就好比人的祸福皆为自取。戴维斯认为，陶渊明是在表示，即使政治清明，他也不愿为官；海陶玮（James Hightower）则认为诗人在说："和政治世界的肮脏相比，山涧很清澈，但是我只能用它来濯足，因为我没有士大夫的冠缨。"[1]

就像第三首诗里的豆子那样，这里的山涧既是实景的一部分，也是一个文学典故。[2]这里我们所关心的是诗人在清水里濯足的意象——在令人"怅恨"的出游之后，这是对身体与精神的洗涤。这和坚持"户庭无尘杂"的诗人还是同一个人，但是，他在思想感情上经历了相当大的转折。他不再只是从远处眺望一个村落，而是主动地杀鸡备酒（对诗人

---

[1] A. R. Davis, *T'ao Yuan-ming: His Works and Their Meaning*, vol. 2, p. 40; Hightower, *Poetry of T'ao Ch'ien*, pp. 55–56.

[2] James Hightower, *The Poetry of T'ao Ch'ien*, p. 55.

来说,不可能再有"鸡鸣桑树颠"了),邀请他的近邻到家里来做客:

> 漉我新熟酒,只鸡招近局。
> 日入室中暗,荆薪代明烛。
> 欢来苦夕短,已复至天旭。

和一些笺注家所设想的相反,不是邻舍的到来扭转了诗人的情绪,而是诗人情绪的扭转招致了邻舍。换句话说,当诗人面对终归幻化与空无的命运,为欢作乐就成为意志力的反映。然而,旨在忘怀人生短暂的宴席,仍然不可避免地投下了时间的阴影。不但已经很快"至天旭",而且还是"复"至天旭。日子的循环,时光的飞逝,都在这个"复"字里面表现出来。天亮之后又该如何?我们也许可以联想到第三首诗中的"晨兴理荒秽",从时间的荒野中,夺取一点小小的胜利。

第八行中的动词"代"(代替)一作"继"。用薪火(曾经的桑树)代替明烛,可能是表示贫穷,因为蜡烛在六朝时代还是奢侈品;如果作"继",含义则比较单纯,只是表示诗人因和邻居作长夜之饮,把蜡烛都烧光了。"代"是通俗的选择,以符合陶渊明作为贫士的形象;但是,真正的陶渊明已经失落很久了。

《还旧居》一诗,也许可以在这里作为《归园田居》的注脚:

畴昔家/居上京，六载去还归。[1]

今日始复来，恻怆多所悲。

阡陌不移旧，邑屋或时非。

履历周故居，邻老罕复遗。

步步寻往迹，有处特依依。

流幻百年中，寒暑日相推。[2]

常恐大化尽，气力不及衰。

废置且莫念，一觞聊可挥。

在这首诗里，我们看到和《归园田居》其四非常相似的主题，只不过这里发生巨变的地方是诗人的旧居。人工经营的房屋作为文明的标志，和田野里的阡陌相比，当然很容易改变，至于房屋里的居住者，就更是短暂易逝。[3]富于反

---

[1] 六载一作十载。上京，或以为当作上荆，但史无异文，以意径改，不可信从。在魏晋诗文中，上京例指京都。陶渊明《答庞参军》诗有"大藩有命，作使上京"句。关于"上京"的说法，详见邓安生《陶渊明〈还旧居〉诗及其事迹新探》。这里的问题是"六载去还归"的解读。既然全诗第三句"今日始复来"表明自诗人离开上京后这是第一次回来，"六载"云云似乎指他在上京前前后后一共居住了六年，其间去而复归，直到六年之后永久地离开上京。我们也可注意"家""居"的异文：作"家"，说明诗人以上京为家，携有家眷；作"居"，则是比较中性的描述。或以为"上京"和旧居失火、移居南村等诗有关，皆属猜测。我们对诗人的生活，其实所知甚少，很多诗文根本不能确定写作年岁，一定要煞费苦心地把它们串成前后连贯的叙事，似乎很机巧，但实际上缺乏实证，也没有必要。

[2] 推一作追。

[3] 这首诗的"阡陌不移旧，邑屋或时非，履历周故居，邻老罕复遗"令人想到旧题陶渊明所作《搜神后记》（一作《续搜神记》或 [转下页]

讽意味的是，诗人虽然伤感于旧居发生的变化，他更怕的却是在气力未衰之前"大化尽"（死亡的代称）。换句话说，诗人一方面悲叹人世的多变，一方面又希望变化永远继续下去，这给一首平常的诗增加了一点特别的曲折。

"颇为老农"

在烦恼的时候，饮酒可以使很多事显得不那么重要。公元三世纪初期，竹林七贤把饮酒变成了"高尚隐居者"最为时髦的消遣方式，直到五世纪饮酒才成为一种过时的姿态。[1]《归园田居》和《还旧居》都以饮酒结束，但是饮酒

[接上页]《搜神续记》)中关于丁令威的故事："辽东城门有华表柱，忽有一白鹤集柱头。时有少年举弓欲射之，鹤乃飞，徘徊空中而言曰：'有鸟有鸟丁令威，去家千岁今来归。城郭如故人民非，何不学仙冢垒垒。'遂高上冲天。"《艺文类聚》卷七十八，作《搜神记》；卷九十引文略异，作《续搜神记》。《艺文类聚》卷七十八，第1331页；卷九十，第1565页。又见《搜神后记》，第1页。虽然《搜神后记》的作者和版本流传情况尚有疑点，但是丁令威的故事在六朝时想必为人所熟知。陶渊明在《连雨独饮》诗中，谈到故老赠酒并言饮酒得仙，在喝酒之后，果然感到飘飘欲仙："云鹤有奇翼，八表须臾还。"可以与丁令威得仙化鹤事相发明。按：《续搜神记》虽然掺杂进后人作品，不可据此定为伪作。或以为陶渊明乃"旷达之士"，不会对神仙鬼怪之事感兴趣，这一观点不足令人信服，何况陶渊明写过《读山海经》十三首，颜延之称其"心好异书"。参见王枝忠，《汉魏六朝小说史》，第89—90页；王国良，《搜神后记研究》，见《六朝志怪小说考论》，第113—156页。

[1] 对很多晋代士人来说，饮酒代表了一种和老庄哲学紧密相关的、自觉的人生态度。饮酒之成为时尚，见王瑶，《文人与酒》，《中古文学史论》，第156—175页。

需要一个基本条件：稻谷。我们还记得关于陶渊明任彭泽令时种秫酿酒的虚构逸事，但是和陶渊明传记中对他的这一描写相反，陶渊明在他的诗歌里对经营田产表示出异乎寻常的关心。他反复谈到物质生活的重要，如何谋生是他经常为之烦恼的问题。像一个真正的农人那样，他总是在担心年成。《庚戌岁九月中于西田获早稻》最清楚地显示了他对自己选择的生活方式感到的复杂心情。[1] 诗的第一行即开宗明义提出"归"字——这是诗人向来关心的主题——并强调"衣食"乃万物之源：

人生归有道，衣食固其端。

"道"是得道之道，也是道路之道，"衣食"被描述为"道"的起点。但是，这短短的两句诗竟有两处异文：

人生归有事，衣食固无端。

在古汉语里，"事"是一个意义丰富的字眼。它意味着某种职业、工作，如《庄子·逍遥游》："世世以洴澼絖为

---

[1] "旱稻"在各本中作"早稻"，但是，正如丁福保所指出的，九月获稻已不为早（《陶渊明集笺注》，第108页）。旱稻通常在阴历七月收割。早与旱只有一笔之差，很容易混淆，即如《齐民要术》明抄本中就有类似错误。而且，旱稻通常种植在离水源较远的山地，这和诗里描写的"山中"景象完全符合。又，种植旱稻所需的劳动强度非常大，见《齐民要术》卷二第106—107页，《旱稻》篇。

第三章　失去的田园：归陶

事。"或《史记·樊哙列传》:"以屠狗为事。"它也可以指成就,如"立功立事,在于今日"(《三国志·蜀书·先主传》)。"事"所代表的行为,一般来说有着非常具体、现实、功利的层面。荀子正是在这一基础上把"事"与"行"区分开来,他说:"正利而为谓之事,正义而为谓之行。"[1]约翰·诺布洛克(John Knoblock)把这句话里的"事"很恰当地翻译为"business"。他在唐代杨倞《荀子》注的基础上解释说:"'事'包括那些和自己的职业有关的活动,特别针对那些在生活中无须修身的人,也即商农工贾而言。"[2]

假使我们选择"有事",而不是传统所偏爱的"有道",那么,"有事"与"无端"(无始无终的,没有限制的)不仅形成了更为工整也富有意味的对仗,而且它所表现的生活态度和"有道"所表现的恰好相反。如果说"有道"体现了儒家的教诲:"君子谋道不谋食""君子忧道不忧贫",[3]那么"人生归有事"则把有利可图的实际职业放在了首位,因为人生在世,"衣食"的需要本是无穷无尽的。这分明是在用一种现实的生活哲学抵制"先师"的训诫。在《归去来辞》

---

[1]《荀子集解》,第275页,《正名》篇。
[2] *Xunzi*, vol. 3, p. 122. 按《荀子》有《修身》篇。无须修身,是指与"君子"相对的所谓"小人"来说的。由于词义变迁,现代人常常不免忘记在上古时代"小人君子"之分并非仅仅道德意义上的,更是社会阶级性的。君子一词的本义是贵族子孙,而商农工贾则被视为"小人"。在《论语·子路》中,想要学习稼穑的樊须被孔子称为"小人",即含有这层意思。
[3]《论语注疏》卷十五,第140—141页,《卫灵公》篇。

中，陶渊明曾使用同样的词语："农人告余以春及，将有事于西畴。"这也许不是偶然的。

与很多其他陶集异文不同，"道"与"事"形不相似，音不相近，意义也大相径庭。"有道"是十分常见的组合，"有道"和"衣食固其端"放在一起，也是很容易解说的。相比之下，"有事"和"无端"则给诗歌的阐释带来了一定困难，同时，它所呈现的诗人形象要现实得多，没有那么高姿态，其与儒家经典相违背处，未必为宋人所喜。

诗的下一联包含了一个关键词——自安：

> 孰是都不营，而以求自安。

"营"再次暗示了旨在获得实际效益的功利性行为。它意味着营建、经营、置办、谋求。举一个同时代的例子，据《宋书·良吏传》记载，有人劝江秉之"营田"，秉之即正色答道："食禄之家，岂可与农人竞利？"[1]"营"与"求"在这两句诗中隐隐相对，似乎显示了人生的本色不在于放任自然的无为，而在于孜孜不倦的追求，无论追求的是物质的满足，还是精神的满足；而后者乃是以前者为基础的。

> 开春理常业，岁功聊可观。

---

[1]《宋书》卷九十二，第2270页。

> 晨出肆微勤，日入负禾还。[1]

"开春"一词，来自楚辞《九章·思美人》："开春发岁兮，白日出之悠悠。"这个词现在至为普通，但在东晋以前不见于诗，实际上陶渊明的这首诗及何承天（370—447）在义熙年间"私造"的鼓吹铙歌之《上邪篇》是现存六朝诗文中最早使用这一词语的。[2]"开春"一作"春事"。[3]六朝诗人在同一首诗里往往不避字眼重复（如果本诗第一行的异文我们选择"有事"的话），而"事"与"业"又息息相关。即使我们不选择"春事"，这两句诗仍然充满了"功业"的回声。一般来说，当我们谈到功业，我们会想到政治和军事方面的业绩；至于"常业"二字，袁行霈举出《管子》"农

---

〔1〕"负禾"是曾集本中的正文，并注："一作耒"；苏写本的正文则选择了"负耒"，注云"一作负禾"（曾本与苏写本这种正文异文的交错情况极为常见，似乎暗示了它们所用的底本正好是相反的）。李公焕本也作"负耒"。然而"负耒"是春耕景象，既然上句已经谈到"岁功聊可观"，那么"晨出"云云应该是对现场秋收情景的描绘。也许，"负耒"是不熟悉农事的人抄写时的笔误。

〔2〕《上邪篇》："开春湛柔露，代终肃严霜。"《先秦汉魏晋南北朝诗·宋诗》卷四，第1208页。陶渊明在《五月旦作和戴主簿》中使用"发岁"一词，可见熟悉楚辞用法（见本书附录三对此诗的评论）。前此，唯阮籍《咏怀诗》有"开秋兆凉气"句。《先秦汉魏晋南北朝诗·魏诗》卷十，第499页。在此之后，用"开"描述季节之初就多起来，如谢灵运"开春献初岁"（《先秦汉魏晋南北朝诗·宋诗》卷二，第1163页），颜延之"开冬眷徂物"（《先秦汉魏晋南北朝诗·宋诗》卷五，第1230页）。《子夜歌·夏歌》有"开春初无欢"句，但是《子夜歌》的歌词往往掺入后代作品，不能断为晋辞。

〔3〕逯钦立以为"春事当是春理异文"："开春事常业。"

有常业"作为例证，[1]不过，它并不是一个在习惯上和农事紧密联系在一起的常见词——至少在现存的东晋诗歌里，除了这首诗之外，它一次也没有出现过。我们可以说，诗人是在试图把农业收成和那些与他同阶层人士心目中的功勋业绩相提并论，这是对农事也即传统所谓"小人之事"的一种提升。

这几句诗里，有一词虽然没有异文，但值得我们注意："微勤"。它明确地标志了诗人与"田家"之间的差别。任何一个对农业劳动稍有体验的人，都不会认为那是通过一点"微勤"就可以从事的，更何况在"山中"种稻需要非常辛苦的劳作，在没有现代化机械的公元五世纪更是如此。"微勤"者，只能是诗人在描述自己对农事的参与程度。钟惺（1574—1625）赞"微勤"二字"谦得妙"，[2]但是和真正的农人比较起来，诗人恐怕未必是在自谦。

诗人和"田家"的区别在下面继续得到表述。

　　山中饶霜露，风气亦先寒。
　　田家岂不苦？弗获辞此难。

到底是谁不能脱离这种劳苦：是"田家"，还是诗人自己，抑或兼指二者？既然诗人也在亲身承受山中的霜露和寒

---

[1]《陶渊明集笺注》，第230页。
[2]《陶渊明诗文汇评》，第146页。

气,他俨然和"田家"产生出一种认同感;不过,弃官归田是一回事,自称不能脱离耕种之苦则是另一回事。实际上,诗人和"田家"是有所不同的,其不同之处,正在于诗人是有选择的:在仕宦与归田之间,他自觉自愿地选择了归田生活。对田家"弗获辞此难"的感叹,隐约突出了诗人自己的抉择。一方面,只有主动的选择、自由意志的行使,才会赋予我们的行动以意义(被动的承受值得同情,但不具有道德价值);另一方面,也使诗人和真正的田家再次拉开了距离。

很多评论者以为,下一联暗示了诗人为什么会选择归田:

四体诚乃疲,庶无异患干。[1]

"庶无",苏写本一作"交无"。在南朝,"交"可以训为"使",是一个较为口语化的字眼。如齐高帝萧道成(427—482)就曾对张融说:"交尔蓝缕,亦亏朝望。"[2]大意是说,如果让你衣衫褴褛,也未免有损朝廷体面。"交"也可训为"徼",通"邀",寻求、邀来、引起,如《庄子·庚桑楚》:

---

[1] 古直、丁福保笺注均指出"四体"句乃用《论语》中"四体不勤"的典故,是非常正确的。这首诗的主题是隐居躬耕生活,而"四体不勤、五谷不分"正是《论语·微子》中的隐者荷蓧丈人对子路所说的话。《论语》笺注者或以为是丈人自谓,如果是这样,那么诗人在此就是反用此语,恰好符合自己的隐者身份。见古直,《层冰堂五种》,第329页;丁福保,《陶渊明诗笺注》,第104页。

[2] 《南齐书》卷四十一,第727页。

"夫至人者，相与交食乎地而交乐乎天。"[1]《归去来辞》有"违己交病"（"因违背自己的本心而招致诟辱"）之语。虽然"庶无"在上下文中完全可以讲得通，但"交无"在六朝时也是很普通的词语。一般来说，各个版本却都选择"庶无"而不是"交无"作为正文，这再次显示了人们偏爱常见而易解的异文。

"异患"具体何指，学者略有分歧。[2]但是这里问题的关键并不在于"异患"，而在于这一行最后两个字的异文："我患"。如果我们选择这一异文，这两行诗句就变成了：

> 四体诚乃疲，庶无异我患。

对后人来说，诚可谓"于义难通"，[3]但是，对东晋时代耽溺于老庄著作的读者来说，"异我"却不见得是一个陌生的词语汇。我们且来看看《庄子·庚桑楚》中的这一段话：

> 老聃之役有庚桑楚者，偏得老聃之道，以北居畏垒之山。其臣之画然知者去之，其妾之挈然仁者远之。拥肿之与居，鞅掌之为使。居三年，畏垒大穰。畏垒

---

[1]《庄子集释》，第789页。
[2] 如逯钦立认为"异患"指战争带来的破坏（《陶渊明集》，第85页）；王叔岷把"异患"解为"他患"，也就是说除了农事辛苦之外的其他患难（《陶渊明诗笺证稿》，第266页）。
[3] 恐怕正是因为这一点，逯钦立以为"我患"应当是"异患"的异文。见《陶渊明集》，第84页。或有径把"我患"注为"异患"异文者，实误。

第三章　失去的田园：归陶

之民相与言曰:"庚桑子之始来,吾洒然异之。今吾日计之而不足,岁计之而有余。庶几其圣人乎!子胡不相与尸而祝之,社而稷之乎?"

庚桑子闻之,南面而不释然。弟子异之。庚桑子曰:"弟子何异于予?夫春气发而百草生,正得秋而万宝成。夫春与秋,岂无得而然哉?天道已行矣。吾闻至人,尸居环堵之室,而百姓猖狂,不知所如往。今以畏垒之细民而窃窃焉欲俎豆予于贤人之间,我其杓之人邪?吾是以不释于老聃之言。"[1]

庚桑楚,老子的学生,来到畏垒这个地方居住,三年之后,畏垒获得一次很大的丰收。畏垒百姓在庚桑楚初来时,都对这个外乡人感到惊异,现在,他们把丰收归功于庚桑楚,准备把他当成神明敬奉。庚桑楚听说之后愀然不乐,这使他的弟子感到惊异。庚桑楚解释说:真正的"至人"可以做到与天道暗合,不会引起他人的注意,更不会令人感到惊异,如今畏垒百姓居然把他视为神明,这说明他并未达到至人的境界。

在上面这个故事里,我们注意到"异"这个字一共出现了三次:畏垒之民在庚桑子刚刚搬来时的"洒然异之";畏垒之民在大获丰收之后,准备对庚桑子"尸而祝之,社而稷之",庚桑子对此感到不快,"弟子异之";最后,庚桑子

---

[1]《庄子集释》,第769—771页。

反问他的弟子："弟子何异于予？"令庚桑子感到不快的，正是他这种引起惊异的能力。引起惊异，意味着他还没有达到至人和光同尘、令"舍者与之争席"的境界。在老庄学说里，至道无差别相，庚桑楚只不过"部分地获得了老聃之道"（"偏得老聃之道"）而已。

陶渊明在《获早稻》一诗中描写的，也是一次秋收。诗人似乎是说，虽然稻谷丰收了，但是，和庚桑楚的情形所不同的是，大概没有必要担心出现"异我"之患。换句话说，也就是恐怕没有人会觉得我特异超群，与众不同，从而对我感到惊异。归根结底，诗人也曾"晨出肆微勤"，也曾分担山中的霜露寒冷与"四体"的疲劳，因此不至于被视为圣人；更何况比起畏垒的"大穰"，恐怕这原也不是多么大的一次丰收！这样一来，这行诗句的含义突然变得十分丰富，而且，蕴含着陶渊明常常在诗文中流露出来的一份幽默感。

然而，诗人想到庚桑楚本身，却正好说明了诗人与田家的差异。这份差异不仅表现于在家族政治占据中心地位、士庶等级森严的东晋社会中一位士族出身的诗人和他的"僮仆"之间无法逾越的沟壑，也表现在诗人可以只凭借"微勤"就"负禾"而还的事实，更表现在真正的田家没有选择而我们的诗人确有选择的情形，最终，则表现在诗人用诗的方式，抒发出他自己对这些差异的强烈而自觉的意识。归根结底，所谓至人，并不是抹杀了与"凡人""细民"之间界限的人，而是成功地隐藏起了这种界限的人。

如果我们采取"庶无异我患"的异文，那么，下面的

诗句,也完全可以视为诗意的进一步发展:

> 盥濯息檐下,斗酒散襟颜。[1]
> 遥遥沮溺心,千载乃相关。

诗人在檐下稍事休息。一边饮酒,一边想到了长沮、桀溺——《论语》中两位躬耕垄亩的隐士。诗人告诉读者,这两位隐士的心意,千载之下,依然与自己遥遥相关。在《论语·微子》中,孔子差弟子子路问津,桀溺答以:天下者滔滔皆是也,既然不能改变现实,何必不退隐呢。子路返告孔子,孔子叹气道:"鸟兽不可与同群,吾非斯人之徒与而谁与?天下有道,丘不与易也。"[2]

陶渊明在其《扇上画赞》中对长沮、桀溺的称誉,可为这句诗作注:

---

[1] 这里的襟字有数种异文,每一种都可讲通,但是又都会给诗意带来微妙的差别。"襟"字,逯钦立训为"寒战"(《陶渊明集》,第85页),可能是"㾕"字的通假字。王云路在《汉魏六朝诗歌语言论稿》里,认为"㾕"通"矜",是寒冷的意思(第236—237页),但是所举的例子存在问题。曾集本把"矜"列为异文之一。虽然"矜"字在"矜战"这样的词里可以被视为"㾕"或"噤"的假借字,它的本义却和寒冷并无关系,而有"骄矜""矜持"的意思。在这一组音声相近的异文里,意义最普通、最直截了当的异文是"襟",作"襟怀"解,为大多数的笺注者采取。又作"勌",疲劳,倦怠。张衡《归田赋》:"极盘游之至乐,虽日夕而忘勌。"如果我们采取"㾕"字,则意味着饮酒使身体发热,借以驱散山中寒气。如采取"矜颜",则表示诗人本来的矜持态度随着饮酒而消除。

[2]《论语注疏》,第165页。

> 辽辽沮溺，耦耕自欣。
> 入鸟不骇，杂兽斯群。

在这里，诗人对孔子"鸟兽不可与同群"的话做出了直接的回答，同时，这也是一个具有老庄色彩的回答：沮溺二位隐士不但和鸟兽同群，而且做到了使它们毫不惊骇。也就是说，他们完全融入了周围的环境，不至于像庚桑楚那样到处引起"细民"的讶异了。"辽辽沮溺"甚至在句式上也和"遥遥沮溺心"形成呼应，"自欣"则令人想到本诗开始时的"自安"——一种无求于外界的自足的欣悦。我们或可据此解说道：千载之下，长沮与桀溺对诗人产生的触动，不仅在于他们对隐居躬耕生活的选择，而且，更在于他们的"隐"是非常成功的。沈约说得好："夫隐之为言，迹不外见，道不可知之谓也。"

诗以愿望的表达结束：

> 但愿长如此，躬耕非所叹。

"长如此"的"此"，如果我们采取"异我患"的解读，则它不仅仅是指诗人的耕种生活而已，它也指"隐"的能力——藏身于鸟兽和真正的田家之中。诗人是在告诉我们：只要能够长期成功地过着这种"隐身"生活，躬耕的辛苦也就算不了什么。但是，这首诗的矛盾之处，也是其最令人感到兴味的地方恰恰在于：诗人一方面渴望达到完全"隐身"

于田家的至人境界；另一方面，他却又必须要用诗歌，用语言文字，来告诉读者，他和真正的田家有所不同。

如第二章中所述，在东晋南朝文化中，形成了一种隐居话语。范晔的《后汉书》专门为隐士立传，并不能说明"隐"在东汉变得多么重要，而是反映了公元五世纪人对"隐"的重视。当时，不仅在史书中开始出现隐逸传，从而把隐士纳入了社会规范，而且，人们还常常通过分辨真隐与假隐、隐士与农樵，来界定隐士的身份和意义。[1]在《获早稻》一诗中，传统的正文选择突出了诗人对力田的强调，对隐居生活的满足，而且在很大程度上把诗人和"田家"一视同仁。如果追随这种诠释，我们可以说诗人在诗里相当透明而直白地表达了隐居避祸的思想。但是，假如我们检视一下这首诗的异文，我们就会发现，诗的内涵变得复杂了，而且，诗的重点悄悄转移到了对"隐"的思考上。在这种意义上，我们可以说，当一个异文被弃置一旁的时候，陶诗之

---

[1] 与陶渊明同时的谢灵运在《田南树园激流植援》中写道，"樵隐俱在山，由来事不同"，并别出心裁地把自己"在山"的理由界定为"养痾"。《文选》李善注在此征引臧荣绪（415—488）《晋书》，"何琦曰：胡孔明有言，'隐者在山，樵者亦在山，在山则同，所以在山则异，岂不信乎'"。沈约为《宋书·隐逸传》所写的前言，更是针对蕴含在"隐"这一概念之中的矛盾，尤其是对"为隐者立传"这一举动的悖论性质，进行了引人入胜的论述。到了公元六世纪，萧子显（489—537）在《南齐书·隐逸传》序言中，对"隐"提出了自己的定义："含贞养素，文以艺业。不然，与樵者之在山，何殊别哉！"对"文"的强调，显示了萧子显所处的时代特征，但是，对围绕着"隐"这一概念产生的种种问题的关注，却和四至五世纪是一脉相承的。

"异"也被悄悄地压抑了下去。

探讨一个字的演变历史总是会给我们带来一些启示。古字"为""伪"通用，荀子用它和"性"进行对比，用"伪"来表示后天有意识的努力和后天培养出来的习惯。杨倞注，"凡非天性而人作为之者皆谓之伪"，所以"为"字加上人字旁，"亦会意字也"。[1]基于"人之性恶"的认识，荀子声称桀纣的残暴行为来自"性"，而尧舜的慈善行为则是"伪"，因为是后天努力的结果。但是，荀子的意见并未成为主流，即在九世纪时，杨倞已训"伪"为"矫"。在某些语境里，"伪"被理解为虚伪和伪装，"为""伪"曾经相通的情况逐渐被遗忘了。

陶渊明在《有会而作》一诗的序言里说："颇为老农。"[2]"为"在这里是"做"的意思，而"做"和"是"之间存在着重要的分别。就好比"做人"一词强调的是表演性的"为人"，"颇为老农"的"为"也是一个表演性的动词："陶潜不'是'一个晋代的农人，他'想要'成为一个晋代的农人。"[3]这一愿望来自陶渊明想要成为"至人"的愿望。

---

[1] 见《荀子集解》，第289页，《性恶》篇。早期中国思想史学者普鸣（Michael Puett）对此有详细论述，参见 The Ambivalence of Creation, pp. 64–73。
[2] "老农"用《论语·子路》中孔子对学生樊迟的回答。"樊迟请学稼。子曰：'吾不如老农。'请学为圃。曰：'吾不如老圃。'樊迟出，子曰：'小人哉，樊须也。上好礼，则民莫敢不敬；上好义，则民莫敢不服；上好信，则民莫敢不用情。夫如是，则四方之民襁负其子而至矣，焉用稼。"《论语注疏》卷十三，第116页。
[3] Stephen Owen, "The Self's Perfect Mirror," p. 76.

但他越是试图在诗里进行解释,他也就和真正的农人离得越远,与此同时,他的诗篇也就更耐人寻味。"陶潜的诗充满矛盾,这些矛盾是因为一个非常世故、自我意识非常强的人渴望变得单纯和天真。"[1]这一评介,是对中国文化相当精确的判断,因为中国文化是一个高度自觉(self-conscious)的文化,正因如此,它在理念上非常反感自觉,以致把自觉等同于虚伪,殊不知"自觉"的行为比简单的"矫情"或"伪装"要复杂得多。在古代的陶诗笺注家中,王夫之(1619—1692)独得陶潜之秘,他在《夕堂永日绪论》里对陶渊明的自觉做出过一番精彩的论述:

> "日暮天无云","春风散微和",想见陶令当时胸次,岂夹杂铅汞人能作此语?程子谓见濂溪一月坐春风中。非程子不能知濂溪如此,非陶令不能自知如此也。[2]

中国文化是世故与天真的混合:正因为深于世故,才会如此渴望自己的反面,同时却又天真地相信自己的确是天真的。这是一种庄子式的渴望,和庄子哲学一样充满内在的矛盾(譬如用语言宣传忘言的好处,用文字宣称文字的无用)。陶渊明希望回归自然,和周围的农人"沆瀣一气",但

---

[1] Stephen Owen, "The Self's Perfect Mirror," p. 83.
[2] 王夫之的话似乎受到宋人黄彻的影响,见下。

是他又必须用诗歌告诉我们他如何做到这一点。他在《有会而作》的序言中宣告:"今我不述,后生何闻哉?"

这句话是对《论语》的呼应。孔子曾说,"予欲无言"。孔子善于辞令的学生子贡不由得大为惊慌:"子如不言,则小子何述焉?"[1]在《论语》的另一段话里,孔子称自己"述而不作"。[2]陶渊明和孔子不同之处在于,他不仅不打算"无言",而且希望自己既是作者(《有会而作》的诗题体现了这一点),又是述者。只不过他所述的不是古人,而是他自己的经验——他很清楚,对于"后生"来说,他将会成为古人。下面我们将会看到,陶渊明既是"作者"(作为隐士和诗人),也是自己生活的记录者。

十二世纪的文人黄彻强调说,陶渊明和农人的不同在于,"尧舜之道,即田夫野人所共乐者,惟贤者知之耳"。[3]但如果我们仔细检视,我们并不能确定诗人和田夫野人分享的是同一种快乐。在作于403年的《癸卯岁始春怀古田舍》其二中,诗人提出了一种独特的快乐观。

> 先师有遗训,忧道不忧贫。
> 瞻望邈难逮,转欲志长勤。

孔子说:"君子谋道不谋食。耕也,馁在其中矣;学

---

[1]《论语注疏》卷十七,第157页。
[2]《论语注疏》卷七,第60页。
[3] 见《黄彻诗话》,《宋诗话全编》,第2377页。

也，禄在其中矣。君子忧道不忧贫。"[1]然而，就是在强调"道"的重要性时，他仍然要诉诸人类的天性，暗示说学习比耕地更有可能带来经济利益。诗人从孔子的话中挑出最后一句作为诗的开端，但正如海陶玮所说，"诗人开门见山提出先师规定的行为准则，但随即把它抛到一边"。[2]

第四行的第三个字，一作患，又作思，又作志。"患长勤"直接违背了先师遗训，坦白说出诗人的忧虑在于贫，不在于道。"志"在中国文化传统中是个意义丰富的字眼，它意味着志向、野心，通常和政治生活有关。孔子曾说一个人应该"志于道"。[3]如果"志长勤"（勤代指农业劳作），同样是对先师遗训的背叛。

秉耒欢时务，解颜劝农人。

这里的第三个字，笺注家们几乎无一例外读为"欢"，这样一来，就巩固了诗人作为一个快乐田夫的形象；但是苏写本中的异文，"力"，一方面是对前面诗句中"长勤"的呼应，另一方面也照应了下文中的"解颜"——因为专心用力而绷紧的面部表情得到了放松。不过，无论我们选择哪一异

---

[1]《论语注疏》卷十五，第140—141页。
[2] James Hightower, *The Poetry of T'ao Ch'ien*, p. 109.
[3]《论语注疏》卷四，第37页："子曰：'士志于道，而耻恶衣恶食者，未足与议也。'"卷七，第60页："子曰：'志于道，据于德，依于仁，游于艺。'"

文，我们都会注意到诗中发生的变化：田间劳作"忧"与"勤"的一面在逐渐淡化。

我们有必要花点时间讨论一下"劝农人"。海陶玮以为，"农人"是诗人的邻居在给予援手。[1]这不是完全没有可能，但是可能性不大。尽管生平传记资料不足，我们可以有把握地说陶渊明绝非一个靠个人劳动养活自己及其大家庭的"农人"。他拥有数处田产，有些耕地离家很远。在《癸卯岁始春怀古田舍》其一中，他谈到当年听说家里有一处所谓"南亩"的产业，但是一直没有亲眼见到过，因为生计缘故，不得不在一个春天的早上"装驾""启途"前往巡视；在《获早稻》一诗中提到山地稻田似乎也有具体所指。在一首写于416年，题为《丙辰岁八月中于下潠田舍获》的诗里，他提到又一处离家甚远的田庄，必须"扬楫越平湖"才能到达；而且，这一田庄平时有"司田"照料——这几乎令人想到《红楼梦》里贾府的田庄管家乌进孝了。陶渊明当然有可能亲自在田里参加劳作，但是我们可以不必怀疑他拥有田产，并像很多六朝士人（包括他自己的曾祖父陶侃在内）那样，有自己的僮客。

如果这里的农人确指诗人的僮客，那么"劝农人"呈现的画面，就是和蔼可亲的庄园主对手下的雇农进行言传身教的画面。"劝农"同时也是极为仪式化和政治化的活动，在朝廷政策中具有重要的象征作用。早在西汉时期，政府机

---

[1] James Hightower, *The Poetry of T'ao Ch'ien*, p. 108.

构就已设立"劝农掾"的专门官职。在古代中国,"劝农"不但是地方官的责任,而且也是诗歌、小说、戏剧里熟悉的题材。[1]西晋作家束皙(约264—305)有《劝农赋》,片段尚存。在这篇赋里,"劝农"被讽刺性地描述为官僚化的仪式。地方长官选择场功已毕的时节下乡劝农,乡人杀鸡摆酒招待他们,"劝农"成了大吃大喝的好机会。丰盛的酒席,换来减低了的税收:"盖由热啖纡其腹,而杜康咥其胃。"[2]陶渊明专门写过一首四言的《劝农》诗,虽然劝农的意识形态重要性仍然浮现于诗的背景,这首诗也还是透露出陶渊明特有的幽默感。

"解颜劝农人"任何潜在的政治色彩,都被下面描写乡村景色的诗句淡化了:

> 平畴交远风,良苗亦怀新。

把平畴放在主语的位置,使得静态的农田突然被赋予了一种新鲜感和生机。下一行中的"亦"乃相对诗人而言:他是诗中的"怀新"者,初次来到闻名已久、"当年竟未践"的"南亩",他把自己的新鲜感转嫁给了田地里的稻苗。

---

[1] 一个著名的例子是汤显祖《牡丹亭》中的《劝农》一出戏。"劝农"作为文学主题,在中国文学里有一个相当久远的传统。参见拙文《田与园之间的张力:关于〈牡丹亭·劝农〉》。收入华玮主编,《汤显祖与牡丹亭》论文集,第313—342页。对陶诗《劝农》的详细探讨,见本书附录三。
[2] 《全上古三代秦汉三国六朝文·全晋文》卷八十七,第1962页。

但是，这一田园景象似乎来自诗人活跃的想象，因为这只是"始春"而已，农人还在耕耘。在"秉耒欢时务"和良苗长出之间，有相当一段时间距离。诗人是在想象地下的种子吗？这令人想到《诗经·载芟》里，种子"实函斯活"以及它们"驿驿其达"的情景。或者，诗人在想象不久的将来？这样的预期把我们带到下面二句：

  虽未量岁功，即事多所欣。

"岁功"也曾出现在我们讨论过的《获早稻》诗里："开春理常业，岁功聊可观。"但是这里诗人告诉我们说：他不很在乎年成如何，因为他完全沉浸在当下的情景中。"即事"从二、三世纪以降，越来越频繁地出现在文章里，到了唐代，则更是往往成为诗题的一部分，但在魏晋时代，陶渊明是把"即事"用在诗歌里的第一人（另一处见于《五月旦作和戴主簿》："即事如已高，何必升华嵩"）。"即事"强调现下的情景，强调被当前发生的事情所触动。这里我们却不免要问一个简单的问题：种田是为什么？

  一个田夫野人会告诉我们：种田是为了生产粮食，是为了"岁功"。但是当诗人表示岁功不是他目前最关心的东西，他给我们看到的是种田的另一面。视野里包括了"平畴"的诗人，至少在那一刻没有在弯腰耕耘，因为他在极目远眺，欣赏眼前的景观。一切都和他的"胸次"相和谐，他很快乐，而且他知道自己是快乐的。不仅如此，他还要告诉

第三章　失去的田园：归陶

我们他的快乐，分析它、解释它，把它变成某种教训留给后人。这不是一个普通农人会想到和做到的事情。更重要的是，通过"即事多所欣"，他找到了一种特殊的方式，超越夫子"忧道不忧贫"的遗训。就像刘履（1317—1379）所说的那样："即事欢欣如此，其于忧贫也复何有哉？"[1]即事多欣，不去担心实际结果，同时强烈地意识到自己的这一能力：这是诗人和农人的区别，也是孔子所谓"君子""小人"的区别。

诗人把读者带回到《论语》：

> 耕者有时息，行者无问津。

这两句诗，用了《论语》中长沮、桀溺的典故。长沮、桀溺"耰而不辍"，但是我们的耕者决定稍事休息，而且似乎对无人问津感到有些失望。海陶玮认为："如果诗人扮演了长沮、桀溺的角色，他一定很高兴没有一个孔夫子来用不相干的问题打扰他。"[2]其实，如果诗人当真扮演了长沮、桀溺的角色，他一定非常需要孔夫子的存在；假如没有问津者，又何来长沮、桀溺在《论语》中和在历史上的存在呢？没有孔夫子问津，长沮、桀溺就只有像我们的诗人一样，自己担当起对自己人生哲学的传述：

---

[1]《陶渊明诗文汇评》，第126页。
[2] James Hightower, *The Poetry of T'ao Ch'ien*, p. 110.

> 日入相与归，壶浆劳近邻。
> 长吟掩柴门，聊为陇亩民。

"日入"一作"田人"，这使我们不很确定到底是谁和谁在"相与归"。大概执着于陶渊明和农人亲密相处的印象，"日入"成为笺注家们普遍的选择。他们或者征引《击壤歌》，"日出而作，日入而息，凿井而饮，耕田而食，帝力于我何有哉"，或者征引《庄子》里善卷的话："日出而作，日入而息，逍遥于天地之间而心意自得，吾何以天下为哉。"[1]以此来说明"日入"的典故来源。但是，如果我们选择"田人"，诗的结局就会相当不同：

> 田人相与归，壶浆劳近邻。
> 长吟掩柴门，聊为陇亩民。

选择"日入"，是相当传统的解读，强调了隐士的生活方式，或者被理想化的农人生活的自足性。如果选择"田人"，我们则看到一个孤独的诗人形象：田夫野老在一天的劳作之后相与还家，共同饮酒，互相存慰，诗人则孤身一人，"长吟掩柴门"，把世界关在了门外。诗的最后一句再次凸显了他和农人的区别："聊为陇亩民"的"聊"带有暂

---

[1]《先秦汉魏晋南北朝诗·汉诗》卷一，第1—2页。《庄子集释》，第966页，《让王》篇。

时的、无奈的意味（姑且或权且如此），"为"则暗示了自觉的努力。我们想到唐代诗人王维的《渭川田家》："斜光照墟落，穷巷牛羊归。野老念牧童，倚杖候荆扉……田夫荷锄至，相见语依依。"野老、牧童和田夫相亲相近，构成一个关系亲密、互相关怀的农业社区；相对于他们而言，诗人始终是一个外人，是田园生活的旁观者，"不能真正进入他所观看的世界"。[1]

诗的最后，诗人背对农人的天地关上了柴门，为自己划出一块密闭的私人空间。据我们所知，陶渊明是第一个在诗歌中使用闭门意象的诗人。[2] 比如下面《癸卯岁十二月中作与从弟敬远》的开头四句：

> 寝迹衡门下，邈与世相绝。
> 顾盼莫谁知，荆扉昼常闭。

这里我们看到同样的自我封闭意象，同样的矛盾情

---

[1] Stephen Owen, *Anthology of Chinese Literature*, p. 387.
[2] 闭门、下帷的意象，在陶渊明之前常常出现于史传文章里，用以描述隐士/学者的苦读。在《归去来辞》中，陶渊明写道："门虽设而常关。"颜延之《赠王太常僧达》一诗有句云："郊扉常昼闭。"与陶渊明的诗句极为相似。《先秦汉魏晋南北朝诗·宋诗》卷五，第1232页。最终的"闭门"，是关闭墓室的门。如陶渊明《挽歌诗》中所写："幽室一已闭，千年不复朝。"《自祭文》："萧萧墓门。"在后代诗人里，王维最善于描写闭门，如《喜祖三至留宿》。王维的诗同样显示出闭门并不意味着全然排斥门外的世界；相反，它为诗人提供了一个方便而独特的视点，诗人可以观察世界而不被世界注意，如《山居即事》。

感——一方面与世隔绝,一方面感叹无人知我,于是把自己的经历写入诗中,呈给自己的从弟和后人。"关门"的动作充满自相矛盾的欲望,门隔离外在与内在世界,也把它们联系起来。诗人随时可以重新把门打开,比如说像在《饮酒》其九里那样,款待清晨叩门来访的田父;他也可以经常出门,无论是再次出仕,游玩,和朋友交往(陶集中写给地方官吏的作品足以打破诗人的确与人事隔绝的幻象),或者,去乞食。

饮食与文字

《乞食》是一首表面看来十分简单的诗,也不像很多别的陶诗那样充满暧昧的异文。文本单纯朴素,直截了当。但是它的选材相当不平凡,因为这是中国诗歌史上第一首以"乞食"为题材的诗。

在早期的文本里,乞食通常表现失志的贤人如何走到山穷水尽的境地,又是如何最终超越困境,成就大业;[1]但是在东晋,乞食获得了一种新的文化意义,成为东晋时人有意培养的"放达"(或者"旷达""达")人格的符号之一。[2]

---

[1] 历史上著名的乞食者包括重耳、伍子胥、百里奚,还有后文将要提到的韩信。
[2] 据《世说新语》记载:"阮浑长成,风气韵度似父,亦欲作达。步兵曰:'仲容已预之,卿不得复尔。'"《世说新语笺疏》,第734页,《任诞》篇。戴逵在《竹林七贤论》中解释说,"籍之抑浑,盖以浑未识之所以为达也。"《全上古三代秦汉三国六朝文·全晋文》卷一百三十七,第2252页。但是这个故事实际上告诉我们,"达"是一种表演,甚至是一种家业,和天生的性情无关。

在《世说新语》里，我们看到下面的故事：

> 襄阳罗友有大韵，少时多谓之痴。尝伺人祠，欲乞食，往太蚤，门未开。主人迎神出见，问以非时，何得在此？答曰："闻卿祠，欲乞一顿食耳。"遂隐门侧。至晓，得食便退，了无怍容。

孙盛（320—373）《晋阳秋》也描写了罗友的放达行为：

> 友字它仁，襄阳人。少好学，不持节检。性嗜酒，当其所遇，不择士庶。又好伺人祠，往乞余食，虽复营署庐肆，不以为羞。桓温常责之云："君太不逮！须食，何不就身求？乃至于此！"友傲然不屑，答曰："就公乞食，今乃可得，明日已复无。"温大笑之。

《世说新语》还记载了关于罗友的一则逸事，也和食物有关："罗友作荆州从事，桓宣武（按即桓温）为王车骑集别。友进坐良久，辞出，宣武曰：'卿向欲咨事，何以便去？'答曰：'友闻白羊肉美，一生未曾得吃，故冒求前耳。无事可咨。今已饱，不复须驻。'了无惭色。"[1]我们注意到，在不择士庶、遇酒便饮、醉饱即退的方面，罗友和陶渊明的

---

[1] 这里三则逸事分别引自《世说新语笺疏》，第722—753页，第757—758页，《世说新语》二十三《任诞》篇。

自画像以及他的传记肖像甚为相似。我们还注意到，乞食既可以是一个人在饥寒交迫的境界中不得已的行为，也可以是一件风流韵事。在南北朝时期，乞食还是宗教行为：按照戒律规定，佛教僧侣应以乞食为生。

儒家经典对乞食的态度严厉得多。《礼记》记载过"不食嗟来之食"的故事；罗友到神庙等待祭祀供品，则和《孟子》里关于齐人乞食的故事颇有相似之处。齐人每天都醉饱而归，他的妻妾问他和谁一起吃饭，他夸口说："所与饮食者则尽富贵也。"但实际上他不过是在乞讨人家祭祀供品剩下的酒食而已。孟子评论说，很多追求功名利禄者都和齐人十分相像。[1]但正是在这里我们看到罗友和齐人的区别：罗友的确和富贵者相识，但他却从不向富贵者开口乞食。桓温不仅是罗友的上司，也是当时的权臣（陶渊明的外祖父孟嘉就曾供事于桓温）；就是在桓温责备他，要他"就身求"（向桓温自己乞讨）的时候，罗友也还是做出"傲然不屑"状一口拒绝。《世说新语》还记载了一则故事，讲述罗友如何拒绝桓温的兄弟——荆州刺史桓豁（320—377）的邀请，去赴一个"荆州门下书佐"的约会。这样的故事，不但没有颠覆，反而认可和加强了东晋社会的权力结构。换句话说，如果向权贵如桓氏兄弟"乞食"，那就成了真正的"乞食"而不再是韵事；必须对政治权力加以戏剧化的拒绝，并且公开和下层阶级交往，才构成一个人的文化资本。在这种意义上

---

[1]《礼记注疏》，第196页。《孟子注疏》，第156页，《离娄章句下》。

说，桓式兄弟对于成就罗友的"达"是非常有必要的。

在这一文化背景下阅读陶渊明的乞食诗，我们才会看出它的复杂与新奇。

> 饥来驱我出/去，不知竟何之。

陶渊明开门见山地告诉我们：他的乞食不是出于放达，而是出于现实需要。饥饿的力量被生动地描写出来：它控制了他的身体，像驱赶动物那样把诗人赶出家门，但是身体和精神是脱节的，有那么一会儿工夫，他站在那里，不知何去何从。

很多评论者都曾辩论过陶渊明乞食的"真实性"。有人以为这不过是一种比喻性说法（所谓"设言"），有人反对这种意见，但仍然试图赋予"乞食"某种比较"崇高"的意义，把它和诗人的"忠晋"思想联系起来。[1]但实际上我们对诗的创作年代一无所知。我们能从文本推测出来的情况，是诗人未必只是求乞一顿饭，而很可能是在向朋友告贷。从这一点来看，第一句的"饥来"可能不是或不仅仅是在描述身体的饥饿。值得注意的是"饥"一作"饑"，而且，古汉语中饥、饑通用，后者不是指个人饥肠辘辘，而是指糟糕的

---

[1] 如黄廷鹄说："非真乞食也，盖借给园行径，以写其玩世不恭耳。"陶必铨以为，"此诗与述酒读书诸篇，皆故国旧君之思，不但乞食非真，即安贫守道亦非诗中本意"。《陶渊明诗文汇评》，第67、70页。

年成。[1]虽然很多读者,包括苏轼在内,都认为这首诗描写了诗人在主人家吃到一顿饱饭,但是仔细检视全诗,我们发现诗人没有提到进食,只提到饮酒。

> 行行至斯里,叩门拙言辞。

如果我们不了解"乞食"的文化背景,我们就不会认识到这两句诗的特殊性:以行为放达高自标榜的罗友,可以毫无惭色地告诉主人他是为了乞食而来,但是,陶渊明在主人打开门的一瞬间,却充满愧怍。陶渊明常常告诉我们他是多么"拙"(我们由此意识到诗人不是浑然天真的人,因为他很清楚自己的"拙"),这里的"拙言词"是由于他对开口告人感到羞赧。好在主人善解人意——

> 主人解余意,遗赠岂虚来。

"遗赠岂虚来"一作"遗赠副虚期",如果是这样,就表示诗人完全没想到他的告贷会成功,而且如此容易。

> 谈谐终日夕,觞至/举辄倾杯。
> 情欣新知欢,言咏遂赋诗。

---

[1] 曾集本、汤汉本均作"饥",但陶澍本说"各本"作"馈"(莫有芝的翻刻本正作"馈")。

这几行诗句,流露出一种动人的天真(innocence,不是naiveté——在中文里都译为"天真",但实际上二者有天壤之别)。诗人一旦借贷成功,解决了经济难题,顿时感到如释重负,也不再拙于言辞了,不但言笑宴宴,而且原本难以出口的言辞现在也滔滔而出,甚至转化为诗句。乞食和赋诗联系在一起,是中国古典诗歌中一个令人难忘的时刻。

有人把诗中的主人视为诗人的"新知",这样的解读略有问题。从诗人和主人的默契和熟稔来看,他们不像是新结识的朋友。因此,这一句诗应该理解为:"我们在一起,比新相知更快乐"(这里暗用《九歌》"少司命"中"乐莫乐兮新相知"的典故);同时,我们可以想象,正是今天发生的事件,深化了诗人对主人的情谊,使这对老朋友的感情比新相知还要亲密。

> 感子漂母意,愧我非韩才。
> 衔戢知何谢,冥报以相贻。

一般人在达到目的之后,容易"沾沾自喜,不复知愧"。[1]但是,尽管诗人和主人一起言咏赋诗,却并没有忘记此行何来,他对自己境遇的强烈意识在诗的最后四行里迸发出来。他把主人比为帮助了落魄韩信的漂母:在韩信故

---

[1] 黄文焕(1625年进士)语。《陶渊明诗文汇评》,第67页。

事中，漂母告诉韩信，她"哀王孙而进食，岂望报乎！"[1]但是，哪怕主人像漂母那样施恩不求报，诗人还是像韩信一样，怀有感激报答的心情。只不过，就在这时，他意识到自己不是韩信：他不仅缺乏军事才干，也没有政治野心。陈祚明（1623—1674）批评这首诗说："后四句稍拙。"而张潮等三家注本则以为，"云'冥报以相贻'即是拙言辞处"。[2]但正是这种"拙"，把陶渊明还原为一个有人情味的人。

《乞食》在很多意义上都是一首不寻常的诗。从一方面来说，它的"不寻常"相当传统，因为在东晋社会，"乞食"似乎属于社会认可的放达行为之一种，没有什么令人特别惊异的地方；但是，从另一方面来说，《乞食》的不寻常在于它表现了人性与人情。在这首诗里，诗人毫无同时代人甚或"五柳先生"的放达。他始终清醒地观察着自己：从刚出门时的不知所措，到站在友人面前羞于启齿，到告贷成功以后的如释重负，饮酒欢笑，言咏赋诗，直到最后混合了惭怍与骄傲的保证——"冥报以相贻"。没有哪一首诗，比《乞食》更好地表现出陶渊明对人情世故的深刻了解。一个性格简单的人写不出这样的诗来，因为如果诗人完全认同于那个笨拙的、羞惭的自我，他的诗就会充满自怜和愤世嫉俗；而如果诗人在心理上和这一经验保持距离，那么，他的诗就会变得玩世不恭，情感浅薄，不耐咀嚼。《乞食》有清醒的自我观

---

[1]《史记》，第2609页，《韩信列传》。
[2]《陶渊明诗文汇评》，第68页。

察，有真感情，自惭而不自怜，自嘲而不自轻，同时，对善解人意的朋友怀有深深的感激。这样一幅复杂的人性画面，是在东晋时代，也是在任何时代，都很少见的。

在这首诗里，我们还看到陶渊明一生所着迷的两样事物：饮食与文字。它们是诗人生命最必要的滋养品，而且，对陶渊明来说，它们纠结在一起，密不可分。

第四章 饮食、死亡与叙事

死亡与叙事之间，存在着一种黑暗的亲密关系。在薄伽丘的《十日谈》里，生动鲜明的故事，却偏偏被放置在大瘟疫的背景下，黑死病的阴影笼罩着花园里讲故事的青年男女们。在中国传统里，"立言"和"立德""立功"同属于"三不朽"。话语，在其最广泛的意义上，成为抗拒死亡的方式。在他的诗歌话语中，陶渊明不断回到他所关心的主题：饮食/酒食与文字。

陶渊明处于一个既具有连续性、又在不断变化的文学传统当中，他首先是一个诗人，不是哲学家或思想家。因此，在询问陶渊明究竟是儒家思想还是老庄思想的信徒抑或二者的结合之前，我们有必要看一看陶渊明到底是如何利用诗歌传统的。陶诗用老庄、《论语》的典故极多，[1]但是这些典故或者作为诗歌意象出现，或者为诗人提供了现成的词语，它们不构成系统的哲学思想，一首诗也毕竟不是一篇哲学论文。陶渊明的诗文必须放在文学传统里，也放在当代文化背景下进行检视。诗人的天才给他的作品带来一种特别的风味，但是，我们还是可以在其中看到早期诗歌的主题因素，也体认到当代思潮对诗人的影响。

一般来说，划分诗歌流派，是为了我们勾勒文学史版图的方便，但不能很好地描述文学史现实中的任何特定时刻，因为文学史从来就不是清楚整齐、秩序井然的。前人和同时代人的影响，往往以间接的、隐晦的方式甚至奇异的变形出现。和他的同时代人一样，陶渊明对超自然的力量感到好奇，但是，他对文学历史特别是建安、西晋诗歌的兴趣在同时代人里面显得相当特殊。因此，陶渊明写出一种别具一格的"游仙诗"，在他的"游仙诗"里，诗人不是通过访名山、觅仙药、"服食炼气"来达到游仙的目的，而是通过阅读、思考和发挥文学想象。这样的经历和陶诗中的另一基本因素——酒食——紧密相关。

得　仙

我们可以一起来看看《连雨独饮》或者《连雨人绝独

---

[1] 据朱自清统计，古直笺注陶集中，陶用《庄子》典故四十九处，《列子》二十一处，《论语》三十七处。《陶诗的深度》，《朱自清古典文学论集》，第568页。

饮》这首诗。诗题很有意思:"连雨"应该是时人熟悉的题目,因为与此相关的题材,"苦雨",在陶渊明的时代已经是老生常谈了。阮瑀(165?—212)、傅玄(217—278)和陆机都有《苦雨》诗;张协(?—307)的《苦雨》特别得到六世纪初批评家钟嵘的称赞,认为是五言诗中之佼佼者。[1] 钟嵘的赞美可能是受到了江淹的影响,因江淹《杂体诗三十首》就挑选了这首诗作为张协的代表作。[2] 陶渊明有四言诗《停云》,主题与《连雨》相类似,在诗中他感叹阴雨连绵、平陆成江,使他和远方的朋友阻隔("静寄东轩,春醪独抚")。但是,《停云》中的雨毕竟是"时雨",也就是春雨,它滋润万物,使草木复苏("东园之树,枝条再荣")。尽管诗人感到孤寂,全诗仍然带有一种闲静的情调,特别是到了诗的后半,雨已稍停,鸟儿在枝头"好声相和"。《连雨独饮》的口气则截然不同。在这首诗里,诗人没有谈到对朋友的相思。在雨中独饮及怀人的主题,后来在鲍照

---

[1]《先秦汉魏晋南北朝诗·魏诗》卷三,第381页;《先秦汉魏晋南北朝诗·晋诗》卷一,第571页。陆机的《赠尚书郎顾彦先二首》虽然不以"苦雨"名篇,但显然属于"苦雨"诗传统,表达了在连绵阴雨中思念友人的情绪。诗见《先秦汉魏晋南北朝诗·晋诗》卷五,第680—681页。张协诗见《先秦汉魏晋南北朝诗·晋诗》卷七,第747页。钟嵘,《诗品集注》,第346页。

[2]《先秦汉魏晋南北朝诗·梁诗》卷四,第1574页。魏晋时期还有一系列以"苦雨"为题材的赋,如潘尼(250?—311)《苦雨赋》,《全上古三代秦汉三国六朝文·全晋文》卷九十四,第1999页。蔡邕(132—192)、应玚(?—217)、曹丕(187—226)、曹植(192—232)及陆云(262—303)都有《愁霖赋》。

（414？—466）的《苦雨》诗中再次出现。[1]

在为数极少的现存晋诗里，我们注意到没有其他人以独酌作为诗题。一方面，诗歌传统的力量十分强大，到陶渊明的时代，已经形成了一套固定的诗歌题材、语汇、意象；另一方面，饮酒是社会性活动，无论是公宴、朋友相聚、庆祝丰收的仪式，或者出游，饮酒加强了社区成员之间的情感联系，在宴会中扮演了重要角色，而宴会往往是巩固或者展示政治权力的有效手段。沈约曾在《七贤论》中说："酒之为用，非可独酌，宜须朋侣，然后成欢。"[2]

《连雨独饮》包含了诗歌传统因素：在建安诗歌中，饮宴主题常常和死亡、人生短暂与求仙相联系。但是这首诗的特别之处，在于它成功地勾勒出了一幅诗人在雨中自斟自酌、醺醺欲醉的肖像画，而且把《庄子》巧妙地融合进诗中。层层的诗歌传统没有能够湮没这幅素描的个性，可以说此中有人、呼之欲出。诗的另一奇特之处在于没有一字提到"雨"。考虑到作诗贴题的重要性，陶渊明在《连雨》诗中只字不提雨值得我们注意。

> 运生会归尽，终古谓之然。
> 世间有松乔，于今定何闻。[3]

---

[1]《先秦汉魏晋南北朝诗·宋诗》卷九，第 1306 页。
[2]《全上古三代秦汉三国六朝文·全梁文》卷二十九，第 3117 页。
[3] "闻"一作"间"。"闻""间"字形相似，在中古汉语中属同一韵部。这里选择"闻"是避免和前一句中的"世间"重复，虽然早期中古诗歌往往不避重复。

诗人开门见山，指出仙人的虚妄。这非常符合饮宴诗的传统：在饮宴诗里，及时行乐往往被视为求仙不成的自然结果。不过，诗人虽然对仙人之有无表示怀疑，他随即得知饮酒本身就是得仙的方式之一：

故老赠余酒，乃言饮得仙。

第二句的"乃"字，表达了诗人的惊讶。饮酒得仙，的确违背时人的常识。在《养生论》中，嵇康宣扬饮酒不利养生；在《代秋胡歌诗》中，他声称"酒色令人枯"。[1] 嵇康的诗以"思与王乔，乘云游八极，凌厉五岳，忽行万亿"结束，在很多同时代的求仙诗中具有代表性。陶渊明对饮酒的描述显然吸取了游仙诗的语汇，只不过反其道而行之，把饮酒当成求仙的手段：

试酌百情远，重觞忽忘天。

王叔岷在此纠正丁福保的笺注，认为"百情远"不同于百感交集，并引王蕴（330—384）"酒正使人人自远"之语来解释"百情远"，这是十分正确的。[2] 在《世说新语》同

---

[1]《全上古三代秦汉三国六朝文·全三国文》卷四十八，第1324页；《先秦汉魏晋南北朝诗·魏诗》卷九，第480页。
[2]《陶渊明诗笺证稿》，第156页。《世说新语笺疏》，第748—749页，《任诞》篇。

一章里，王蕴的同时代人王荟还说，"酒正自引人着胜地"，也是对陶诗的绝佳注脚。

"忘天"出自《庄子·天地》篇："忘乎物，忘乎天，其名为忘己。……忘己之人，是之谓入于天。"[1]换句话说，一个人如果能够忘物、忘天、忘己，就可以"冥会自然"，与天道相通。在《连雨》诗里，诗人不仅在象征意义上，而且在字面意义上，真的做到了"入于天"，因为在微醺状态中，他似乎骑在一只云鹤的背上，倏忽之间游遍八方（这正是嵇康在《代秋胡歌诗》中表达的愿望）。"故老"告诉诗人"饮得仙"是实话，只不过"天"不在外界而在内部。《连雨》仿佛一篇微型的游仙赋，直接承继了《远游》与《大人赋》的传统：

天岂去此哉/天际去此几，任真无所先。
云鹤/鸿有奇翼，八表须臾还。[2]

"天际去此几"不如"天岂去此哉"听起来那么自信，似乎提出了一个真正的问题而不是仅仅为了加强修辞效果的反诘。后者以"哉"结束，句法比较散文化，语气上也较为自然。

王叔岷以为诗人在前面既然已经排除了仙人存在的可

---

[1]《庄子集释》，第428页。
[2]"鹤""鸿""鹄"在早期文本中经常互相混淆。在此处"鹤"是通行的选择，大概因为鹤是仙禽的缘故。

能，这里的云鹤自然不可能和游仙有关，"云鹤"句不过象征了诗人卷舒自如的心境而已。[1]这样的解读似乎把诗人对"松乔"的否定看得太过认真。声称仙人难遇是饮宴诗的传统，和诗人的真实态度没有太大关系。云鹤当然象征了诗人的神游状态，但排除云鹤和仙人的联系，也就错过了诗人自称靠饮酒得仙的幽默。

萧统在陶渊明传里用过"任真"一词，它意味着"顺从自然本能"。郭象（253？—312）的《庄子》注里使用到"任真"，[2]到唐朝成玄英疏解《庄子》时，"任真"已经成为常见词了。"真"是《庄子》中的一个重要概念（在《论语》中却一次也没有出现过），在《庄子·大宗师》里，我们看到庄子对"真人"的详细阐释。"真人"的一个关键特点，就是"忘"的能力。同一章里孔子与颜回的对话也展示了"忘"的重要性。这段对话，乃至《大宗师》的整个章节，构成了陶渊明《连雨独饮》一诗的潜台词：

> ［颜回］曰："回益矣。"仲尼曰："何谓也？"曰："回忘仁义矣。"曰："可矣，犹未也。"他日复见，曰："回益矣。"曰："何谓也？"曰："回忘礼乐矣。"曰："可矣，犹未也。"他日复见，曰："回益矣。"曰：

---

[1]《陶渊明诗笺证稿》，第157页。
[2] 郭象注："任自然而忘是非者，其体中独任天真而已。"《庄子集释》，第44页，《在宥》篇注。又见第487页，《天道》篇注；第1051页，《列御寇》篇注。

"何谓也?"曰:"回坐忘矣。"仲尼蹴然曰:"何谓坐忘?"颜回曰:"堕肢体,黜聪明,离形去知,同于大通。此谓坐忘。"仲尼曰:"同则无好也,化则无常也。而果其贤乎!丘也请从而后也。"[1]

颜回向孔子报告他的修习进度,最后一次他只是简单地说,"回坐忘矣",没有像前两次那样告诉孔子他忘记了什么。这的确是一种进步。在孔子的追问下,颜回解释说坐忘包括祛除肢体(身体的欲望)与聪明(认知的能力)。"大通"即"道",如果一个人"同于大通",就不会再枉自分别好恶,而是遇物无间,参与自然的无穷变化。我们现在可以更好地理解陶诗的结尾了:

自 / 顾我抱兹独,
俛俛四十年。
形骸久已化 / 形体凭化迁 / 形神久已死,
心在 / 在心复何言。

诗人终于把我们带回到诗题的另外一个部分:连雨"独"饮。前面的诗句,描写了诗人如何逐渐进入微醺状态,现在,翱翔八表的云鹤已经飞回,诗人开始清醒地反思他的处境。"八表"与"四十年"使时间与空间的层面交叉在一

───────

[1]《庄子集释》,第282—285页。

起，浓缩为诗人此时此地所在的一个点。令我们感到有些吃惊的是"僶俛四十年"的告白。诗题明确告诉我们，诗人的独酌是由于阴雨连绵、没有朋友来访，但是，四十年而"抱兹独"则想必是有意识的选择，而不是暂时被动地忍受现实。"抱"字凸显了诗人的决心。在另外一首题为《戊申岁六月中遇火》的诗里，我们看到类似的诗句："总发抱孤介，奄出四十年。"两首诗虽然一写火一写水，表达的情绪却十分相似："形迹凭化往，灵府长独闲"——即使形体改变，心灵或精神却长存不变。在《连雨》诗的结尾，诗人得出同样的结论："形骸久已化，心在复何言。"

这令我们想到《庄子》："古之人，外化而内不化；今之人，内化而外不化。与物化者，一不化者也。"[1]换句话说，古人形体改变而内心保持宁静，今人心神摇荡，而在外却固执死板、不肯变通。既然万物都在不断变化之中，只有与物同化，才能保持内心的平衡，与自然合拍，与天地达到和谐。《淮南子》响应了《庄子》的思想："得道之士，外化而内不化。"[2]因为正如《庄子》所言："其形化，其心与之然，可不谓大哀乎？"[3]

独饮使诗人对自己进行反省，他想到四十年来的孤独，四十年来容貌形体发生的改变——他毕竟不是"松乔"，四十年在凡人的生命里是很长的时间。我们再次回到《庄

---

[1]《庄子集释》，第765页，《知北游》。
[2]《淮南鸿烈集解》，第622页，《人间训》。
[3]《庄子集释》，第56页，《齐物论》。

子·大宗师》——陶渊明似乎对《庄子》的这一富有诗意的章节情有独钟,他不断从中吸收意象、语汇和灵感:

> 子祀、子舆、子犁、子来四人相与语曰:"孰能以无为首,以生为脊,以死为尻,孰知生死存亡之一体者,吾与之友矣。"四人相视而笑,莫逆于心,遂相与为友。俄而子舆有病,子祀往问之。曰:"伟哉!夫造物者,将以予为此拘拘也!"曲偻发背,上有五管,颐隐于齐,肩高于顶,句赘指天。阴阳之气有沴,其心闲而无事,跰𨃛而鉴于井,曰:"嗟乎!夫造物者,又将以予为此拘拘也!"

我们在形体衰颓、"其心闲而无事"的子舆身上,看到了诗人的影子。在遇火之后,诗人安慰自己说,哪怕身体所赖以安居的屋宇烧毁了(或者,在引申的意义层面上,作为屋宇的身体被时间摧毁了),灵魂的屋宇仍将"长独闲",保持它一贯的平静安宁。在《连雨》诗中,诗人表达了同样的观念。就这样,面对生命的短暂,除了及时行乐和游仙之外,《连雨》给我们看到了另外一种可能。

在《大宗师》里,上引孔子和颜回的对话下接这样一段文字:

> 子舆与子桑友,而霖雨十日。子舆曰:"子桑殆病矣。"裹饭而往食之。至子桑之门,则若歌若哭,鼓琴

曰:"父邪?母邪?天乎?人乎?"有不任其声,而趋举其诗焉。子舆入,曰:"子之歌诗何故若是?"曰:"吾思夫使我至此极者而弗得也。父母岂欲吾贫哉?天无私覆,地无私载,天地岂私贫我哉?求其为之者而不得也。然而至此极者,命也夫!"

就和我们的诗人一样,子桑因为连绵阴雨不得出门,而且家中显然没有储粮。他鼓琴而歌,把自己的贫穷归结于宿命。可是即使在窘境之中,还是有朋友惦记着他,带着食物来看望他。从这一点看来,我们的诗人"连雨人绝"的处境越发难堪。

在中国诗歌传统里,从《诗经》中的《山有枢》开始,我们常常听到诗人嘲笑那些积蓄财产而不舍得花用的人,敦促人们趁着还来得及尽情享受人生。《连雨》诗一开始即宣称"运生会归尽",随后对什么已经消耗殆尽、什么还存在,进行了一番精心的盘点(四十年的光阴相对于过剩的孤独,形体相对于精神),最后以"复何言"——言语的穷尽——结束全诗。求仙者必须学会节省和积蓄他们的精气,而我们的诗人同样善于精打细算,知道他应该花费什么、获得什么。送酒的故老说饮酒得仙,但是,以这种不寻常方式求得的长生,本身也是不寻常的——所谓得仙,不过是得到一种精神自由,得到一瞬间的解悟,诗人意识到虽然他损耗了很多,他最宝贵的财富还是绰绰有余的。

诗的最后两句有几处引人注意的异文:

形骸久已化 / 形体凭化迁 / 形神久已死,
心在 / 在心复何言。

形骸与形体基本是同义词,但是"形神久已死"的含义和前两句截然不同。如果我们选择这一异文,我们对它的理解应该按照《庄子·齐物论》中说的那样:"形固可使如槁木,而心固可使如死灰乎?"[1]"形"在这里指外在容貌。《齐物论》中的话描述的是南郭子綦"丧我"之后的情景;换句话说,他已经达到了忘我的境界,因此,他的外形好像枯木一样完全静止。这一异文会使最后一句诗"心在复何言"有些难解,因此,最后一句一作"在心复何言":一切都在心中,或者,一切都要看"心"所起的作用。不过,这种解读向来没有受到过笺注家的重视。当人们看到"形神",一般来说都会把"形"理解为"身体",而不仅仅是"容貌",这样一来,形神已死就难以解释得通;而且,对后人来说,"形神"二字引起的《庄子》的联想,未免显得"不够自然"——虽然在陶渊明的时代,这样的联想应该是非常直接的。

何有于名?

陶渊明是一个有心的读者,《连雨独饮》是一首建立于文本之上的诗,充满了《庄子》的回声。《游斜川》同样反

---

[1]《庄子集释》,第43页。

映了诗人对文本传统的熟悉,对文字的迷恋。

《游斜川》序言称此诗作于辛丑年也即401年,辛丑一作辛酉(421)。很多陶诗都有小序,解释写作缘由。这在陶渊明的时代,已是相当普遍的做法。公元400年,在陶渊明写下《游斜川》一诗的前一年(如果我们选择"辛丑"的话),约三十位庐山僧侣曾在释法师(极有可能是名僧慧远)的带领下游庐山之北的石门山,写作了著名的《游石门诗并序》。[1] 其他两次著名的文学集会分别是石崇(249—300)的金谷之会,和王羲之(303—361)的兰亭之会。[2] 金谷、兰亭都有诗、序存留(虽然人们对《兰亭序》的真伪有所怀疑),把与会者的姓名、年龄、官职记录下来作为纪念的做法始于石崇。兰亭集显然是以金谷集为典范的,但是对比石序与王序,我们也发现很多不同点,这些不同点既可以说是石崇和王羲之的个人差异,也在某种程度上代表了西晋文化与东晋文化的差异。石崇的序——缕述田庄的种种所有——从猪羊鸡鸭鹅,到果木药草,到水碓、鱼池、土窟(供储藏之用)——俨然是一个大农庄的盘点簿子,是对个人财富的展示与夸耀;同时,提到在集会上,"琴瑟笙筑合载车中,道路并作,及住,令与鼓吹递奏",鼓吹也显示了主人与众宾客的显赫身份。相比之下,王序强调的是"仰观宇宙

---

[1]《先秦汉魏晋南北朝诗·晋诗》卷二十,第1085—1086页。
[2]《全上古三代秦汉三国六朝文·全晋文》卷三十三,第1651页;卷二十六,第1609页。孙康宜在《六朝诗》中对《游斜川》和王羲之《兰亭诗》做过对比和探讨。Kang-I Sun Chang, *Six Dynasties Poetry*, pp. 6–12.

之大,俯察品类之盛"的哲思与诗意,并特别提出,"虽无丝竹管弦之盛,一觞一咏,亦足以畅叙幽情"。石与王都描写了集会的自然环境,也交代了集会的原因:前者是为了送征西大将军王诩还长安,后者是庆祝三月三日的修禊日。到陶渊明的《游斜川》,则既不是送别朋友,也不是庆祝节日——实际上,"正月五日"是个极为普通的日子,而它的特殊性正在于它的任意性:

> 辛丑/酉正月五日,天气澄和,风物闲美。与二三邻曲,同游斜川,临长流,望曾城。鲂鲤跃鳞于将夕,水鸥乘和以翻飞。彼南阜者,名实旧矣,不复乃为嗟叹。若夫曾城,傍无依接,独秀中皋。遥想灵山,有爱嘉名。欣对不足,率尔/共赋诗。悲日月之遂往,悼吾年之不留。各疏年纪乡里,以记其时日。

这里的"灵山"指昆仑山。曾城传说是昆仑山最高峰,常用来代指昆仑,如《石门诗》有云:"寨裳思云驾,望崖想曾城。"这里,曾城似乎是斜川中流的一座小山,它的名字激发了诗人的想象。[1]这是整篇序言中最值得注意的一点:诗人喜爱一个地方,不是或不仅仅是为了风景的优美,而是因为它有一个好名字。这个名字引发了诗人对昆仑山的联想,在《山海经》《穆天子传》之类诗人喜好的"异书"

---

[1] 曾国藩、丁福保皆主此说,详文意,可从。《陶渊明诗笺注》,第54页。

里，昆仑山乃是列仙所居的灵山。

> 开岁倏五十/日，吾生行归休。[1]
> 念之动中怀，及辰/晨为兹游。

出游的原因写得很清楚，是因为想到了"吾生行归休"。提起"游"，很容易让人想到文学传统中种种超凡绝俗的仙游，比如嵇康在诗中写到的："俗人不可亲，松乔是可邻。何为秽浊间，动摇增垢尘？慷慨之远游，整驾俟良辰。轻举翔区外，濯翼扶桑津。"[2] 但是陶诗中的"游"，既非周游宇宙，也不是遨游名山大川，而是相当平凡的郊游：

> 气和天惟/候澄，班坐依远流。
> 弱湍驰文鲂，闲谷矫鸣鸥。
> 迥泽散游目，缅然睇曾丘。
> 虽微九重秀，顾瞻无匹俦。

---

[1] 第一句究竟应作"五十"（陶的年龄）还是"五日"（出游的日期），是陶学家的一个争论热点。苏轼看到的版本显然作"五十"。在《和陶游斜川》中，他写道："虽过靖节年，未失斜川游。"（《苏轼诗集》卷七，第2318页）苏过（1072—1123）把自己的别业命名为"小斜川"，并作诗以志。他在诗序中写道："今岁适在辛丑（1121），盖渊明与予同生于壬子岁也。"（《全宋诗》卷二十三，第15456页）马永卿则在《懒真子》中，称得"东林旧本"，作"五日"。可见两种异文都由来已久。《宋元小说笔记大观》卷三，第3135—3136页。今人袁行霈力主"五十"说，详见《陶渊明享年考辨》，《陶渊明研究》，第218—227页。
[2] 《先秦汉魏晋南北朝诗·魏诗》卷九，第489页。

在这首诗里，我们看到两种不同的诗歌传统被结合在一起。一方面是宴饮诗的传统，即如石崇、王羲之的集会诗，也承继了这一传统，并发生于被人为修治或者靠近人居的自然环境；另一方面，是"远游"的传统，诗人或者跋山涉水，或者周览八方，总之是要游历奇异、险峻的山水，远离人世的所在，或者根本就是非人间的仙境，如孙绰（314—371）的想象之旅《游天台山赋》、庐山诸道人的《游石门》即是。陶渊明诗里有宴饮，也有游历，但他的"登山"完全限于视觉：是他的眼睛，而不是身体，在遨游（"散游目"）；[1] 而且，他满足于远眺，并不打算亲身登临。虽然他知道他眼中所见不是真正的昆仑山，但是至少在他的视野之内"顾瞻无匹俦"，这就已经足够了。

另一方面，"文鲂"激起的是完全不同的联想：《九歌》中跟从河伯车驾的文鱼，或者曹植的《洛神赋》里女神的前导。一瞥之间，我们看到仙境色彩斑斓的碎片。

> 提壶接宾侣，引满更献酬。
> 未知从今去，当复如此不。
> 中觞纵遥情，忘彼千载忧。
> 且极今朝乐，明日非所求。

---

[1] 以"散"描写视线比较少见，唯东晋庾阐有《三月三日》诗："心结湘川渚，目散冲霄外。"

"未知"云云是劝饮之语，也是饮宴诗的常见主题："生年不满百，常怀千岁忧……为乐当及时，何能待来兹。"（《古诗十九首》其十五）"中觞"一作"中肠"，但这里以"觞"为是，因为诗人在描写饮酒的渐进阶段，要待到饮酒至半、酒酣耳热之际，才会"忘彼千载忧"。王羲之《兰亭诗》有"三觞解天刑"之句。如黄文焕所说："初觞之情矜持，未能纵也。席至半而为中觞之候，酒渐以多，情渐已纵矣。一切近俗之情，杳然丧矣，近者丧则遥者出矣。"[1]

随着诗人"中觞纵遥情"，我们看到一种和《连雨独饮》相类似的、内化的"游仙诗"。[2]《游斜川》以诗人对一个名字的爱好开始：河中流的一个小山丘，因为有一个和昆仑仙山最高峰一样的名字，引起了诗人的浮想联翩，乘着酒兴，"游目骋怀"，逐渐进入了"神游"状态。普通而熟悉的地理景象，变得和《楚辞》中的神境一样美丽奇特；只不过这里没有上天入地的追寻，一切都源自想象——肉眼与心眼的遨游。

有时饮宴发生的地点相当出人意料，比如《诸人共游周家墓柏下》：

---

[1]《陶渊明诗文汇评》，第61—62页。
[2] 后来，沈炯（502—560）的《独酌谣》描写了和《连雨独饮》十分类似的境界："一酌矜许史，再酌傲松乔。频烦四五酌，不觉凌丹霄。倐尔厌五鼎，俄然贱九韶。"陈叔宝（553—604）也有《独酌谣》，把饮酒的阶段描写得更为细致："一酌岂陶暑，二酌断风飙。三酌意不畅，四酌情无聊。五酌孟易覆，六酌欢欲调。七酌累心去，八酌高志超。九酌忘物我，十酌忽凌霄。凌霄异羽翼，任致得飘飘。"见《先秦汉魏晋南北朝诗·陈诗》卷一，第2444页；卷四，第2513页。

> 今日天气佳，清吹与鸣弹。
> 感彼柏下人，安得不为欢。[1]
> 清歌散新声，绿酒开芳颜。
> 未知明日事，余襟良以殚。

海陶玮认为："到底周家墓地是否属于陶侃的亲家周访的后人，既找不到任何文本证据，对此诗的解读也不重要。"[2]诚然。这是一首平常的宴饮诗，讲述了一个平凡的道理：如果今天不及时行乐，明天恐怕就来不及了。不过，我们读诗，不是为了读其中的道理，而是为了文字带来的快乐。

诗以"今日"开始，以"明日"结束，最后一个字碰巧是"殚"，也就是所谓的"尽欢而散"。表面看来，似乎诗到尽头，话也说到了尽头，缺乏余味；但是，今天虽然已经兴尽，还有未知的明日，这首小诗微妙地平衡于两种状态之间：细小、亲密、实在、属于今天的乐趣，和广大陌生的未来。王夫之评论说："笔端有留势。"[3]可谓知言。

既然诗题明言"共游周家墓柏下"，那么这些游人也是"柏下人"了。芳颜，即尚在青春的面孔。可谓花红面也红，

---

[1] 如古直所指出的，这首诗令人想到《古诗十九首》其十三："驱车上东门，遥望郭北墓。白杨何萧萧，松柏夹广路。下有陈死人，杳杳即长暮。潜寐黄泉下，千载永不寤……不如饮美酒，被服纨与素。"《先秦汉魏晋南北朝诗·汉诗》卷十二，第332页。
[2] James Hightower, *The Poetry of T'ao Ch'ien*, p. 64. 周访（260—320）的女儿嫁给了陶侃的儿子陶瞻。《晋书》卷五十八，第1579页。
[3] 《陶渊明诗文汇评》，第72页。

柏绿酒也绿。彼柏下人极安静，此柏下人极喧闹。但这是可以宽恕的喧闹，因为到得"明日"，他们也要变成安静的柏下人了。诗中游人发出的清歌，是这首小诗的象征：一点点的声音，被包围在广大而响亮的寂静里。

阅读到天黑

陶渊明的组诗《读山海经十三首》，在中国古典文学传统中很不寻常。首先，它们是中国文学史上第一组以阅读为题的诗。虽然在陶渊明之前，已出现了很多咏史诗，这些诗并不像《读山海经》那样，给我们呈现出镶嵌着阅读经验的叙事框架。换句话说，《读山海经》不仅描述了诗人阅读的内容，而且，还描述了诗人阅读的时间、地点和周围的环境。他不仅告诉我们他的读书感想，还仔细地描绘了物质性的阅读经验本身。

再者，诗人阅读的不是经史，而是一本"异书"——颜延之在诔文里说陶渊明"心好异书"，恐怕指的就是这样的书。虽然诗题只提到《山海经》，组诗的第一首还谈到《穆天子传》。《穆天子传》是晋武帝太康二年（281）被盗墓者发掘出来的西汉汲郡（在今河南卫辉）魏襄王冢古书之一，从初见天日到陶渊明写此诗，大约不过一个多世纪而已。今本《穆天子传》共六卷，记述周穆王西行所见，包括在昆仑山和西王母会面之事。《山海经》则是一部至少可以追溯到西汉的神话地理著作，描写了环绕华夏的四海以及海外大荒。这些遥远的地域充满了幻想的山水、奇特的人民、怪异的鸟兽,还有各种各样不同寻常的木石。郭璞(276—324)有《山海经图赞》,至今尚存。有的学者因"流观山海图"一句诗,以为陶渊明看到的就是郭璞的图赞本,但是陶渊明只提到"山海图",未必包括图赞在内。除郭璞外,张骏(307—346)也曾作《图赞》,除了《初学记》保存片段之外,已经散佚。

这组诗的另一奇特之处,在于它们呈现了一条清楚的叙事脉络。不是说这些诗忠实地再现了《山海经》的内部结构——事实上,诗人在选择《山海经》里面的细节时似乎相当任意,既不按照《山海经》现行版本的组织顺序,也不顾及这些细节是否相互联系——而是说它们构成了一部有关求仙和远游的微型史诗。从一片光明皎洁的仙境,到半人半神的英雄创下的光辉业绩,到怪兽狰狞、黑影幢幢,充满了背叛、谋杀和饥饿的凡间世界,我们的诗人把他的阅读经历编织成了一部中国版本的《失乐园》。这组诗以强调乐趣开始,以发现悲哀和恐惧结束。

最后需要指出的是,这组诗不断回到饮食的主题。凡人必须每天为求食奔波,仙人却没有这样的忧虑。因此,仙凡之隔,归根结底在于饮食。

其一

孟夏草木长,绕屋树扶疏。
众鸟欣有托,吾亦爱吾庐。

既耕亦已种,且还读我书。[1]

《读山海经》的第一首诗,为我们介绍了诗人读书的时间与地点。时间是初夏,按照阳历来算,正是五月天气。地点是诗人的家。诗人曾在《咏贫士》组诗其六中写道:"仲蔚爱穷居,绕宅生蒿蓬。"张仲蔚是东汉隐士,陶渊明对他的诗歌才能极为赞赏,称之为"翳然绝交游,赋诗颇能工"。但是相比之下,扶疏的树木比绕宅的"蒿蓬"美好得多,而且炎热将至,树木成荫,不但众鸟有托,诗人也可以享受凉爽。比较《咏贫士》其一的"万族各有托,孤云独无依"(孤云喻贫士),此处则连"我"也有了依托。

就和在《归园田居》其一里一样,我们看到一个隔离的空间,不但在空间上远离喧杂,在时间上也受到保护:既耕已种,实际生活问题得到照料,然后才回头读书,读书因此是"闲业",是乐趣所在。

穷巷隔深辙,颇回故人车。
欢言酌春酒,摘我园中蔬。
微雨从东来,好风与之俱。

---

[1] "且"字在宋版陶集中作"时"。王叔岷训"时"为"即",见《陶渊明诗笺证稿》,第476—477页。虽然这能够配合上下文语意,但是比较勉强,不如从《文选》(卷三十,第1392页)、《艺文类聚》(卷五十五,第991页),作"且"。

穷巷，即仲蔚之穷居，偏僻的小街。唯大车才能留下深辙，而大车乃是显贵所乘。诗人不说老朋友势利，反而说他们本来是要来的，只不过穷巷太偏僻窄小了，难以寻访，难以进入。说他是讽刺也可，是温柔敦厚也可，或者，只是一个"不在乎"：耕种之后，有暇读书，正不希望人来打扰呢，朋友的势利，反而变成了读书的条件之一。这里我们也许注意到诗人不断使用"我"字：我庐，我书，我园中蔬。诗人强调的是一种自得其乐的自足感。自然万物都有俦侣——众鸟同群，风与雨俱——诗人却独自一人，住在无人来访的穷巷中，快乐地沉浸于精神的旅途。

我们还看到读书的物质层面：树木扶疏，众鸟鸣啭，好风，微雨，春酒，园蔬。饮食的主题在这里首次出现。

> 泛览周王传，流观山海图。
> 俯仰终宇宙，不乐复／将何如。

诗人的阅读态度和他在《五柳先生传》里"不求甚解"的描述很符合：泛、流，都是浏览而不是细读。

一些笺注家抓住"乐"字大做文章，以为此乐即安贫乐道之乐。[1]但"乐"其实被镶嵌在一个反问句里，以否定的形式出现。这份快乐，是由于俯仰之间神游八极而产生

---

[1] 如吴菘以为，"结出乐字，是一首眼目"。吴淇（1615—1675）以为，"章末乐字，作诗之根本，即孔颜之乐处"。《陶渊明诗文汇评》，第292—293页。

的,同时,也是因为意识到人生短暂,俯仰之间,天地即可终结,"不乐复何如"?我们且看诗人如何在一个普通的、充满家庭日常生活气息的园子里,完全凭着文字、凭着想象,为自己创造出一个广大的宇宙,并像楚辞汉赋中的远游者那样,开始一次漫漫修远的旅程。

其二

玉堂/台凌霞秀,王母怡/积妙颜。
天地共俱生,不知几何年。[1]
灵化无穷已,馆宇非一山。[2]
高酣发新谣,宁效俗中言。

用"妙颜"描述西王母颇为幽默。西王母在《山海经》里共出现三次,每次对她容貌的描写大同小异:"玉山,王母所居也。其状如人,豹尾虎齿而善啸,蓬发戴胜,是司天之厉及五残。"(《西山经》)《海内北经》:"西王母梯几而戴胜杖,其南有三青鸟,为西王母取食。在昆仑虚北。"《大荒西经》:"有人戴胜,虎齿豹尾穴处,名曰西王母。"[3]可见"妙颜"是"奇妙"而非"美妙"之意。[4]至于"妙颜"

---

[1]《庄子·大宗师》称"西王母得之(按:得道),坐乎少广,莫知其始,莫知其终"。《庄子集释》,第247页。
[2] 郭璞《山海经》注:"西王母虽以昆仑之宫,亦自有离宫别窟,游息之处,不专住一山也。"袁珂,《山海经校注》,第409页。
[3]《山海经校注》,第50,306,407页。
[4]《穆天子传》虽然没有提及西王母的容貌,但是她既然和穆王[转下页]

前面的动词,"怡"是通行的选择,因为容易理解,容易解释;但是"积"字别有滋味。道教中人对"积"情有独钟,而"王母积妙颜"很可能是指她"无穷已"的神妙变化,从骇人的怪兽,到彬彬有礼的女主人,到美丽的中年女仙。

诗的最后两句显然指她与穆王的赋诗赠答。王母歌曰:"白云在天,山陵自出。道里悠远,山川间之。将子无死,尚能复来。"西王母是神仙,说话尽可以直截了当,不用怕得罪人间君王。她善意的祝愿是以否定形式表达出来的——"希望你不要死掉!"——而不是更为常见也更为礼貌委婉的"祝你长寿"。在答诗中,周天子以三年为期,到时再回来见西王母,但他的许诺是一份政治宣言:只有"和治诸夏,万民平均",他才能复还。这让我们想起《高唐赋》中,楚襄王和神女会面的前提是实现清明的统治。宗教与政治表现结合在一起,因为在上古社会,君主既是政治领袖,也是精神领袖,是斡旋于天与人之间的巫师。

虽然她后来在中古道教中成为主要的神明,但在《山海经》里,西王母只不过是众多神灵中的一位,所以,看到她在《读山海经》组诗中占据显著的地位,值得我们注

[接上页]同席宴饮,赋诗赠答,显然不至于太过不堪。等到了《汉武帝内传》(约三四世纪甚或更晚)里,西王母已经变成"可年卅许,修短得中,天姿掩蔼,容颜绝世"的女仙了。这样的描写,或竟是受到了新出土文献《穆天子传》的启发,也未可知。又,成玄英在注释《庄子》"西王母得之"一段文字时称王母"善笑",这里"善笑"恐怕是"善啸"之误。

意。[1]和其他神灵一样,西王母长生不老,有众多"馆宇"和无穷的"灵化"。但她也有两点独特之处,那就是她的"高酣",她的"发新谣"。这都让我们想到陶渊明本人:慢慢地品味着春酒园蔬,他想必也达到了一种"高酣"状态,而他赞美西王母"新谣"的话——"宁效俗中言"——恐怕也正是他给自己的诗作定下的目标。也许,在诗人的想象里,他已经取代了周天子,和西王母会面了吧。不过,这样的幻象很快就烟消云散了:

其三

迢递槐江岭,是为玄圃丘。
西南望昆墟,光气难与俦。[2]
亭亭明玕照,洛洛/落落清淫/瑶流。
恨不及周穆,托乘一来游。

《西山经》对槐江岭有如下描写:"槐江之山……其上多青雄黄,多藏琅玕、黄金、玉……实惟帝之平圃……南望昆仑,其光熊熊,其气魂魂。……爰有淫水,其清洛洛。"郭璞注:"平圃即玄圃;淫音遥。"[3]槐江岭最引人注目的特点是它耀眼的光明:这光明来自山上的琅玕宝玉,来自西南

---

[1] 柯素芝(Suzanne E. Cahill)对中古时代的西王母崇拜有专著论述:*Transcendence and Divine Passion: The Queen Mother of the West in Medieval China*。
[2] 昆仑山据说在槐江岭西南四百里。《山海经校注》,第47页。
[3] 《山海经校注》,第45页。

方昆仑山熊熊魂魂的光气，也来自瑶水的清澈明洁。

末二句一语双关。诗人似乎是在说，他希望生在穆王的时代，好托附于穆王的车驾，随之西游。但是，穆王有著名的八骏，更有造父为他驾车，就算生在同一个时代，又有谁能赶得上（这是"及"的字面意义）穆王神骏的车骑呢？横亘在诗人和周天子之间的距离，既是时间的，也是空间的。在阅读与神游的乐趣中，我们开始听到怅恨与不满。

其四

丹木生何许，乃在崟山阳。
黄花复朱实，食之寿命长。
白玉凝素液，瑾瑜发奇光。
岂伊君子宝，见重我轩黄。

这首诗基于《西山经》的另一段落：

> 崟山，其上多丹木，员叶而赤茎，黄花而赤实，其味如饴，食之不饥。丹水出焉，西流注于稷泽，其中多白玉。是有玉膏，其原沸沸汤汤，黄帝是食是飨。是生玄玉。玉膏所出，以灌丹木；丹木五岁，五色乃清，五味乃馨。黄帝乃取崟山之玉荣，而投之钟山之阳。瑾瑜之玉为良，坚栗精密，浊泽而有光，五色发作，以和柔刚。天地鬼神，是食是飨；君子服之，以

御不祥。[1]

这首诗中，丹、黄、朱、白，颜色鲜明，而且饮食的主题再次出现。黄文焕指出："《经》于丹木，只云可以食之不饥，此独添出可长寿命。"[2]海陶玮注意到此，并补充道："郭璞称引文献［《河图玉版》］，说有一种白玉膏，一食即仙，乃黄帝之所服。"[3]郭璞且写有《丹木玉膏赞》，称"黄轩是服，遂攀龙豪"。[4]如果在第二首诗中，西王母的"高酣"呼应第一首诗中的春酒，那么在这里，神蔬的意象则呼应"园蔬"。比起五彩斑斓、效果神奇的神仙食品来说，诗人的园中蔬未免有些黯然失色了。

饮食的主题在下一首诗里继续：

其五

翩翩三青鸟，毛色奇 / 甚可怜。

朝为王母使，暮归 / 登三危山。[5]

---

[1]《山海经校注》，第41页。
[2]《陶渊明诗文汇评》，第297页。
[3] James Hightower, *The Poetry of T'ao Ch'ien*, p. 236.
[4]《全上古三代秦汉三国六朝文·全晋文》卷一百二十二，第2160页。
[5]《西山经》："三危之山，三青鸟居之。"郭璞注："三青鸟主为西王母取食者，别自栖息于此山也。"又前引《海内北经》："西王母梯几而戴胜，其南有三青鸟，为西王母取食，在昆仑虚北。"郭注："又有三足鸟主给使。"此处作"暮归"或"暮登"皆可。青鸟为西王母取食，在汉至晋赋中皆有描写，如司马相如《大人赋》，成公绥《乌赋》。见附录三对《述酒》"三趾显奇文"的相关论述。

> 我欲因此鸟，具向王母言。
> 在世无所须/愿，惟酒与长年/惟愿此长年。

青鸟的工作，是为王母取食。也许是因为王母好饮，而丹木延寿，诗人突发奇想，希望青鸟替他传信，向"高酣"的王母求酒，兼求长年。诗人没有奢望如黄帝那样鼎湖飞升，只愿"在世"得长寿而已。但是，如果一个人的愿望总是从侧面揭示了这个人生活中的欠缺，诗人在组诗里表现出了越来越多的不满，阅读起始时的"乐"不再那么完美无瑕了。和西王母不同，凡人不但终有一死，而且，当其在世时，也没有青鸟为之取食。他们必须"耕且种"——就像诗人在组诗第一首里所说的那样——流汗，吃苦，为衣食奔波。这，也是亚当夏娃失去乐园时受到的处罚。

诗的末句"在世无所须"一作"在世无所愿"，"惟酒与长年"一作"惟愿此长年"。"须"与"愿"颇为不同：希望有酒是一回事，称酒是一种"须"要，则是另一回事了。

下一首诗是在组诗基调转变之前舒缓的中场插曲：

其六

逍遥芜皋上，杳然望扶木。[1]

---

[1] 《东山经》："至于无皋之山，南望幼海，东望榑木。"《大荒东经》："有山名曰孽摇頵羝。上有扶木，柱三百里，其叶如芥。有谷曰温源谷。汤谷上有扶木，一日方至，一日方出，皆载于乌。"《山海经校注》，第112，354页。

洪柯百万寻，森散覆旸谷。[1]
灵人侍/待丹池，朝朝为日浴。[2]
神景一登天，何幽不见烛。

在古神话中，扶桑树是太阳升起之处。树下即旸谷或汤谷，太阳沐浴处。黄文焕一向善创新解，在这里抓住"芜皋"之"芜"大做文章，称"芜则易幽而难烛"，意思是说草木丛生之地，阴影密布，容易黑暗，阳光难以射入。问题是，芜皋在《山海经》里作无皋，而且《经》称无皋之山"无草木，多风"。[3]

但是，黄文焕的解释的确把我们的注意力引向诗里的草木：寸草不生的芜皋山和诗人家宅四周扶疏的树木形成了鲜明的对比。神游万里的诗人站在芜皋山顶，把目光转向远处的扶桑。他看到的是一棵"洪柯百万寻"的大树，枝条披拂，覆盖下面的温泉山谷。这不是平常的树，而是世界的光源——太阳——憩息与沐浴的地方。沐浴之后的太阳，应当更加光明夺目，洞烛幽微。比起这种神奇、宏伟的景象，诗人的菜园突然显得十分卑微与普通。

---

[1]《海外东经》："汤谷上有扶桑，十日所浴，在黑齿北。居水中，有大木，九日居下枝，一日居上枝。"汤谷即旸谷。《山海经校注》，第260页。
[2]《大荒南经》："东海之外，甘水之间，有羲和之国，有女子名曰羲和，方日浴于甘渊。羲和者，帝俊之妻，生十日。"《山海经校注》，第381页。
[3]《山海经校注》，第112页。

在《读山海经》的前八首诗中，诗人在可爱然而平凡的家园和神奇辉煌的宇宙之间创造出一种张力。环绕诗人家宅、给众鸟提供荫蔽的树，和洪柯百万寻、充当太阳栖身之所的扶桑，自不可同日而语。正如海陶玮所说，这首诗对天地的运作表达了惊奇与敬畏。[1] 但是，理解这组诗的关键，在于记住每一首诗都是诗人宇宙之游的一部分，而第一首诗的重要性，在于它是宇宙之游的起点和终点，也提供了组诗必不可缺的叙事框架。诗人的遨游直接继承了游仙及远游的传统，其独特之处则在于，这是被阅读所激发的神游：从光明到黑暗，从庆祝和惊叹到哀悼和伤叹，它构成了对寻常宇宙漫游的颠覆，因为在《远游》或《大人赋》里，诗人往往从对人生短暂或者人世束缚的伤悼开始，逐渐进入佳境，最终达到狂喜和超越。

在下一首诗里，我们继续看到树的意象：

其七

粲粲三珠树，寄生赤水阴。
亭亭凌风桂，八干共成林。
灵凤抚云舞，神鸾调玉音。
虽非世上宝，爱得王母／子心。

明亮如彗星的三珠树，八干成林的桂树，能歌善舞的

---

[1] James Hightower, *The Poetry of T'ao Ch'ien*, p. 238.

鸾凤，分别取自《山海经》的不同章节。[1]它们被放在一起，组成了一个和谐的世界。这首诗是组诗的中点，也是前半部分的顶点，过此之后，只有沦落与衰败。

其八

自古皆有没，何人得灵长。
不死复不老，万岁如平常。
赤泉给我饮，员丘足我粮。[2]
方与三辰游，寿考岂渠央。

在一系列铺张描写了神仙境界的诗中，这首诗劈头提出的反问十分突兀，让人一惊。我们从此落入一个充满了死亡、黑暗与腐败的世界。也许，我们应该把整首诗都当成一个一气呵成的反问句来读。这样一来，全诗描述的情景——"不死不老，万岁如常，赤泉给饮，员丘供粮，与三辰同游"——就全部成了诗人的幻想的一部分，也成了被否定的对象（自古皆有没，无人可以做到这些）。

---

[1]《海外南经》："三珠树在厌火北，生赤水上，其为树如柏，叶皆为珠。一曰其为树如彗。"《海内南经》："桂林八树，在番禺东。"郭璞注："八树而成林，言其大也。"《大荒西经》："西有王母之山……鸾鸟自歌，凤鸟自舞……"《山海经校注》，第192，268—269，397页。

[2]《海外南经》："不死民在其［交胫国］东。其为人黑色，寿，不死。"郭璞注："有员丘山，上有不死树，食之乃寿。亦有赤泉，饮之不老。"《山海经校注》，第197页。按郭注与张华（232—300）《博物志》中的记述非常相像，但是《博物志》多出一句话："多大蛇，为人害，不得居也。"看来没有什么是十全十美的。《博物志校证》，第13页。

我们于此再次看到饮食的重要。黄文焕说得好:"若疲疲于衣食,多寿祇为苦况耳。"[1]神仙固然不必为此烦恼,凡人却不同,而且,就连半神半人的夸父,一个赫勒克利斯似的英雄,也终于被身体的需求击败了:

其九

夸父诞宏志,乃与日竞走。
俱至虞渊下,似若无胜负。
神力既殊妙,倾河焉足有。
余迹寄邓林,功竟在身后。

关于夸父的传说,诗里已讲述得很清楚,除了一点需要解释:夸父在喝干黄河、渭水之后,还不满足,于是前往北方的大泽,半路死于口渴,手杖弃置路旁,化为邓林,一说邓林即桃林。[2]诗人以邓林为夸父"功竟",耐人寻味。陈祚明评论说:"身后亦何功?此志不泯,即其功也夫。"袁珂则以为,夸父手杖化为桃林,可供后人解渴。[3]桃树也有

---

[1]《陶渊明诗文汇评》,第300页。
[2]《海外北经》:"夸父与日逐走,日入[一作入日],渴欲得饮,饮于河渭;河渭不足,北饮大泽。未至,道渴而死。弃其杖,化为邓林。"《大荒北经》:"夸父不量力,欲追日景,逮之于禺谷。将饮于河而不足也,将走大泽,未至,死于此。"郭注:"禺渊,日所入也。今作虞。"《中山经》:"夸父之山……其北有林焉,名曰桃林。广员三百里。"毕沅(1730—1797)以为邓林即桃林。《山海经校注》,第238,427,139—140页。
[3]《陶渊明诗文汇评》,第301页。《中国古代神话》,第120—121页。桃林也令人联想到陶渊明的《桃花源记》。按湖南沅陵有夸父山,而沅陵正与桃源县相邻。

驱鬼避邪的功用。[1]

第六首诗中对太阳的"神景"感到的敬畏,在这里转化为对夸父"宏志"的惊叹。逐日象征了对时间的征服,似乎追及光源,也就延宕了黑暗。夸父唯一的弱点是对饮水的需求。陶渊明对"足"的一贯关怀,表现在"倾河焉足有"这句诗中,它让人想到陶渊明《杂诗》其八:"岂期过满腹?但愿饱粳粮。御冬足大布,粗绤以应阳。""岂期过满腹"用《庄子》中"偃鼠饮河,不过满腹"的谚语。[2] 我们由此意识到,夸父并不贪婪,他需要的不过是"足"——对一个力能逐日的巨人来说,两条大河与偃鼠饮满腹需要的一小碗水没有区别。他的海量成了致命的弱点,而这种海量和他逐日的神力是成正比的。

很多笺注家在陶渊明的作品里刻意寻找政治动机,于是把夸父和种种历史人物对号入座,或以夸父为诗人自况(邱嘉穗),或以为是讨伐刘裕的司马休之(古直),或以为即指刘裕本人(陈沆、陶澍);又或以为夸父"恃力为恶"(蒋薰),或以为"其为夸也,至死不悟"(何焯)。[3] 如以夸父为刘裕,则难以解释全诗的赞美笔调("宏志""神

---

[1] 王充《论衡·订鬼》引《山海经》佚文:"沧海之中,有度朔之山,上有大桃木,其屈蟠三千里,其枝间东北曰鬼门,万鬼所出入也。上有二神人,一曰神荼,一曰郁垒,主阅领万鬼。恶害之鬼,执以苇索,而以食虎。于是黄帝乃作礼以时驱之,立大桃人,门户画神荼、郁垒与虎,悬苇索以御。"《论衡校释》,第938—939页。
[2]《庄子集释》,第24页,《逍遥游》篇。
[3]《陶渊明诗文汇评》,第301—302页。

力""殊妙""功竟在身后");如以夸父为司马休之,甚至把夸父视为诗人本人"欲诛讨刘裕,恢复晋室",则刘裕未免要被比作太阳,颇为不伦。最重要的是,没有任何文本证据告诉我们这组诗的创作年代,而如果要作政治解读,明确的创作日期是最基本的前提条件。

归根结底,夸父是一个悲剧性的神话英雄,他的"宏志"最终吞噬了他。夸父的形象,在下一首诗里得到投射:和夸父一样同是炎帝的后裔,然而从形体大小到气力都和夸父截然相反的女娃。[1]

其十

精卫衔微木 / 石,将以填沧海。
形夭无千岁,猛志故常在。
同物既无虑,化去何复 / 不复悔。
徒设 / 役在昔心,良晨讵可待。

据《北山经》:"(发鸠之山)有鸟焉,其状如乌,文首,白喙,赤足,名曰精卫,其鸣自詨,是炎帝之少女名曰女娃,女娃游于东海,溺而不返,故为精卫,常衔西山之木石以堙于东海。"[2]

几处异文把这首诗变得复杂起来。诗的第三句被北宋

---

[1] 后土生信,信生夸父;后土乃炎帝之裔。
[2] 《山海经校注》,第92页。

的曾纮径改为"刑天舞干戚"。曾集本在《读山海经》组诗末尾录入曾纮写于1124年8月26日的附记：

>……且疑上下文义不甚相贯，遂取山海经参校，经中有云：刑天，兽名也，口中好衔干戚而舞。乃知此句是"刑天舞干戚"，故与下句"猛志故常在"意旨相应。五字皆讹，盖字画相近，无足怪者。闲以语友人岑穰彦休，晁咏之之道，二公抚掌惊叹，亟取所藏本是正之。因思宋宣献言：校书如拂几上尘，旋拂旋生。岂欺我哉！亲友范元羲寄示义阳太守公所开陶集，想见好古博雅之意，辄书以遗之。宣和六年七月中元临汉曾纮书。

曾纮的改作，被视为一大发现，他的两位朋友"亟取所藏本是正之"，这倒正好从侧面说明了当时陶集各本（包括义阳太守付刻的陶集）恐怕大都作"形夭无千岁"，"刑天"云云乃是曾纮的独家创造发明。这一发明在二十世纪的通行陶集版本中占据统治地位，几乎没有人再选择原来的"形夭无千岁"作为正文了。唯逯钦立有所妥协，作"形夭舞干戚"，因为实际上"刑天"（意为断首）与"刑夭"（意谓形体夭残）在《山海经》天帝断刑天之首的故事里都可说通，而且两者在很多版本里根本就是通用并行的。[1]

---

[1]《山海经校注》，第214页，详见袁珂注。

有时候，异文的产生过程比异文本身更有意味。曾纮的附记激起了后代学者的很多讨论。早在南宋，周必大（1126—1204）已经提出异议："余谓曾说固善，然靖节此题十三篇大概篇指一事，如前篇终始记夸父，则此篇恐专说精卫衔木填海，无千岁之寿，而猛志常在，化去不悔，若并指刑天，似不相续。又况末句云：'徒设在昔心，良晨讵可待。'何预干戚之猛耶。"[1]周必大的说法虽然得到不少赞同，[2]但是申曾绌周者往往有之，二说相持不下。到了二十世纪，断头的天神成了这首诗的一个固定组成部分，在很大程度上必须"归功"于鲁迅。鲁迅曾在一篇文章里谈到现代的古典文学选本，他要说明的观点是，有些文学选本为了维持陶渊明"静穆"形象的一致性，会特别剔除那些和这一形象有矛盾的作品。他举出陶渊明这首诗的开头四句作例子，用的正是经过曾纮修改过的"刑天舞干戚"。在另一篇文章里，鲁迅又说："陶潜正因为并非'浑身是静穆'，所以他伟大。"[3]和陶渊明一样，鲁迅也成为中国文学偶像，他对陶渊明的看法也就成了二十世纪很多中国学者评判陶渊明的准的。陶渊明被视为"斗士"，刑天最好地体现了这种"斗士"精神，甚至好像是被压迫阶级的代表，对天帝进行抗争（天帝实际上就是黄帝，这一点却很少有人特别指出）。鲁迅以为陶渊明并非浑身是静穆的观点固然不错，但是似乎没有必

---

[1]《陶渊明诗文汇评》，第303页。
[2] 见《陶渊明诗文汇评》，第304—306页。
[3]《题未定草》第六、第七，见《鲁迅全集》，第336，344页。

要把刑天抬出来作为证据。就以这首诗而论，正如周必大所说，即使它专写精卫衔木填海，形体夭亡而猛志常在，也同样可以表现一种执着不灭的精神。

这首诗真正难于解读之处在第三、四联。如果我们依从陶集旧本而不是曾纮的改写，则"同物"可以理解为"同于物"（"同"犹"托体同山阿"之"同"），换句话说，指女娃溺死东海、化为精卫。"同物既无虑，化去何复悔"意谓女娃既已化为自然界中一物，就不会再有人间的烦恼，因此，又何必悔恨她的物化呢。诗的最后一联则说，尽管精卫决心报复夺走她生命的沧海，实现愿望的"良晨"却不会到来。这样的解读没有"斗士"的解读那么昂扬，可是我们应该看到，"斗士"的解读原是断章取义，只是建立在诗的前四句之上，从来没有把全诗考虑在内。

夸父与精卫确乎都是意志顽强的英雄，但是这两首诗都必须放在组诗的整体语境中才能获得完整的意义。在组诗里，诗人对死亡、不朽和宇宙无穷尽的变化进行反思，这两首诗正是组诗整体框架中的转折点。和西王母不同，夸父、女娃的生命不但会终结，而且他们都是怀恨长逝的。从诗人家宅四周鸣啭的众鸟，到为王母取食的青鸟，再到色彩斑斓、"白喙赤足"的精卫，不平的情绪在逐渐增强。在下一首诗里，更是出现了真正凶猛的恶禽：

其十一

巨猾/危肆威暴，钦鸡违帝旨。

窫窳强能变，祖江遂独死。[1]
明明上天鉴，为恶不可履。
长枯固已剧，鵕鹗岂足恃。[2]

变形在这首诗里继续。诗的第二联，描写了祖江和窫窳的不幸命运：一个死去了，一个在死去之后，化作"龙首食人"的怪物。虽然凶手被惩罚，但是他们造成的损害没有办法挽回。而且，就和他的牺牲品一样，甚至就像女娲一样，钦䲹在死后变形为大鹗鸟。诗人虽然强调上天明鉴，不可为恶，但是，罪与罚的运作比简单明快的"惩恶扬善"似乎要复杂得多。有一点很清楚：组诗前半部分的光明仙境，到现在只剩下"明明上天鉴"了。

下一首诗仍以鸟的意象为主：

其十二

鸱鹈见城邑，其国有放士。

---

[1]《海内西经》："贰负之臣曰危，危与贰负杀窫窳，帝乃梏之疏属之山，桎其右足，反缚两手与发，系之山上木。"《山海经校注》，第285页。《海内南经》："窫窳龙首，居弱水中……其状如龙首，食人。"郭注："窫窳本蛇身人面，为贰负臣所杀，复化而成此物也。"《山海经校注》，第278页。《西山经》："（鼓）与钦䲹杀葆江于昆仑之阳，帝乃戮之……钦䲹化为大鹗，其状如雕而黑文白首，赤喙而虎爪，其音如晨鹄，见则有大兵。鼓亦化为鵕鸟，其状如鸱，赤足而直喙，黄文而白首，其音如鹄，见则其邑大旱。"郭注："葆或作祖。"《山海经校注》，第42—43页。

[2] 丁福保以为枯当为梏，即指天帝梏危于疏属之山事。《陶渊明诗笺注》，第170页。吴菘则以为此句乃悲窫窳与祖江之长枯。《陶渊明诗文汇评》，第308页。详诗意，以丁解为胜。

念彼/昔怀王/玉世，当时/亦得数来止。

青丘有奇鸟，自言独见尔/理。

本为迷者生，不以喻君子。

李公焕本以为首句"鹓鹅"当作"鸥鶒"，其实诗的第一个字当从曾集本、苏写本作"鹓"，第二个字可从李本作"鶒"。[1]《南山经》云："有鸟焉，其状如鸥而人手，其音如痹，其名曰鶒，其名自号也，见则其县多放士。"[2]青丘山，见《南山经》："［青丘之山］有鸟焉，其状如鸠，其音若呵，名曰灌灌，佩之不惑。"[3]

这首诗提到两种奇鸟，一为"见则其县多放士"的鶒鸟，一为"配之不惑"的灌灌。诗的第三句是解读关键，但也许正因如此而充满异文。通行的解读，是选择"念彼/昔怀王世/时"，把这句诗和楚怀王放逐屈原联系起来。但是在这里，我们却需要认真地考虑"怀玉"的异文。

"怀玉"出自《老子》（"圣人被褐怀玉"），在魏晋时期可谓常见词。同时，怀玉很容易让人联想到卞和的故事：楚人卞和，得玉璞而献之楚厉王，楚王以为石，断其左足；武王即位，卞和再献玉，又以为石而断其右足；共王即位，卞和抱玉而哭，三日三夜，共王命玉工理其璞而得宝玉，也就

---

[1] 关于"鹓鶒"即"丹朱"，见袁珂欢头国、苍梧山注。《山海经校注》，第190—191，274—275页。曾集本、苏写本云：鹓鹅"一作鸣鹄"。"鸣鹄"显误。
[2] 《山海经校注》，第9页。
[3] 同上书，第6页。

是有名的和氏璧。和氏璧是卞和的象征，也是一切有才之士的象征。如果我们选取"怀玉"的异文，下一句诗"当时数来止"不仅可以顺理成章地解读为卞和数献宝玉，而且"数"字也有了着落。在这样一种语境中，第六句的异文"自言独见理"也显得更通顺，因为"理"原本正是玉工治璞的意思；作为名词，指物质（譬如玉石）的纹路，也和"道理"一语双关。灌灌鸟辨认出了璞中宝玉，如果楚王听到它的啼鸣，也许不至于放逐卞和。

第三句诗的最后一个字一作"母"，如果和"王"连读，想必指西王母。现存的《山海经》或其他资料都没有关于鸩鸟和西王母的故事。不过，我们现有的《山海经》和陶渊明读到的版本很可能颇有出入。异文的出现，常常是因为人们试图解释表面看来晦涩难通的文本，但我们必须记得，有很多东西是我们不知道甚至也许永远不可能知道的，因此，在做出选择时，我们应该清楚这些选择往往不过是我们和未知因素达成的妥协。

灌灌鸟可以为人解惑（"本为迷者生"），但是，如果一个人已经处在迷惑之中，他又怎么可能去关注灌灌鸟的啼鸣呢？君子不需要警告，而迷者不理睬警告。《读山海经》组诗以忧心忡忡的劝诫和悲观的态度结束。最后一首诗再次回到饮食的主题——或者饮食的缺乏。

其十三

岩岩/悠悠显朝市，帝者慎/善用才。

> 何以废共鲧，重华为之来。
> 仲父献诚言，姜公乃见猜。
> 临没告饥渴，当复何及哉。

"岩岩"用《小雅·节南山》："节彼南山，维石岩岩。赫赫师尹，民具尔瞻。"《节南山》言帝王错用奸臣，导致国家混乱，而陶渊明此诗，似乎也意在说明君主择人必须慎重。这在第二、三联中得到证实。

第二联中的"共鲧"，共应指共工，鲧应即窃天帝息壤以治水、被天帝派祝融所杀死者。共工也与洪水有关。根据《大荒西经》"不周负子之山"条郭璞注引《淮南子》：共工与颛顼争斗，以头触不周山，造成天柱崩缺，地陷东南。共工似乎因此造成了水害。[1] 这一点在《淮南子·本经训》说得更加明确："舜之时，共工振滔洪水，以薄空桑。"或《兵略训》："共工为水害，故颛顼诛之。"[2] 但是在《山海经》里，共、鲧都和重华也即舜没有直接关系。这里，或者现存的《山海经》版本有佚文，或者陶渊明在进行自由联想，在诗中掺入了得自其他典籍的知识。如在《史记》里，神话被历史化、理性化，遂有舜向尧建言流放共工，并因鲧治水无功而殛鲧于羽山的记载。[3] 而且，《史记》很明确地指出，共、鲧被废，是由于尧用人不当。

---

[1]《山海经校注》，第387页。
[2]《淮南鸿烈集解》，第255，490页。
[3]《史记》，第28页，《尧本纪》；第50页，《夏本纪》。

陶诗第三联用了齐桓公（姜公）、管仲（仲父）的典故。这一典故和《山海经》的联系也相当间接。据《海内经》："有神焉，人首蛇身，长如辕，左右有首，衣紫衣，冠旃冠，名曰延维，人主得而飨食之，伯天下。"郭璞注："[延维即]委蛇。齐桓公出田于大泽，见之，遂霸诸侯。亦见庄周，作朱冠。"[1] 按《庄子·达生》篇："桓公田于泽，管仲御，见鬼焉。公抚管仲之手曰：'仲父何见？'对曰：'臣无所见。'公反，欸诒为病，数日不出。齐士有皇子告敖者曰：'公则自伤，鬼恶能伤公？……'桓公曰：'然则有鬼乎？'曰：'有……野有彷徨，泽有委蛇。'公曰：'请问委蛇之状何如？'皇子曰：'委蛇，其大如毂，其长如辕，紫衣而朱冠，其为物也，恶闻雷车之声，则捧其首而立。见之者殆乎霸。'桓公辴然而笑曰：'此寡人之所见者也。'于是正衣冠与之坐，不终日而不知病之去也。"[2] 在这一则故事里：虽然管仲告以"无所见"，桓公还是听信自己的感官，被所谓的鬼怪吓病了。

陶诗提到的"仲父献诚言""临没告饥渴"，指管仲临终时劝桓公远离易牙、竖刁等小人，桓公不能听从，结果到得后来，易牙、竖刁等人作乱，衰病的桓公被幽闭于宫中，"有一妇人逾垣入，至公所。公曰：'我欲食。'妇人曰：'吾无所得。'公又曰：'我欲饮。'妇人曰：'吾无所得。'"桓公死后，

---

[1]《山海经校注》，第456—457页。
[2]《庄子集释》，第650—654页。

以至于三月不能下葬，桓公的尸体成为蛆虫的宴席。[1]

就这样，"饮食"的主题在这组关于阅读的诗歌中以"饥渴"的形式再度出现。诗人的宇宙漫游从神话进入历史，从仙境进入人间，最后以曾经称霸诸侯的齐桓公的悲惨死亡结束。诗人选择的动词是"没"：它可以描述死亡，也可以描述太阳落山。在诗人舒适的乡下宅院里，天渐渐黑下来了。

文化想象的版图和燃烧的文字

诗人的想象之旅，是在他乡下的宅院里进行的。熟悉的空间，虽然平常，但是舒适，有局限，却也安全。陶渊明和谢灵运都爱好读书，阅读为这两个诗人提供了理解和衡量现实的方式。虽然谢灵运以登山临水知名，实际上陶渊明对地点与空间同样充满了强烈的兴趣。只不过，陶渊明所爱好的地点存在于文字，标识于文化的版图。

《赠羊长史》写于417年。本年，刘裕北征，收复了汉代旧都长安。这在当时，想必是轰动一时的大事件。诗序称"左军羊长史，衔使秦川，作此与之"。

愚生三季后，慨然念黄虞。
得知千载外，正赖古人书。

---

[1]《吕氏春秋》，第969页，《知接》篇。又见《史记》，第1492页，《齐太公世家》。

> 贤圣留余迹，事事在中都。
> 岂忘游心目，关河不可逾。
> 九域甫已一，逝将理舟舆。
> 闻君当先迈，负疴不获俱。

诗一开始即点出时间与空间的种种障碍：诗人生得太晚，不及看到远古的太平盛世；同时，因为南北分隔，甚至也没有办法亲自瞻仰圣贤的遗迹。现在虽然有了机会，他还是由于身体条件不能前往。唯一能够帮助他和遥远的过去、遥远的地域发生关联的东西，就是阅读——阅读"古人书"。虽然从未去过古都长安，诗人对现实中的自然风景与城市面貌似乎完全没有兴趣，他关心的，只是他在书中读到过的四个隐士：

> 路若经商山，为我少踌躇。
> 多谢绮与甪，精爽今何如。
> 紫芝谁复采，深谷久 / 又应芜。
> 驷马无贳患，贫贱有交娱。
> 清谣结心曲，人乖运见疏。
> 拥怀累代下，言尽意不舒。

诗人请求他的朋友，在路过长安东南的商山时，为他探访一下秦汉之际在此隐居的"商山四皓"：东园公、绮里季、夏黄公、甪里先生。这呼应了前文所说的："圣贤留余迹,事事在中都。"相对于"物","事"强调行为或者事件,如汤一介所说,在魏晋玄学话语中,"物"与"事"之间的区分,也就是"迹"与"所以迹"之间的区分。[1]圣贤之"所以迹"已经荡然无存,只留下被郭象轻蔑地称之为"已去之物,非应变之具"的"余迹"。对郭象来说,即使"《诗》《礼》"也不过是"先王之陈迹"罢了。[2]但是,陶渊明意识到"迹"对后人辨识"所以迹"(譬如商山四皓的"精爽")的重要性:"得知千载外,正赖古人书。"

诗人从未去过商山,但是他的想象相当生动鲜明,仿佛是在预言羊长史眼中所见:"紫芝谁复采?深谷久应芜。"在诗人的想象中,丛生的草木掩盖了四皓的遗迹。四皓的精爽久已无存,商山的精爽似乎也随着四皓而消逝了。诗人唯一可以把握的东西就是一首歌——他从"古人书"中得到的"清谣",盘桓于心,久久不去:

> 莫莫高山,深谷逶迤。
> 晔晔紫芝,可以疗饥。
> 唐虞世远,吾将何归。
> 驷马高盖,其忧甚大。
> 富贵之畏人兮,不如贫贱之肆志。[3]

---

[1]《郭象与魏晋玄学》,第251页。
[2]《庄子集释》,第344页,《胠箧》篇;第928页,《外物》篇。
[3] 引自崔琦(公元一世纪)《四皓颂》。《先秦汉魏晋南北朝诗·汉诗》卷一,第90页。

从某种意义上说,《赠羊长史》是这首歌的回声,文本产生文本,意象被继承和吸收。除了"深谷""紫芝"之外,"驷马高盖"等句被纳入"驷马无贳患,贫贱有交娱"一联。但是,文字的交接,不能缩小横亘在四皓与诗人之间的时空距离:在这首传为四皓所作的歌里,他们已经在感叹"唐虞世远,吾将何归",而"慨然念黄虞"的诗人,和上古的太平盛世隔得就更远了,即连四皓也已变得杳不可及,真是所谓"予生也晚",千里之外,千载之下,商山只是一座空山而已,甚至无人可以分享诗人对黄虞的无限向往。诗人痛切地感到这双重的疏离,加倍的孤独,以"拥怀累代下,言尽意不舒"结束全诗。如果诗人在开篇时宣称"得知千载外,正赖古人书",那么他在篇末对"言能否尽意"表示的态度,使我们对"余迹"是否能够传达"精爽"感到怀疑。

归根结底,这首诗的主题是阻隔。从空间来说,关河重重,舟车不便;但就算诗人真能亲身前去,他所向往的人早已作古,根本不可能见到,因此,时间的障碍最难逾越,也最为悲哀。语言文字是唯一能够帮助诗人超越障碍的东西,但是语言文字本身也偏偏可能构成最大的阻隔。"言尽意不舒"使我们想到轮扁对齐桓公读书发表的议论——当轮扁听说写书的圣人"已死矣",他断言:"君之所读者,古人之糟魄已夫!"[1]

中州诸多遗迹,陶渊明独独留情于商山四皓,十分耐

---

[1]《庄子集释》,第490页,《天道》篇。

人寻味。在探讨这首诗时，笺注家们一般只注意到四皓作为隐士的一面，把陶渊明对四皓的向往视为他对权臣刘裕含沙射影的批评，但是很少有人想到，四皓在隐士中可以算是非常善于变通的。他们并未坚持隐居，事实上，在汉朝建立之后，由于吕后、太子卑辞厚礼的聘请，他们终于出山，成了太子的陪臣。汉高祖见到这些连自己都无法招致的隐士在追随太子，感到太子"羽翼已成"，遂不肯废太子而立赵王如意。汉高祖曾问四皓："吾求公，避逃我，今公何自从吾儿游乎？"四人曰："陛下轻士善骂，臣等义不辱，故恐而亡匿。今闻太子仁孝，恭敬爱士，天下莫不延颈愿为太子死者，故臣等来。"[1] 换句话说，四皓的出与处，视当政者的为人与态度而定。在《桃花源诗》中，陶渊明指出，四皓在秦代隐居，是因为"嬴氏乱天纪，贤者避其世"。躲避乱世暴君而隐居，与不满改朝换代而隐居，不可同日而语。

一个皇子即位为君，另一皇子（赵王如意）遭到谋杀——无论有意还是无意，四皓成了这一政治事件的重要工具。陶渊明的同时代人对四皓行为的前后不一非常注意。大约在陶渊明写下这首诗的二十年前，桓温之子桓玄（369—404），东晋王朝的篡位者，曾经和殷仲堪（？—399）就四皓展开过一场辩论。桓玄作《四皓论》示殷仲堪，在文章

---

[1]《汉书》卷四十，第 2035—2036 页，《张良列传》。柏士隐指出，西晋皇甫谧《高士传》中的四皓传，可能为了强化四皓的隐逸形象，也完全没有提到四皓在汉代朝廷政治中扮演的角色。Alan J. Berkowitz, *Patterns of Disengagement*, pp. 68–69.

中，桓玄非难四皓奉事惠帝吕后，大略云："四皓来仪汉庭，孝惠以立，而惠帝柔弱，吕后凶忌。此数公者，触彼尘埃，欲以救弊。二家之中，各有其党，夺彼与此，其仇必兴。不知匹夫之志，数公何以逃其患？素履终吉，隐以保生者，其若是乎？"殷仲堪在答书中为四皓辩解，认为他们的用心，不是为了"一人之废兴"，而是为了天下的稳定，否则，太子和赵王的权力斗争可能导致天下混乱，沧海横流。[1]如果引申一下殷仲堪的议论，我们也许可以说，恐怕在当时的很多人看来，一个王朝的废兴，也同样不如天下获安那么重要。六朝时人对改朝换代的态度，比起北宋以降接受了道学洗礼的后人来说，是非常不同的。

陶渊明对"古人书"的迷恋，在《癸卯岁十二月中作与从弟敬远》表现得最为淋漓尽致。[2]这首诗与《癸卯岁始春怀古田舍》乃同年所作，"荆扉昼常闭"直承前首的"长吟掩柴门"而来，然而季节变化，心情亦不同了。

寝迹衡门下，邈与世相绝。

---

[1]《晋书》卷八十四，第2196—2197页。
[2] 癸卯岁十二月，阳历是从403年12月30日到404年1月27日。按403年九月丙子（阳历10月17日），桓玄封为楚王，加九锡；十月（阳历十一月），"以前世皆有隐士，耻于己时独无，求得西朝隐士安定皇甫谧六世孙希之，给其资用，使隐居山林；征为著作郎，使希之固辞不就，然后下诏旌礼，号曰高士。时人谓之充隐"；十一月庚辰（12月20日），晋帝禅位于桓玄；十二月壬辰，也即404年1月1日，桓玄即帝位。《资治通鉴》卷一百一十三，第3552—3555页。

顾盼莫谁知，荆扉昼常闭。

凄凄岁暮风，翳翳经日/夕雪。

倾耳无希声，在目皓/浩已洁/结。

劲气侵襟袖，箪瓢谢屡设。

萧索空宇中，了无一可悦。

历览千载书，时时见遗烈。

高操非所攀，谬/深得固穷节。

平津苟不由，栖迟讵为拙。

寄意一言外，兹契谁能别。

陶渊明的同时代人，看到被大雪困在家中的隐士形象，大概都会立刻想到东汉时代的袁安。[1]陶渊明在《咏贫士》其五中赞美过袁安，而且这两首诗的开头也颇有类似之处，因为都用了"邈"字，也都提到"门"："袁安门积雪，邈然不可干。"[2]这首诗里的"寝迹"很妙，因为大雪使人不得出行，也掩盖了地上所有的行迹。

---

[1] 《后汉书》注引《汝南先贤传》："时大雪积地丈余，洛阳令身出案行，见人家皆除雪出，有乞食者。至袁安门，无有行路。谓安已死，令人除雪入户，见安僵卧，问何以不出。安曰：'大雪人皆饿，不宜干人。'令以为贤，举为孝廉。"《后汉书》第四十五卷，第1518页。注意陶诗"邈然不可干"改写了袁安的话，于是，袁安不去"干人"遂变成袁安本人邈不可干。

[2] 曾集本云，"门"一作"困"。如果我们选择这一异文，则袁安不出家门就成了被迫的行为而不是主动的选择。

> 凄凄岁暮风，翳翳经日/夕雪。
> 倾耳无希声，在目皓/浩已洁/结。

这确是一个终日闭门的人眼中见到的雪景——在房间里听不到一点声音，偶然开门一看，世界已经一片洁白。皓，通常形容光明，这里写出雪光耀眼；如作浩，则形容雪境之广大。"希声"是用《老子》"大音希声"：雪不是没有声音，而是"大音"。

对雪景之美的欣赏，很快就被饥寒的身体感受驱散了。虽然诗人闭门不出，他还是有一个不速之客：侵袭襟袖的"劲气"。劲、侵皆好，完全不用寒冷字样，读后却令人遍体生寒。

箪瓢并不全空，但是食物也并不充裕，否则箪瓢就不会"谢屡设"——言外之意，偶尔一设还可以，屡设就难为情了。这令人想到《论语·雍也》："一箪食，一瓢饮，在陋巷，人不堪其忧，回也不改其乐。"[1]但是诗人不是颜回，他向堂弟抱怨：

> 萧索空宇中，了无一可悦。

这里的空宇，也就是《归园田居》中的"虚室"，但是口气截然不同。空荡荡的房子，只让人觉得越发寒冷。

---

[1]《论语注疏》，第53页。

诗人并没有失去他的幽默感，他说自己"高操非所攀，谬得固穷节"。这句诗一作"深得固穷节"，很多版本都选择了这一异文。现代编者往往选择"谬"，因为他们认为这是谦辞。也许确实如此，但是"谬得"的黑色幽默值得注意：固穷节是君子的节操，诗人并未刻意追求，而是偶然得到的，几乎是个不小心出现的差错。本来，如果不是不得已，又有谁愿意"穷"呢。下一联"平津苟不由，栖迟讵为拙"便很好地说明了这一点。关于平津，或以为用汉武帝封牧猪郎公孙弘为平津侯的典故（丁福保），或以为"平道也，人所共由"（陈祚明），或以为通达之路，比喻仕途（王叔岷）。按平津可训为通达之路，但不必限定为仕途；这句诗中，有孔子问津之意在，言外之意是倘使天下滔滔，缺乏坦途，那么归隐田园就是最合理的选择，又何必以拙于世事视之哉。

夏日荫凉舒适的阅读环境转化为深冬寒雪，既没有春酒，也没有园蔬，只有屡空的箪瓢、萧索的屋宇。外面的雪已经下了整整一日，天也渐渐黑下来了。在寒冷的黑暗里，诗人转向他唯一的安慰：

历览千载书，时时见遗烈。

烈，本义为火猛，引申为光明、显赫，又引申为事业、功绩。全诗极写寒冷，此处突然用一个烈字，顿时火光熊熊，照亮千古幽冥，也给空室中的诗人带来微微的暖意。

第四章　饮食、死亡与叙事

第五章 成器

> 多么奇怪——那些陶器
> 有的会讲话,有的不行;
> 突然,有个缺乏耐心的叫出了声:
> "到底谁是陶器,谁是陶钧?"
>
> 另一个说:"用泥土塑就
> 我的身子,想来总要有个原因?
> 他该不会给我一个形体,
> 最后又把我践踏成尘?"
>
> ——莪默·伽亚谟《鲁拜集》

尽管有些论者极力想把陶渊明塑造为一个与世相违的人

物,在很多方面,陶渊明都是时代的产物。陶渊明的时代,是玄学盛行的时代。所谓玄学,是老庄思想的流变,在公元三到四世纪这两百年当中,"玄学"不是一个一成不变的单一实体。从何晏、王弼开始,到向秀、嵇康、阮籍以及裴頠、郭象,玄学经历了很大的发展和变化。这些玄学人物对儒家经典,尤其是《论语》,非常熟悉,何、王更曾为《论语》作注(虽然《论语》尚未成为"经")。郭象试图中和名教与自然的概念,提出"内圣外王"的主张。换句话说,庄子赞美的"真人"未必一定存在于超凡脱俗的领域,名教和自然未必存在矛盾。郭象的理论来自《庄子》,也改造了《庄子》;他推崇儒教,但是对儒教学说进行了独特的解读,使它为自己的目的服务。[1] 郭象的《庄子注》在东晋时代非常有影响。陶渊明就生活在这样一种活跃而又复杂的思想背景下。

前面说过,陶渊明首先是一个诗人,不是一个哲学家或者思想家。我们当然可以在他的作品里看到当代人所关心的哲学问题,但是,他的诗不是哲学论文,从诗歌角度而不是从思想角度探讨陶诗,会更有意义。有一些意象,在陶诗中反复出现,这些意象体现了陶渊明最深切的关怀,同时,也和时人热心探讨的哲学话题紧密相关。

在中国早期文学与哲学文本中,"器"是一个重要的意象。造物者常常被指称为"大钧","洪钧",或者"陶

---

[1] 参见汤一介,《郭象与魏晋玄学》及汤用彤,《魏晋玄学论稿》。英文近著见 Brook Ziporyn, *The Penumbra Unbound*。

钧",[1]从平凡的泥土中塑造出种种有用之器。"器"在宇宙秩序中占据的是次等位置，正如《周易》所言："形而上者谓之道，形而下者谓之器。"[2]在老子学说中，"器"是堕落世界的产物，因为"道"是无名无别的"朴"，"朴散为器"。[3]当"道"别无入有，才会产生"器"的种种不一的形状，而"器"才会得到种种不一的名称——也正是因此，以社会秩序为关怀对象的儒教又称为名教。然而，在《论语》里，孔子曾说："君子不器。"[4]换句话说，君子不应该只擅长一技一艺，只起到某一种特别的作用，而应该是通才。

但是孔子还是不可避免用"器"来描述有用之才。子贡曾经问孔子对自己看法如何，孔子答道："汝，器也。"子贡不满足于这一回答，继续追问："何器也？"孔子答："瑚琏也。"[5]虽然孔子没有把子贡归为"君子"而归之于"器用之人"，瑚琏作为宗庙祭器之贵者，也可以说是已经达到"器"的最高等级了。

---

[1] 如贾谊《鵩鸟赋》："大钧播物兮坱圠无垠。"《全上古三代秦汉三国六朝文·全汉文》卷十五，第208页。张华《答何劭诗》："洪钧陶万类。"《先秦汉魏晋南北朝诗·晋诗》卷三，第618页。成公绥在《天地赋》中把天地比作"陶钧"。《全上古三代秦汉三国六朝文·全晋文》卷五十九，第1794页。
[2] 《周易集解》，第611页，《系辞上》。
[3] 《老子校释》，第114页，《道经》二十八章。老子又说："我有三宝，持而宝之：一曰慈，二曰俭，三曰不敢为天下先……不敢为天下先，故能成器长。"第271页，《德经》六十七章。
[4] 《论语》卷二，第18页，《为政》篇。
[5] 《论语》卷五，第41页，《公冶长》篇。

子贡的问题和孔子的回答使我们意识到"器"有等级差别。有时候，衡量"器"的最好办法，就是看它的容量。用有大小，器亦如之。孔子曾经称管仲"器小"[1]；论及当代从政者，孔子更是难以掩饰他的轻蔑："噫，斗筲之人，何足算也！"[2]也就是说，在孔子看来，他们不过是些"小器"而已。

器是造来盛放东西的。"器"的意象因此获得象征性的意义："器"虽然属于"有"的世界，但为了得其用，"器"必须中空，诉诸"无"。如老子所言："埏埴以为器，当其无，有器之用。"[3]在《庄子》里，无或无用之用是一个非常重要的概念。一方面，无用是全生的手段，就好像《人间世》中的大栎树，"以为舟则沈，以为棺椁则速腐，以为器则速毁，以为门户则液樠，以为柱则蠹，是不材之木也，无所可用，故能若是之寿"；然而，从另一方面来说，某物"大而无用"是因为人们没有发现它的用处，就像《逍遥游》中惠子的大瓠，"以盛水浆，其坚不能自举也；剖之以为瓢，则瓠落无所容"。惠子遂把大瓠打破丢弃。庄子评论道："夫

---

[1]《论语》卷三，第30页，《八佾》篇。在《论语》其他地方，孔子曾赞扬过管仲，或者在别人批评管仲时为之辩护（卷十四，第124，126，127页）。对"管仲器小"的评论，后人有各种推测。董仲舒以为，孔子是批评齐国的容易自满。《春秋繁露》，第77页，《精华》篇。扬雄《法言·先知》篇："或曰：'齐得夷吾而霸，仲尼曰小器，请问大器。'曰：'大器其犹规矩准绳乎？先自治而后治人之谓大器。'"《法言义疏》，第297页。
[2]《论语》卷十三，第118页，《子路》篇。
[3]《老子校释》，第44页，《道经》十一章。

子固拙于用大矣……今子有五石之瓠，何不虑以为大樽而浮乎江湖，而忧其瓠落无所容？"[1]和老子一样，庄子认为无用和有用的概念是相互依存的（"知无用而始可与言用矣"），而用来盛放东西的容器，最适合展示"无用之为用"。[2]问题在于，虽然一件容器必须中空才能发挥它的作用，但是假如容器一直是空的，没有东西可盛，又该如何是好呢？这样的"无用"，还能被视为有用吗？

中空的羞耻

和很多其他陶诗一样，《九日闲居》诗前的小序讲述了作诗的缘由：

> 余闲居，爱重九之名。秋菊盈园，而持醪靡由。空服九华，寄怀于言。

在重阳节那一天，人们"佩茱萸，食饵，饮菊花酒，云令人长寿"。[3]菊花酒需要提前一年酿造，次年始熟。[4]诗人的园子里开满菊花，只是无酒，于是只好"空服九

---

[1] 《庄子集释》，第36—37，170—171页。
[2] 《庄子集释》，第936页，《外物》篇。
[3] 宗懔（约501—565），《荆楚岁时记》，杜公瞻（六—七世纪）注，第122页。字句与《西京杂记》大同小异，见下。
[4] 见《西京杂记》卷三，第106页。

华"——空口服食菊花，也就是《楚辞》里的"夕餐秋菊之落英"。"空"字，"盈"字，构成了对比和张力。服食的是菊花，吐出的是文字。

起头第一句，让我们想到曹丕的《九日与钟繇书》："岁往月来，忽复九月九日。九为阳数，而日月并应。俗嘉其名，以为宜于长久。"[1]陶序妙处在于，闲居和爱重九之名有什么相干呢？偏放在一起说。

> 世短意恒多，斯人乐久生。
> 日月依辰至，举俗爱其名。
> 露凄暄风息，气澈天象明。
> 往燕无遗影，来雁有余声。
> 酒能祛百虑，菊解制颓龄。
> 如何蓬庐士，空视时运倾。
> 尘爵耻虚罍，寒华徒自荣。
> 敛襟独闲谣，缅焉起深情。
> 栖迟固多娱，淹留岂无成。

诗的第一联一作"世短意恒多，斯人乐有生"。久生、有生都讲得通，而含义不同。一者若云：人生短促，而欲望甚多，所以人们喜欢长生；一者若云：人生短促，不可能在有限的生命里满足所有的欲望，因此，生就是苦，但尽管如

---

[1]《全上古三代秦汉三国六朝文·全三国文》卷七，第1088页。

此，人们还是喜欢生命。这里选择"久生"，因为与重九谐音的关系，而《列子》中有一段关于"久生"的话，可为这一联作注："孟孙阳问杨朱曰：'有人于此，贵生爱身，以蕲不死，可乎？'曰：'理无不死。''以蕲久生，可乎？'曰：'理无久生。生非贵之所能存，身非爱之所能厚。且久生奚为？五情好恶，古犹今也；四体安危，古犹今也；世事苦乐，古犹今也；变易治乱，古犹今也。既闻之矣，既见之矣，既更之矣，百年犹厌其多，况久生之苦也乎？'"[1] 在这段话的背景下，"乐久生"更见得世人的痴心。

下一联继续展示这种痴心："日月依辰至，举俗爱其名。"此月此日依照星辰运行来到，显得天地无情；举俗皆爱重九之名，乃是自作多情。然而诗序既然说"爱重九之名"，则我与俗实无区别；唯一不同的，是我知道这种爱之为虚妄而已。然而，知道归知道，还是情不能自已。秋天是幻象消失的季节：热风已经平息，露水寒冷，天空明澈，世界似乎变得更加清晰，人也变得更加清醒。也许正因如此，他希望在酒里逃避，借酒销忧。可惜的是有菊无酒，就像列子里说的那样，这样的久生让人更难忍受。

诗的第五联一作"酒常祛百虑，菊为制颓龄"。作"常"，就说明酒并不能总是能销忧，更何况如今根本无酒呢。作"为"，则更多地表达了人的主观愿望而不是实际情形："菊解制颓龄"和"菊为制颓龄"的区别，是服食菊花

---

[1]《列子集释》，第229页，《杨朱》篇。

可以延寿与服食菊花为了延寿的区别。这一联中的"制"字极好。制,是一个大力的词。如果对手软弱,就根本不值得。这里需要制服的不是别物,而是时间,是颓然倾倒的年龄。"颓龄"和下一联中的"时运倾"呼应,真有雪山崩塌、一发不可收拾的感觉,令人感到微微的晕眩。面对这样大规模的颠覆,菊花显得相当脆弱,而诗人对"如何蓬庐士,空视时运倾"的急迫问题,也没有任何备好的回答。诗人几乎觉得他辜负了这些寒冷的花朵:它们"徒自"开放,即使给他带来长寿,他也只是在闲居中浪费了自己的生命。

在下一联中,诗人把敞开的衣襟合拢起来,想必已经在花丛里坐得很久了,又无酒挡寒,开始感到凉意。独闲谣,"谣"是"徒歌"的意思。也无酒,也无乐,也无友朋相伴,所有的只是一个"闲",也可以算是"徒自荣"了。诗的结尾二句是诗人为自己做出的辩护,他似乎在面对想象的指责——指责他白白消耗了用菊花换来的年华。诗人强调说,这种宁静闲散、无所事事的生活也自有它的很多乐趣。唯恐这样的话会触犯到严肃的先生们,他急忙指出:"淹留岂无成?"至于到底"成就"了什么,诗人却没有说明。值得注意的是,这两句诗,上一句强调("固"多娱),下一句反问("岂"无成),听起来很雄辩。但越是雄辩,就越是显出了诗人的复杂心情。

自然世界是丰盈的:秋菊代替了夏天的花朵,来雁代替了往燕;但是,诗人的世界却充满了空虚感。"尘爵耻虚罍",爵自然是酒杯,罍是小口大腹的酒壶。酒杯生尘,可见无酒已非一朝一日。这里的"耻",是使动用法,也就是说,酒杯以它的积尘,使酒壶感到了羞耻。看来酒器和人一样,已经闲置很久了。如果酒壶在酒杯面前感到羞耻,它的主人又该如何呢?

老子曾说:"道冲,而用之久不盈。"[1]但是,鲁桓公庙中著名的欹器,却满则覆,虚则欹,必须注水恰到好处,才会"中而正"——可见"虚"就和"满"一样可以成为问题。[2]诗人合拢衣襟,宣称"淹留岂无成",但诗中最引人注目的意象,却是那具为自己的空虚无用而感到羞耻的酒器。

荣 木

父母责骂没出息的儿女,常用的一个词就是"不成器";对于那些青少年时代没有做出成绩的人,常见的安慰是《老子》里面的一句话,"大器晚成"。"成器"的焦虑不是中国文化的专有品,但关键在于到底怎样才算是"成器"?"器"是不是一定都得是一种形状、一样大小的呢?

老庄哲学对"成"的态度是暧昧的。如前所言,成器是堕落世界的产物:"陶者曰:我善治埴,圆者中规,方者中矩……夫残朴以为器,工匠之罪也;毁道德以为仁义,圣人之过也。"[3]在《齐物论》里,庄子用乐师昭文鼓琴来说明

---

[1]《老子校释》,第18页,《道经》第三章。
[2]《荀子集解》,第341页,《宥坐》篇。
[3]《庄子集释》,第330—336页,《马蹄》篇。

他对"成"与"亏"的看法:"有成与亏,故昭氏之鼓琴也;无成与亏,故昭氏之不鼓琴也。"郭象对此解释说,世间存在不可胜举的无数种音声,即使那些最善于鼓琴的乐师,在弹奏一支乐曲的时候,也不可避免要有所遗漏:"彰声而声遗,不彰声而声全。"因此,昭文鼓琴,虽则有成,也难免有亏:"不成而无亏者,昭文之不鼓琴也。"至于昭文之子"终身无成",庄子对此评论道:"若是而可谓成乎?虽我无成,虽我亦成也。若是而不可谓成乎?物与我无成也。"[1]在庄子看来,只有"无成"才可以避免"有亏"。这恐怕也可以拿来给"淹留岂无成"做一个注脚。

更多的时候,诗人不是在为自己辩护,而是对自己的无成发出感叹。《荣木》即是这样一首关于"中年危机"的诗。

> 荣木,念将老也。日月推迁,已复有夏。
> 总角闻道,白首无/未成。

诗序第一句解题,就给人以突兀感,因为"荣木"——开花的树——似乎不应该和衰老联系在一起;直到后来,我们才发现"荣木"的花是朝开夕落的。古直指出诗人写的就是木槿。[2] 木槿又称日及、朝华、舜华,仲夏开花,在晋代

---

[1]《庄子集释》,第74—76页。按冯友兰在阐释郭象的话时,即举了陶渊明的"无弦琴"为例。见《庄子今注今译》,第67页。
[2]《陶靖节诗笺注》,第254页。

成为诗文中的常见题材。[1]"闻道"用的是《论语》"里仁"中孔子的话:"朝闻道,夕死可矣。"[2]但是,陶渊明认为仅仅闻道是不够的,闻道之后,还应该有成。"白首无成"和"白首未成"颇有不同:"无成"只是一般的陈述,"未成"则似乎对未来还抱有希望。

"朝闻道,夕死可矣",这和木槿的朝开夕落形成了鲜明的对比。诗中的荣木成为一种充满张力的象征:

> 采采荣木,结根于兹。
> 晨耀其华,夕已丧之。
> 人生若寄,憔悴有时。
> 静言孔念,中心怅而。

容易憔悴的人生,很容易和朝开夕落的木槿联系起来,但树结根于兹,人却只不过是客居而已,所以,人比树更加缺少根基。"人生若寄",令人想到曹丕的《善哉行》:"人生如寄,多忧何为?今我不乐,岁月如驰。"可是,我们的诗人想来想去,还是忍不住感到惆怅了。

---

[1] 如傅咸写过《舜华赋》,傅玄、卢谌、夏侯湛有《朝华赋》,嵇含有《朝生暮落树赋》。陶渊明同时代人羊徽有《木槿赋》,稍前苏彦又有《舜华诗》。《庄子·逍遥游》里面提到"朝菌不知晦朔",晋时笺注家或以为即是木槿,因此,潘岳、潘尼的《朝菌赋》都是写木槿的。参见《庄子集释》,第11—12页。
[2]《论语》卷二,第16页,《里仁》篇。

> 采采荣木，于兹托根。
> 繁华朝起，慨暮不存。
> 贞脆由人，祸福无门。[1]
> 匪道曷依，匪善奚敦。

贞与脆，描述松柏与朝菌的不同属性，而属性决定了它们的寿命。[2]植物无法改变它们的天生性质，但是人却不同，人有自由意志，有主动性，可以选择坚贞或者脆弱。而且，和"繁华朝起，慨暮不存"的荣木不同，人的努力可以结出果实，可以"有成"。孔子说："苗而不秀者有矣夫，秀而不实者有矣夫。"[3]陶渊明写此诗时一定是想到了这段话的，因为他稍后使用的典故，即取自《论语》的同一章节。

> 嗟予小子，禀兹固陋。
> 徂年既流，业不增旧。
> 志彼不舍，安此日富。[4]
> 我之怀矣，怛焉内疚。

---

[1] 《左传》昭公二十三年："祸福无门，唯人所召。"《春秋左传正义》，第605页。
[2] 殷仲文（？—407），《南州桓公九井作》："何以标贞脆？薄言寄松菌。"李善注："松菌殊质，故贞脆异性也。"《文选》卷二十二，第1033页。
[3] 《论语》卷九，第80页，《子罕》篇。
[4] 《诗·小雅·小宛》："彼昏不知，壹醉日富。"《毛诗正义》卷十二，第419页。意谓酒醉之后，自以为日益富裕。

第五行"志彼不舍",各本无异文,唯周密(1232—1308)《癸辛杂识》别集述刘宰(1166—1239)语引作"置彼不舍",并以为这两句诗意谓"惜其寄情于酒而为学有作辍也"。[1]汤汉本以为"志"当作"忘"。志、置音近,志、忘形近,置、忘义近。一些现代版本选择了"忘",这样一来,第三联就可以解释为"忘记了时间流逝(也忘记了应该为学不舍),安于每日醉酒",和下一联表达的内疚心情很容易地联系起来。但是,正如逯钦立所说,如果作"志",则"上句言一心要求前进,下句言安于醉酒生活,表述作者内心矛盾",也可以解释得通,而且是一幅更为复杂的肖像画。[2]如何解释"不舍"也是一个问题。汤汉以为"不舍"用了《荀子·劝学》篇的典故:"故不积跬步,无以至千里;不积小流,无以成江海。骐骥一跃,不能十步;驽马十驾,功在不舍。锲而舍之,朽木不折;锲而不舍,金石可镂。"[3]但是,这首诗中,处处可以听到《论语》特别是《子罕》篇的回声,因此,"不舍"当然也有可能是指《子罕》篇里的名句:"子在川上曰:逝者如斯夫,不舍昼夜。"[4]用"不舍"描述修习不舍,和后文的"千里虽遥,孰敢不至"

---

[1]《宋元笔记小说大观》,第5834页。按:"刘漫塘"条,述刘氏发明靖节意,一些现代版本均把末句"世遂以为诚然,真痴人之前难说梦也"断为周密的评语,这样一来,遂造成周密不同意刘宰之说的错误印象,其实,末句乃刘宰语,非周密语。
[2]《陶渊明集》,第17页。
[3]《荀子集解》,第5页。
[4]《论语》卷九,第80页。

相呼应；用"不舍"描述时间之流逝，则和这段诗的第三句"徂年既流"相呼应。[1]也许，对"不舍"的两种联想并不互相排斥，二者并存，反而丰富了诗意。

在这一段诗里，诗意比上一段更进一层：上文对比树与人，指出植物的贞脆乃天生属性，人却具有自由意志，可以自己决定何去何从；这里，又进一步说明人也有不同的禀赋，这种不同不是发生在道德层面上，而是发生在智力层面上，有人愚笨，有人聪明。自己"禀兹固陋"，因此，必须付出很多的努力，才能增进旧"业"。如海陶玮所说，"诗人把自己和荣木做了进一步对比：他的资质并不出色，因此，需要努力修养自己"。[2]

在这里，我们看到树与人最重要的差别。一棵树，从开花到结果，都无须"努力工作"，年年岁岁，春回大地，树的生命便自然而然得到更新；人的生命则不然，它是一次性的，而且必须付出很多的能量，花很大的力气，才能有所收获。人不可以像树那样"任其自然"。但是，与此同时，朝开夕落的木槿是不可能有"业"的，因为"业"意味着一种积累、一种资本。人可以累积自己的业——从学业，功业，到产业，甚至宗教道德资本，佛教的"善业"或者"恶

---

[1]"徂年既流"一作"徂年遂往"。如选择前者，是因为傅毅（公元前一世纪）《迪志诗》有"徂年如流"句，而《迪志诗》和晋人张华的《励志诗》都是陶渊明此诗的样本。二诗皆为四言，而且都充满对"成"与"业"的关怀，都用到农夫耕种与收成的意象来比喻道德学业的积累。

[2] James Hightower, *The Poetry of T'ao Ch'ien*, p. 21.

业"。从这方面来说，时间又是站在人的一边的——除非人自甘堕落，每日饮酒玩乐，在昏醉中产生积累日富的幻觉。

> 先师遗训，余岂云坠。
> 四十无闻，斯不足畏。
> 脂我名车，策我名骥。
> 千里虽遥，孰敢不至。

这段诗再次用到《论语》，而且依然是《子罕》篇："后生可畏，焉知来者之不如今也？四十五十而无闻焉，斯亦不足畏也已。"[1]但是，何谓"名车""名骥"？在《荀子·劝学》篇中，骏马与驽马都象征了人的能力，而诗人已经明言"禀兹固陋"了。也许，文本的重重密网又把我们带回到曹丕的《善哉行》："策我良马，被我轻裘。载驰载驱，聊以忘忧。"末句言"孰敢不至"，诗人渴望到达的终点又是什么呢？

无论如何，这首诗从观察荣木得出的结论，和陶渊明"感彼柏下人，安得不为欢"的一般饮酒诗颇为不同。只是我们也应该看到，木槿朝开夕落，不过是在"任真"而已。荣木并不刻意于修习上进，只是顺从自然界的法则和自己的天性，从这一点来说，它正是"道"的化身。谁知道呢，也许这些花朵在晚上凋落，是因为它们已经"闻道"了。

---

[1]《论语》卷九，第80页。

清算与盘点

"成"与"业"都牵涉到储存和积累,是陶诗中的重要概念。和一个真正的农夫一样,陶渊明善于对"成"与"业"进行清算和盘点,比如下面的诗《和郭主簿》其一:

> 蔼蔼堂前／北林,中夏贮清阴。
> 凯风因时来,回飙开我襟。
> 息交游闲业,卧起弄书琴。
> 园蔬有余滋,旧谷犹储今。
> 营己良有极,过足非所钦。
> 春／春秫作美酒,酒熟吾自斟。
> 弱子戏我侧／前,学语未成音。
> 此事真复乐,聊用忘华簪。
> 遥遥望白云,怀古一何深。

这首诗以丰盈的意象开始,以渴望和不足结束。诗的第一联即谈到储存:盛夏的炎热之中,堂前的树木"贮存"了很多的清凉。一般来说,有形有质而且能够持久之物才可以贮存,清阴却只是有形无质的影子而已,更无所谓持久,偏偏用贮字,颇写出随着时间流逝,酷暑降临,树叶越来越长大繁盛,荫凉也越来越浓密的情形。[1] 诗人随即写到"有

---

[1] 贮一作复,又作驻,又作伫。贮、驻、伫同音,可以想象是各抄本中的通行字。"驻""伫"意义相近,应当指诗人站在清阴中。

余滋"的园蔬、"犹储今"的旧谷,可见食物储备全都十分充裕,否则,诗人也就不可能有余粮来酿酒了——酒其实是一种奢侈品。[1]就连诗人自己都有双身:他的小儿子,在他身旁"学语",模仿他讲话的声音。虽然诗人告诉我们"过足非所钦",但我们发现他对"足"的定义,总是涉及"有余"。[2]

诗人勾勒出一幅近乎圆满的家庭生活图画。在这样的环境中,诗人称自己"息交游闲业,卧起弄书琴"。游,令人想到《论语》中孔子的话:"志于道,据于德,依于仁,游于艺。"[3]如果"艺"指六艺,陶渊明的"琴书"当然很合适。不过,把"琴书"称为"业",以"闲"来描述"业",却不那么常见。[4]

有"业",也就有积累和储蓄,也就有业"成"的一天。这首诗里,唯一"未成"的是小孩子的牙牙学语,但是,如前所言,"未成"与"无成"不同,它指向将来。在下一联中,诗人告诉我们:

此事真复乐,聊用忘华簪。

---

[1] 孔融(153—208)曾批评曹操禁酒,说曹操恐怕不是出于道德的考虑,而是因为爱惜粮食:"疑但惜谷耳,非以亡王为戒也。"《全上古三代秦汉三国六朝文·全后汉文》卷八十三,第923页。后代在饥荒年也确实常常禁酒。晋安帝隆安五年也就是公元401年,即曾因大饥而颁布酒禁。《晋书》卷十,第254页。
[2] 见本书附录三《劝农》诗评注。
[3] 《论语》卷七,第59页,《述而》篇。
[4] 也许正是因此,焦竑本断言:"一作息交游闲业,卧起弄书琴,非。"

宣称自己忘记了某样东西，等于间接提醒自己（和读者）某样东西的存在。我们突然意识到，在诗人自足自乐的天地之外，有另外一个属于华簪的世界，另外一套同样有效的价值系统。如果这首诗在此结束，我们也还是可以说，诗人沉浸于田园天伦之乐，忘记了富贵荣华，但是在下面两句诗里，诗人的视线从身旁（或者面前）的稚子转向天边的白云：

> 遥遥望白云，怀古一何深。

这两句诗，诚如古直所言，用了庄子的典故。但一般笺注家只给出和"白云"直接有关的引文，而不给出上下文：

> 尧观乎华。华封人曰："嘻，圣人，请祝圣人。使圣人寿。"尧曰："辞。""使圣人富。"尧曰："辞。""使圣人多男子。"尧曰："辞。"封人曰："寿，富，多男子，人之所欲也。女独不欲，何邪？"尧曰："多男子则多惧，富则多事，寿则多辱。是三者，非所以养德也，故辞。"封人曰："始也我以女为圣人邪，今然君子也。天生万民，必授之职。多男子而授之职，则何惧之有。富而使人分之，则何事之有。夫圣人，鹑居而鷇食，鸟行而无彰；天下有道，则与物皆昌；天下无道，则修德就闲；千岁厌世，去而上仙，乘彼白云，至于帝乡。三患莫至，身常无殃，则何辱

之有?"封人去之。尧随之,曰:"请问……"封人曰:"退已。"[1]

在陶渊明的诗里,他的富裕,他的闲适,他的后代,都和华封人对圣人的祝愿相呼应。但是,诗人和华封人所描述的圣人有一点根本不同:当他注视天边白云,他很清楚他不可能"乘彼白云"到达仙乡。在《归去来辞》中,诗人曾说:"富贵非吾愿,帝乡不可期。"这意味着诗人虽然不渴望富贵,却的确渴望仙乡——只是仙乡不可获致罢了。《和郭主簿》一诗表达了类似的情绪:诗人在遥望白云时,对仙乡充满憧憬,但是仙乡就好像尧舜时代的太平盛世一样杳不可得。这首清算盘点家中所有的诗,虽然描述了物质生活的丰盈富裕,却最终结束于向往与不足。

紫葵的悲哀

除了王夫之以外,笺注家们似乎都对陶集中一首题为《和胡西曹示顾贼曹》的诗不屑一顾,或加之以牵强附会的政治解读,或诬之以"平淡、戆直"。独有王夫之,注意到它的"广大深密",称"学陶者何尝见其涯涘"。[2] 这首诗的主旋律,是对空,对人世间圆成的缺乏,感到的焦虑与悲哀。

---

[1]《庄子集释》,第420—423页,《天地》篇。
[2]《陶渊明诗文汇评》,第111—112页。

> 蕤宾五月中，清朝起南飔。
> 不驶亦不迟，飘飘吹我衣。
> 重云蔽白日，闲雨纷微微。
> 流目视西园，晔晔荣紫葵。
> 于今甚可爱，奈何当复衰。
> 感物愿及时，每恨靡所挥。
> 悠悠待秋稼，寥落将赊迟。
> 逸想不可淹，猖狂独长悲。

诗的开头，充满希望：五月的一个清晨，南方吹来一阵凉风；风不疾不徐，是全诗中唯一刚好合适的事物，虽然诗人的赞美是以否定的方式（两个"不"字）表达出来的。可爱的季节，美好的清晨，但这瞬间的完美随即被不期而来的阵雨破坏了：

> 重云蔽白日，闲雨纷微微。

才欣南风，又遇微雨，清朝被重云抹煞，可谓好景不长。然而这还只是第一层失望。

> 流目视西园，晔晔荣紫葵。

晔晔一作烨烨，又作奕奕，都是明亮、光辉的意思（我们想到四皓歌中的"晔晔紫芝"）。因为雨水的浇灌，园葵焕发出紫色的光耀。虽然人以落雨为憾，紫葵却以落雨为喜，大自然在微雨中欣欣向荣，人也精神一振。

但是，就在诗人欣赏眼前美景的时候，他不由自主地想到将来：

于今甚可爱，奈何当复衰。

这里值得注意的不仅是"衰"，而且是"复"衰。大自然的循环不已，对人类来说是难以想象的奢侈。正因如此，诗人希望及时行乐，但是就连这样的愿望也无法实现：

感物愿及时，每恨靡所挥。
悠悠待秋稼，寥落将赊迟。

这里的"挥"，古直以为当训为"奋"，"每恨"云云也即"有志不获骋"之意。但细详诗意，挥指挥杯振去余沥，诗人是在说酒杯空空如也，无酒可挥，无酒可饮，这样，才能和下句的"悠悠待秋稼"联系起来。待秋稼，是为了用秋天收获的粮食酿新酒，然而，时日悠悠，到得秋天，有了新酒，万物又已寥落，不但园中可爱的紫葵早已凋谢，五月的佳景也消逝了。人世充满遗憾，而且，将永远如此——

逸想不可淹，猖狂独长悲。

诗的末句，急转直下：就算人世不圆满，我却不能够停止这些复杂的欲念与幻想，于是只落得放荡而长久的哀伤。诗题里明明有两个人——胡西曹和顾贼曹，诗人却在"独"悲，这使他的悲哀更深了一层。

无　成

陶渊明恐怕是第一个把写作视为"业"的诗人，虽然这种解读源自一处异文。《咏贫士》其六歌咏了张仲蔚，在这位东汉隐士身上，陶渊明似乎能够最清楚地看到自己的影子：

> 仲蔚爱穷居，绕宅生蒿蓬。
> 翳然绝交游，赋诗颇能工。
> 举世无知者，止有一刘龚。
> 此士胡独然，实由罕所同。
> 介焉安其业，所乐非穷通。[1]
> 人事固已拙，聊得长相从。

善属诗赋的张仲蔚，和这组诗里题咏的其他贫士颇有不同：其他人或是被动和消极地接受贫穷，或是拒绝和逃避不合道义的富贵；相比之下，张仲蔚却是主动地喜爱

---

[1] "古之得道者，穷亦乐，通亦乐，所乐非穷通也。"《庄子集释》，第983页，《让王》篇。

这种绝弃交游、属文赋诗的生活方式。诗人描写其他贫士，用的是"安贫守贱""无忧""无戚颜"字样；写到张仲蔚，强调的是他的"爱"，他的"乐"。张仲蔚的"安其业"比黔娄的"安贫"更进一步，因为在贫贱中，自有一种不同于经邦纬国的"业"在。这种"业"，很明显，就是赋诗。

这里的异文值得我们注意。"介焉安其业"，一作"弃本案其末"。我们可以容易看出"安其"如何与"案其"混淆，但是除此二字外，正文与异文毫无共同之处，而且，恰好反映了截然相反的价值观念。在名教话语中，修养道德和建功立业是所谓"本"，而"游艺"乃所谓"末"，张仲蔚在蓬蒿环绕的穷居中赋诗属文，无疑会被儒者视为"弃本案其末"。如果我们选择这一异文，我们必须认识到，陶渊明一方面采用"本末倒置"的说法，一方面却并不真心认同这一说法体现出来的价值观。拙于人事的诗人自己，也正希望能够追随张仲蔚的脚步呢。

但是诗人没有张仲蔚那么幸运：

> 少年罕人事，游好在六经。
> 行行向不惑，淹留遂无成。
> 竟抱固穷节，饥寒饱所更。
> 敝庐交悲风，荒草没前庭。
> 被褐守长夜，晨鸡不肯鸣。
> 孟公不在兹，终以翳吾情。

这首诗,是《饮酒》组诗的第十六首。在前一首诗里,诗人写自己鬓发花白,宅宇荒凉;在这里,他回忆自己少年情景,反思自己无成的一生。全诗最为突出的意象,是遮蔽和隐藏:屋宇隐藏于没庭的荒草,一个有才能和激情的人隐藏于层层掩盖之下。看到"被褐"字样,我们必然会想到它的潜台词,《老子》里面的"被褐怀玉"。[1]这个被褐的人,住在被风摇动的破房子里,最终黑暗笼罩和隐藏了一切,漫漫长夜,饥饿寒冷都以夜间尤甚,因此耿耿无眠以待天明,曙光却迟迟不见到来。"翳"是陶渊明喜欢的一个字,在《与从弟敬远》一诗中,他用它来描述遮盖大地的雪;在《咏贫士》诗中,他用它来描述张仲蔚潜藏于家的生活;在这首诗里,他用它来描述自己的情感:张仲蔚再孤独,也还是有一个知心朋友刘孟公;对我们的诗人来说,却是"孟公不在兹,终以翳吾情"。

诗的后半部分和开头形成了鲜明对比。少年时,诗人有意避开人事,在六经中寻求乐趣,但是现在,诗人对这种孤寂的生活似乎开始感到苦涩。他已经接近不惑之年,这正是在《荣木》一诗里,孔子说"四十无闻,斯不足畏"的年龄;然而,诗的第四行完全颠覆了《九日闲居》的末句,"淹留遂无成"的意识笼罩了全诗。诗人好似一样空空无用的未成之"器"。他的粗褐衣服下面"抱"的不是玉,而是"固穷节";他用以果腹的不是饮食,而是饥寒。甚至没有一

---

[1]《老子集释》,第281页,《德经》七十章。

个像刘龚那样的朋友了解他和赞美他。

这首诗是《饮酒》组诗之一,也许我们还记得在《饮酒》诗序里,诗人请故人把诗抄写出来,"以为欢笑"。如果是这样的话,这首诗就是——我们在这里看到一个悖论——对遮蔽和隐藏的大声宣告。诗人所深惧的,是像他的庭院一样,没于荒草之中。

第六章 实/石证

> 那僧托于掌上,笑道:"形体倒也是个灵物了,只是没有实在的好处。须得再镌上几个字,使人人见了便知你是件奇物……"
>
> ——《石头记》第一回

阅读行为是阐释学(hermeneutics)的中心。阅读意味着做出诠释。诠释不仅仅等同于理解,无论其对象是文学作品,是文化现象,还是现实生活中的情境;诠释的本质,在于赋予意义。

但是,什么是"意义"(meaning)?"意义"到底意味着什么?意义是人类与世界打交道的手段,它不是固定不变的。意义取决于历史与文化,它变化多端,时而出现,时而消失。

因此，阅读行为几乎不可避免地总是指向读者自身。当我们对阅读的过程进行阅读的时候，我们同时也就是在阅读那些阅读的人。在这一章，我们将要解读的是一个地方，或者，更准确地说，是一块石头。我们将要探讨由一位诗人创造出来的文字如何反过来对这位诗人进行再创造，以及如何更新一个地方。

南康是陶渊明的故里，也是一部宋版陶集的印行之处，更是人们声称发现了陶渊明遗迹的地方。"醉石"，一块据说保留了陶渊明身体痕迹的石头，使"迹"这个在隐逸话语中具有悠久历史和丰富内涵的字眼得到了切实的体现。随着时间流逝，诗人的身体在石头上留下的痕迹变得支离破碎，但是陶渊明的一部分无疑继续存在——无论是他全身的痕迹，身体一部分的痕迹，还是某种排泄物的痕迹。当我们仔细检视在南康产生或者就南康产生的种种记载，特别是有关醉石的记载，我们会发现，南康已经成为文学、文化与政治意义的交叉点，成为中国文化版图上一个内涵丰富的所在。就连我们今天对它做出的解读，也参与了这一文化空间的再创造过程。

在另一个层次上，我们将在这一章探讨人们的轻信和对精彩故事的渴望。人们喜爱自己的诗人，希望了解诗人的生平。史传中的陶渊明形象模糊，因此，后人就更是急于把他固定在某一具体可感的时间与空间之中，这一方面表现为对陶渊明年谱的热切关心，另一方面表现为醉石的起源。我们不知道有关醉石的故事最初是如何出现的，它也许来自当地人的想象，也许来自游客的附会。一开始，它也许只是口头传说，然而一旦被书写下来，一种流动性很强的文本生命就开始了。

在这一章，我们也将探讨人类记忆的混乱以及感受与视角的迷误。人们对一个地方所做的描述，一般来说，或是源于对实际经历的回忆，或是源于对所读文本的回忆。但是记忆有失误，文字也会错乱；目击者的叙述常常相互抵牾，记载总是彼此不一。即便刻于金石，也不能保证流传永久，因为石刻可能剥蚀于多年的风吹雨打，或者被后人削落，给新的石刻开辟空间。我们所要讨论的醉石甚至能够自我繁殖：根据现存的文字记载，庐山至少有两块醉石，且不提第三块所谓的"小醉石"。1928年4月的一天，"五四"运动的先驱之一胡适来到庐山。在他的旅游日记里，他激烈抨击庐山的许多"捏造的古迹"，指出对前人的记载和传闻不加考察就信以为真，"这样无限的信心，便是不可救药的懒病，便是思想的大仇敌"。可惜一场暴风雨阻止了他进行实地察看，于是，他根据前人的记载，声称醉石已经"不知去向了"，"纪之以告后来的游者"。[1]这一未经考察的说法，已证明是不实的。

醉石无疑已经存在了千百万年，一位地质学家可以大概判断它的实际年龄；但它的文化年龄短暂得多，也没有那么模糊不清。在公元九世纪以前，它不过是庐山山谷中无数普通石头中的一块；在公元九世纪，它获得了一个名字、一种身份。从此，它被人镌刻与描写，直到今天。一旦脱离混沌天真的状态，它便开始进入历史，开始拥有一个过去；就像小说《红楼梦》或曰《石头记》中的石头那样，它落入了

---

[1]《庐山游记》，第68—71，34页。

以死亡、变化和题铭为特征的红尘世界。

栗 里

要到达醉石，我们应当从庐山南麓的归宗寺开始我们的行程。归宗寺据说创立于晋成帝咸康六年（340）。或云书法家王羲之在担任江州刺史时，因心爱庐山风景而在庐山脚下建宅，适逢高僧佛陀耶舍来到庐山，王羲之遂舍宅为寺，供养佛陀耶舍，是为归宗寺。但是这个故事只是传说而已。据梁代僧人释慧皎（497—554）《高僧传》记载，佛陀耶舍从未涉足江南。佛陀耶舍于公元410年在长安译完《四分律》，其时距归宗寺的创建已经有七十年了。[1]

归宗寺往西数里，据说就是古时的栗里。在陶渊明传记中，栗里不过是他前往庐山途中经过歇脚的地方，江州刺史王弘曾请陶渊明的故人在此迎候陶渊明。[2]栗里的具体方位非常含混，而且即使从史中极为简略的描述来看，它和陶渊明的故里也没有任何关系。两位著名的唐代诗人，李白和白居易，都曾把栗里和陶渊明故居联系在一起。[3]白居易在其作于公元816年的《访陶公旧宅》诗序中说："今游庐山，经柴桑，过栗里，思其人，访其宅，不能默默。"诗中

---

[1]《高僧传》，第65—67页。
[2] 详见本书第二章。
[3] 见李白诗《戏赠郑溧阳》，《李白全集校注汇释集评》，第1557—1558页。但是在这首诗中，栗里一作溧里。

有句道:"柴桑古村落,栗里旧山川。"[1]不过,序与诗并没有明确地把栗里指定为陶渊明旧居所在地。

到了北宋初年,乐史(930—1007)撰写的地理巨著《太平寰宇记》中有这样一段话:"粟山源在山南,当涧有陶公醉石……桑山近栗里原,陶渊明此中人。"[2]

这一简短描述有数点可疑。首先,"粟山源"是否"栗里原"的传抄错误?粟、栗相近,容易混淆,而为人称道的金陵书局本《太平寰宇记》即作"栗里原在山南"。其次,桑山和柴桑山是否一山?[3]这里尤成问题的是《太平寰宇记》本身的流传历史:早在明代,已经看不到宋版《太平寰宇记》了,明末清初的《太平寰宇记》版本都是残缺不全的。毛晋汲古阁本共缺十一卷,缺失的卷帙不幸恰好包括有关江州、南康和醉石的卷一百一十一。其他清朝初年的版本缺少八卷,其中包括卷四以及卷一百一十三至一百一十九。上面的引文来自四库全书本《太平寰宇记》,四库全书的编辑称此本乃浙江汪启淑(1728—1799)家藏本;虽然汪本也缺卷一百一十三至一百一十九,但此本每卷末都有无名校勘者"辨析颇详"的校记,四库全书的编辑据以著录。其他主要清代版本,如万廷兰本(1793)和享有盛名的金陵书局本(1882),经常含有后人补入的资料,这

---

[1]《白居易诗笺校》,第362页。
[2]《太平寰宇记》卷一百一十一,第178—179页。
[3] 金陵书局本和一部南宋地理著作《方舆胜览》(1239年初刻)都提到柴桑山。《方舆胜览》称柴桑山在德化县西南九十里,靠近"栗里源",陶渊明即此中人云。《方舆胜览》,第228页。

在我们对比了杨守敬于1880年在日本发现的南宋本《太平寰宇记》之后就可得到证实。虽然这一南宋本还是残缺不全，但它已成为版本校勘的重要资料。[1]上述的版本缺陷，使我们不能够对栗山源、栗里原、桑山等地名毫不怀疑地全盘接受。

984年编定的《太平御览》则较为明确地把栗里和陶渊明联系在了一起。它引用了《浔阳记》中的一段话："陶潜栗里今有平石如砥，纵广丈余。相传靖节先生醉卧其上，在庐山南。"[2]"陶潜栗里"的措辞颇可玩味：和"陶渊明此中人"的说法不同，现在栗里似乎属于陶渊明所有。是诗人，而不是地理场所，成为参照系。

大约一个世纪之后，在宋神宗熙宁五年也即公元1072年，陈舜俞（字令举，？—1077）被贬到南康军监管盐酒税。就和许多被贬谪的官吏一样，他纵情山水，庐山成为他的常游之地。他很快和当地名士刘涣（1000—1082）成为好友。刘涣是南康本地人，和欧阳修是同年进士，于1051年退隐还乡。[3]

---

[1] 《宋本太平寰宇记》，第13—26页。遗憾的是，含有"栗山原"引文的段落正属于此本缺失的部分。
[2] 《太平御览》卷四十一，第6b页。
[3] 刘涣、陈舜俞及其交游成为南康的文化资本。刘涣退隐还乡时，欧阳修写有《庐山高赠同年刘中允归南康》一诗，见《欧阳修全集》，第35—36页。刘涣的朋友当中还有一位著名的政治和文化人物——司马光（1019—1086）。刘涣之子刘恕（1032—1078）先刘涣下世，司马光为其作墓志铭。后来，1093年，刘恕之子为刘恕迁墓时，黄庭坚写了一篇新的墓志铭。陈舜俞也不是默默无闻的人物。出于相同的政治立场，苏轼对陈舜俞大为赞赏，陈死后，苏轼为他写了一篇祭文。见《苏东坡全集》，第415页。刘、陈等人为南康留下的文化资本在百年之后被朱熹加以利用，详见后文。

陈、刘二人经常骑着黄牛在庐山徜徉。后来，陈舜俞写了一部《庐山记》，请刘涣为之作序。[1]陈舜俞在书中特别谈到醉石（这和他监管酒税的职务相映成趣），并把栗里指称为陶渊明旧居：

> 过栗里源，有陶令醉石。陶令名潜，字元亮，或曰字渊明。义熙三年为彭泽令，曰："吾安能为五斗米折腰于乡里小儿。"乃弃去，赋归去来。《晋书》《南史》有传。所居栗里，两山间有大石，仰视悬瀑，平广可坐十余人。元亮自放以酒，故名醉石。[2]

在《庐山记》结尾，陈舜俞告诉读者，当他初游庐山并向当地人询问塔庙兴废、泉石名称的时候，没有人能够回答他的问题，而那些能够做出回答的人又往往"袭谬失实"。因此，在《庐山记》写作过程中，除了亲临其地之外，他还查考了很多历史地图和旧日记载："因取九江图经，前人杂录，稽之本史，或亲至其处，考验铭志，参订耆老。"陈舜俞希望给读者留下这样的印象：《庐山记》是一部既参考了历史文献，也基于实际经验的周详审慎的著作。至于那些荒凉芜没乃至"不可复知"者，"则阙疑焉"。[3]当大自然过于"自然"、缺乏任何人类留下的痕迹时，它就变得"不可

---

[1] 见吴宗慈所编《庐山志》下卷，第37页。
[2] 《庐山记》，第50—51页。
[3] 同上书，第80—81页。

知"；而任何不可知的东西，都难以进入文字记录，因此，在某种程度上，也就不复存在。

陈舜俞极力向读者强调他的记载是多么准确忠实，然而我们知道他的记载并不完全可信。比如说，《庐山记》中关于白莲社十八高贤的故事，就已被证明是无稽之谈。[1]但是，对后人来说，作者对准确可信性的强调，显然比事实更重要。在陶渊明传记中，栗里虽然只是作为诗人途经之地被一带而过，而且，它的具体所在地点可能处于庐山的任何方位，但自从陈舜俞《庐山记》问世以来，栗里不仅被视为陶渊明故里，而且有了清楚明确的路标对之加以界定。"醉石"则成为栗里最显著的特征。

陈舜俞有诗歌咏醉石：

> 聒聒飞泉清绕石，悠悠天幕翠铺空。
> 是非分付千钟里，日月消磨一醉中。
> 柳絮狂飘荒径畔，菊花仍在旧篱东。
> 水声山色年年好，堪使游人耻素风。[2]

诗的五、六二句中对"五柳"和"采菊东篱下"的用典，似乎是对"诗人故里即醉石所在地"的再次认同。

---

[1] 详见汤用彤，《汉魏两晋南北朝佛教史》，第258—261页。
[2] 《全宋诗》，第4966页。此诗在厉鹗（1692—1752）《宋诗纪事》和毛德琦《庐山志》（1719）中均有异文。在《宋诗纪事》里，最后一行作"尚使游人想素风"。见《宋诗纪事》，第422页。

陈舜俞不是第一个歌咏醉石的人。在此之前，至少有三首醉石诗流传于世。第一首题为九世纪中期诗人张固所作，保存在明代《正德南康府志》里，但此诗并未涉及陶渊明。[1] 第二首《书陶渊明醉石》，系在王贞白（894—898之间进士）名下。[2] 最后一首《题陶渊明醉石》，作者据说是晚唐诗人陈光。[3] 它措词夸张，和陈舜俞的醉石诗不无相似之处：

> 片石露寒色，先生遗素风。
> 醉眠芳草合，吟起白云空。
> 道出乾坤外，声齐日月中。
> 我知彭泽后，千载与谁同。

在这里，诗人把醉石视为实在的证据，用以印证虚无缥缈的"素风"。醉石在一个道德宇宙里得到定位，同时，诗人也把自己放在一个更大的时空语境当中：在先生高风亮节的流传过程中，他想象自己处于中间地段，既能够前瞻先辈遗迹，又可以后顾未来。他是陶渊明的知音者，希望在千载之后还能找到和他们认同的后人。如果说合围的芳草代表了大自然的无情力量，威胁着抹去一切人类文明的痕迹，这将是战胜芳草的唯一手段。

---

[1]《全唐诗补编》，第1112页。
[2]《全唐诗》，第10007页。
[3] 同上书，第10021页。

场所与空间

上述三首醉石诗的写作日期,大约在九世纪中后期到十世纪初期之间。如果我们可以相信它们的真实性,那么有关醉石的传说,至少在现存记载中,可以追溯到这一时期。但只有到了北宋,醉石才被刻上文字。

为什么人们喜欢在自然环境中立碑刻石?简单地说,"游客把一部文本嵌入自然环境之中,是为了永远成为自然的一部分";但与此同时,"文本也在改变自然环境,因为它塑造了后来游客的视角"。[1] 立碑刻石也是为了驯服一处自然空间,把它从无名的荒野转化为文化版图上可以清楚辨认的符号。但是,碑石文字总是处于自然力量的掌控之下,受到风吹雨打,逐渐剥蚀磨灭。有时,它们也会被人削去,以便镌刻新的铭文。当游人把碑石文字载入游记的时候,无论是抄写疏忽还是记忆误差,都有可能造成错误。这样一来,我们往往会面对同一石刻的不同记载,无法决定到底哪一种版本才是正确的。醉石被镌刻,既是为了追求个人的不朽,也是为了给游人建立一块路标,但是,我们将看到石刻不断发生变化,醉石处于永远的变动之中。失误是人类的特性,而醉石成为这种特性的最好象征。

最早在醉石上留下铭文的,是在宋仁宗皇祐元年

---

[1] Richard E. Strassberg, *Inscribed Landscapes*, p. 5.

（1049）来访的周行先等人。[1]十八世纪的星子县知县毛德琦根据桑乔的《庐山纪事》(1561)，在《庐山志》里记载了两组在醉石旁的山崖上刻下姓名的游客："欧阳国华、李升华皇祐（缺）年同游"；"有宋三衢吴亮禅林徐（缺）元祐三年（1088）饮于渊明醉石。"[2]1933年，吴宗慈在编写《庐山记》时，为前者补入了缺字（"皇祐三年"），同时指出桑乔忽略了李升华后面的人名"韩子高"。既然毛德琦《庐山志》中的记载和桑乔的缺字、误字相同，我们不禁怀疑毛德琦是否仅仅在抄写前人记录，却从未亲自实地考察过。另一方面，既然石刻总是随着时间流逝而渐趋模糊，我们不仅感到奇怪：何以桑、毛二人没有辨认出来的"三"字，会在几百年后被吴宗慈辨认出来？自号匡庐花隐的蔡瀛是浔阳本地人，他在1824年写成的《庐山小志》中，声称曾对庐山所有碑记做了亲自考察和忠实记录，"不增减一字"，但蔡瀛也没有记录"韩子高"的名字，而且引文作"有宋三衢吴亮禅徐林"。[3]

与陈舜俞同时的程师孟（1009—1086），一位曾在南康任职的能吏，在醉石上留下一首平庸的绝句："万仞峰前一水旁，晨光翠色助清凉。谁知片石多情甚，曾送渊明入醉乡。"这首诗没有被收入《全宋诗》，只出现在毛德琦的《庐山志》里。但是《庐山志》的现代编者徐新杰在此加注，称

---

[1] 吴宗慈，《庐山志》下卷，第591页。
[2] 毛德琦，《庐山志》，第122页。
[3] 《庐山小志》卷十二，第12b—13b页。

此诗并非程师孟所作,根据石上铭文,可以断定诗的作者是1019年的进士王遂(991—1072)。[1]当我们参考吴宗慈的《庐山志》时,问题并没有得到解决,因为据吴宗慈观察,这首诗只有第一行的七个字依稀可辨。后来,吴宗慈又告诉读者,醉石上有王遂题写的"书醉石"三字。从醉石的一些照片看来,醉石上的铭文相当拥挤,那么,王遂的题字和上面所引的绝句可能由于相邻而造成了混淆。这些例子似乎告诉我们:文字即使刻在石上,也不能保证稳定;人类记忆的偏差,记载的失误,使一切叙述都处于流动之中。

但是醉石上最著名也最醒目的题记据说出自朱熹(1130—1200)的手笔。在1179年到1181年之间,朱熹任职于南康。在这期间,朱熹忙于履行一系列行政和文化职责:他接连不断地向皇帝上表,要求减免南康的税收,因为1179年的旱灾给南康的农业生产带来了严重的损失;向当地神祇祈雨;修整刘涣墓,并在墓前建造"壮节亭"("壮节"二字取自欧阳修送刘涣归隐的诗);重修了庐山白鹿洞书院。[2]与此同时,朱熹在庐山为自己修建了一座别墅,每过一段时间就邀请友人到此饮酒赋诗。别墅建立在醉石旁边,朱熹把它命名为"归去来馆"。

朱熹与著名诗人尤袤(1127—1194)以庐山为题唱和,

---

[1]《庐山志》,第122页。
[2] 关于南宋书院和新儒家对于传统圣/胜地的重新建构,参见 Linda Walton, "Southern Sung Academies and the Construction of Sacred Space," *Landscape, Culture, and Power in Chinese Society*, pp. 23–49。

写有《庐山杂咏十四篇》,下面题为《陶公醉石归去来馆》的诗是其中之一:

> 予生千载后,尚友千载前。
> 每寻高士传,独叹渊明贤。
> 及此逢醉石,谓言公所眠。
> 况复岩壑古,缥缈藏风烟。
> 仰看乔木阴,俯听横飞泉。
> 景物自清绝,优游可忘年。
> 结庐倚苍峭,举觞酹潺湲。
> 临风一长啸,乱以归来篇。[1]

和晚唐诗人陈光一样,朱熹试图给自己在历史中定位。诗的开头两联,感叹"予生也晚",并把孟子"尚友古人"的议论具体实现于阅读行为中。第三、四句从孟浩然的诗句"尝读高士传,最嘉陶徵君"化出,[2]然而"读"代之以更具目的性的"寻",比较性的"最"也代之以排除了任何比较可能的"独"。不过,虽然在阅读时需要刻意寻求,和醉石相逢却似乎是不期而遇。前此,陶渊明只是一个书中人物,现在醉石为朱熹呈现了具体的遗迹。陶渊明虽已不在,岩壑依然未改,朱熹声称他在山川的陪伴下忘记了时间

---

[1]《朱文公文集》,第137页。
[2]《仲夏归(汉)南园,寄京邑旧游》。《孟浩然集校注》,第61页。

的进程："景物自清绝,优游可忘年。"在诗的下一联,朱熹俨然取代了陶渊明的位置:他不仅结庐石侧,而且"举觞酹潺湲",甚至可能和陶渊明一样横卧醉石。诗的最后再次归结到文本:"临风一长啸,乱以归来篇。"陶渊明的《归去来辞》表达了弃官归隐的决心,但是对朱熹来说,归去来馆却只不过是临时栖居之地而已,不过,它仍然可以是一个意味深长的手势,暗示朱熹自己的最终归宿,因此,用"乱以归来篇"结束全诗可谓一语双关。更重要的是,归去来馆填补了古代诗人留下的空白。虽然陶渊明本人有没有真的见到过醉石是十分值得怀疑的,但是,朱熹在醉石旁边建馆,还是变相地"证明"了一个传说,为人们提供了某种具体可感的"遗迹",使来访者能够真切地感到陶渊明缺席的存在。就这样,归去来馆的建造,把醉石所在的自然环境,赋予了人为的意义。

那时,朱熹还没有在醉石上题词。题词发生在他离开南康之后。在《跋颜鲁公栗里诗》中,朱熹详细交代了事情的经过:

> 右唐鲁郡颜文忠公栗里诗。见陈令举《庐山记》而不得其全篇。虽然,读之者亦足以识二公之心而著于君臣之义矣。栗里在今南康军治西北五十里,谷中有巨石,相传是陶公醉眠处。予尝往游而悲之,为作归去来馆于其侧,岁时劝相间一至焉。俯仰林泉,举酒属客,盖未尝不赋是诗也。地之主人零陵从事陈君

正臣者闻之，若有慨然于中者，请大书刻石上。予既去郡，请益坚，乃书遗之。[1]

时值宋孝宗淳熙辛丑秋七月壬午，也就是公历1181年8月19日。朱熹书写的颜诗，应该就刻在石上，但是今天我们所能在醉石上看到的，除了各种历代题刻之外，只有四个大字"归去来馆"据说是朱熹手书。

刻石是为了传于后代，以至永远。可是，不仅颜真卿的诗今天已经不见于醉石，而且当曾集——一位作风严肃的官吏——于1191年来到南康任职时，虽然距朱熹离任不过十年，他发现朱熹在此兴造的很多建筑物都已荒废了。曾集立即着手进行重修。几乎在所有的工程里，他都忠实地追随朱熹的脚步。他的目标十分清楚：继续朱熹创立的传统，进一步把南康造就为一个文化空间。

曾集所做的第一件事是修葺壮节亭。亭子修好以后，他写信给朱熹，希望朱熹为之作记："使后之人知吾二人者所为拳拳之意，而不懈其尊贤尚德之心也。斯不亦有补于世教之万分乎？"朱熹显然十分欣赏曾集的热情，他的《壮节亭记》写于1192年初夏。[2]但曾集没有就此止步。在一个休假日，他寻访到刘涣的故居遗址，命人在此重建刘涣故居，所有楼阁亭台，无不一一按照刘涣及其子刘恕在文章中

---

[1]《朱文公文集》，第1478页。
[2] 同上书，第1455页。

的描写进行结构布局。房屋落成之后,他再次向朱熹写信报告。朱熹对之大加赞赏,适值有人送给朱熹一幅陈舜俞骑牛图,他遂把此画转赠给曾集,悬挂在新修的刘涣故居里,并为之作《冰玉堂记》。

曾集在南康的所作所为,不仅有意识地追踪朱熹,而且往往比朱熹更进一步,用更加死板(literal)也更加文学(literary)的形式,亦步亦趋地重复朱熹的文化工程。1192年冬,他命人开雕了一部《陶渊明集》。[1]和其他陶集不同的是,这部陶集不分卷,而是分为诗和文两部分。曾集在题跋里对前人的成就予以承认:

> 渊明集行于世,尚矣。校雠卷第其详见于宋宣徽私记,北齐阳休之论载。[2]

对我们来说,曾集本最突出也是最宝贵的特点,是它收录异文之广泛详尽;但对曾集来说,他编辑的陶集,优势不在于材料的校勘和组织,而在于它的印行之地是陶渊明的家乡,这似乎使他刊行的陶集具有某种其他陶集难以比拟的权威性或者真实度。不过,场所的权威性也会受到时间洪流的影响,随着日月推迁,自然环境不断发生变化,这难免威胁到诗人留下的遗迹:

---

[1] 见本书附录一。
[2] 宋宣徽乃"宋元献"之误。宋元献公即宋庠。

> 南康，盖渊明旧游处也。栗里、上京，东西不能二十里，世变推移，不复可识，独醉石隐然荒烟草树乱流中，榛莽蒙翳，人迹不到。向来晦翁在郡时，始克芟夷支径，植亭山巅，幽人胜士因得相与磨莎石上，吊古怀远，有脩然感慨之意。求其集，顾无有，岂非此邦之逸事欤。

栗里、上京，这两个与诗人相关的地方已经"不复可识"，只有醉石为我们呈现了隐逸诗人唯一的遗迹。这一遗迹至关重要，因为随着荒草乱长，此地已难吸引"人迹"。如果没有朱熹的努力，大自然将彻底掩盖诗人的遗踪。朱熹不仅开辟出一条道路，而且建造了一个亭子供人流连。曾集在此选择的动词"植"颇有意味："植亭"的说法，把自然和人工紧密地联系在了一起。所"植"的亭子成为新的路标，既标识出醉石所在，也纪念了诗人陶渊明的故乡。是因为这个亭子，才渐渐地有了游客，而这些游客也才得以在此抚石怀古——而且，曾集向我们暗示——才会油然而生寻求陶集之意。我们必须从比喻的意义上来理解以下一系列推论：没有亭子，醉石之"迹"会逐渐埋没；没有醉石，就不会有吊古怀远之情；没有吊古怀远之情，也就不会有人寻求陶集。印行陶集，是对南康文化史中的空白进行填补。开始时，是从文字出发，创造（或者说再创造）一个地点；到后来，则是从一个地点出发，重新生产文字：曾集在南康的施为，给我们展现了"艺术"和"自然"之间千丝万缕的关联。

随着醉石的出名，被曾集描述为"不复可识"的栗里渐渐从当地人的记忆中淡漠了。1167年，周必大两游庐山，他在《庐山后录》中写道："访栗里，求醉石，土人直云：此去有陶公祠，无栗里也。"[1]1935年出版的《庐山新导游》重复了这段话。[2]

开始的时候，人们把醉石视为陶渊明醉卧的地方，因为醉石是在所谓的栗里发现的；到得后来，醉石却被当作参照物，用来决定栗里的所在。蔡瀛就曾在其《庐山小志》中把古老的"栗里源"描述为"在醉石旁，醉石涧上"。[3]人们到庐山来，为了向陶渊明致敬，总是要询问和探访栗里。但是，没有人真的知道《宋书》中的"栗里"究竟在于何处。栗里起源于文本记载，生存于读者的想象。直到今天，艺术反作用于现实，想象占了上风。如果我们看看现代的庐山地图，我们会发现"栗里"赫然在焉。栗里作为一个地理位置，是被文本生产出来的，它和历史上陶渊明曾经路过的那个栗里没有什么关系。文字创造了现实，生活在模仿艺术。

周必大没有找到栗里，但他毕竟找到了醉石。他眼中的醉石，多了一点新的痕迹：

> 仰视飞瀑披大石而下，甚为奇观。石有坳处，俗

---

[1]《周益国文忠公集》卷一百六十九，第6a—b页。
[2]《庐山新导游》，第37页。
[3]《庐山小志》卷十二，第13a页。

云陶公枕痕也。又指若虎迹者，其说尤荒唐。

所谓陶公枕痕，恐怕是指陶渊明在石上躺卧次数太多，时间太长，以至于把石头压得凹陷下去。关于"虎迹"的传闻，周必大却没有多加说明。醉石之上的山崖被称为"虎爪崖"，和"虎迹"的传说想必有些关联。[1] 我们想到虎溪——庐山另一处和陶渊明相关的古迹，或者，按胡适的说法——"捏造的古迹"。据说庐山东林寺的名僧慧远曾发愿不过虎溪，但是有一次，在送别陶渊明和道士陆修静（406—477）的时候，他不小心违反了自己制定的规矩，引得守溪的老虎开始咆哮，三人遂相视大笑云云。慧远不过虎溪的传说见于慧皎《高僧传》，在唐朝已经广为流传；[2] 至于把他所送的客人指定为陆修静和陶渊明则起源较晚，究竟始于何时，待考。[3] 无论如何，这一故事早在南宋已被楼钥（1137—

---

[1] 黄宗羲（1610—1695）在《匡庐游录》（1660）中说："则是虎爪、醉石共一石也。"《匡庐游录》，第27a—b页。

[2] 《高僧传·慧远传》："自远卜居庐阜三十余年，影不出山，迹不入俗，每送客游履，常以虎溪为界焉。"《高僧传》，第221页。王勃《广州宝庄严寺舍利塔碑》："虎溪有送迎之限。"见《王子安集注》，第526页。王维也说："远公之足，不过虎溪。"见《能禅师碑》。《王右丞集笺注》，第448页。其他如孟浩然《疾愈过龙泉寺精舍呈易业二公》："日暮辞远公，虎溪相送出。"《孟浩然集校注》，第18页；李白《别东林寺僧诗》："笑别庐山远，何烦过虎溪。"《李白全集校注汇释集评》，第2191页。

[3] 唐释贯休在诗中提到过慧远赠陶渊明酒以及送陆修静过虎溪，但是在诗前短序里，这两个故事互不相关。见《全唐诗》，第9420页。陈舜俞在《庐山记》卷二提到"三笑"的故事，并称"今世传三笑图，盖起于此"（第26—27页）。苏轼有《三笑图赞》，一般认为是关于陶、陆、慧远三人的，不过，赞文本身没有提到"三笑者"究竟是谁。公元［转下页］

1213）指为无稽：慧远圆寂时，陆修静只有十岁；等陆修静到庐山时，陶渊明已去世二十年了。[1]但是一个诱人的故事一旦开始流传，它的真实性就变得不再重要。慧远、陆修静、陶渊明的亲密关系，似乎完美地体现了佛、道、儒三教的和平共处。醉石上的虎迹，很难不让人联想到虎溪边上咆哮的老虎：虽然一在山南，一在山北，地理距离就和时间距离一样，比起人们对动听故事的需要来，简直算不了什么。

"吐痕尚新"

陶渊明在醉石上留下的痕迹，到公元十四世纪，变得更深更广了。南康太守王祎（1321—1372）在《自建昌州还经行庐山下记》里写道：

> 过醉石观，陶靖节故居，其地栗里也……观已废，惟有大石亘涧中，石上隐然有人卧形，相传靖节醉卧此石上也……或云，观南诸山即其诗所谓"悠然见南山"者也。

［接上页］十世纪初期的一部笔记小说《云仙散录》记载了三则关于陶渊明的逸事，声称引自《渊明别传》。《云仙散录》的材料来源多不可靠，《渊明别传》甚至很有可能并不存在，但还是说明在晚唐时有不少关于陶渊明的传说流传于世。

[1]《攻媿集》卷七十七，第717页。

醉石观是道观，据说前身就是归去来馆。[1]多亏游人的丰富想象，醉石上的"枕痕"已经扩大为"人卧形"。

到了十六世纪，醉石上的痕迹经历了颇为惊人的变化。桑乔在他1561年的《庐山纪事》里称引《南史》："[陶渊明]醉辄卧石上，其石至今有耳迹及吐酒痕焉。"[2]陶渊明在石上的"卧形"变得支离破碎，而且，引人注目的是，诗人的耳朵和嘴巴——接收和发出声音的器官——留下了供后人瞻仰的痕迹。这里只有一个问题：在《南史》里根本找不到上面的"引文"。

然而，桑乔的"《南史》引文"却被人一而再、再而三地重复。[3]以善谑闻名的明末文人王思任（1575—1646）在他的《游庐山记》里这样描写他的经历：

> 悠然见南山，殊荒坨。去栗里约三里许，是归来馆址，在一山农矣。有涧飞短溂，下萦一潭，丈石突起。陶先生每醉卧此，吐痕尚新。无名氏题曰："渊明醉此石，石亦醉渊明。千载无人会，山高风月清。"吾几欲锤碎之矣。

---

[1] 欧阳玄（1273—1357）曾代张天师给一位雷提点写信，请他主持醉石观："醉非真醉，空留石上之痕；归乎不归，老却山中之屋。"见吴宗慈，《庐山志》下卷，第58页。
[2] 《庐山纪事》卷三，第4b页。
[3] 如毛德琦、吴宗慈，甚至一本近年出版的《庐山与名人》（见第82页）。

留在石上的吐痕和题诗，都是身体的排泄物，但是它们引起的反应截然不同。锤碎醉石是一个激烈而戏剧化的手势——王思任毫不掩饰他对无名氏题诗的轻蔑与厌恶。这种情形非常具有讽刺性：一方面，一位伟大诗人的呕吐痕迹可以激起后人的崇敬；另一方面，一位崇拜者的平庸诗句使王思任恨不得连醉石也一起毁灭。问题是，既然无名诗人相信石头可以"醉渊明"，石上的吐痕到底是谁留下的呢？

王思任的绝句给了我们一个毫不含糊的答案：

渊明一吐后，兹石遂千秋。
石在渊明去，声余涧水流。

歌咏醉石的诗大多平淡无奇，但是，哪怕是一首平庸之作，如果既简短，又不刻在石头上，那么也还是可以得到原谅。酒后呕吐，很难说是一种富有诗意的行为——也许除了在中国古典文学传统里：王思任有关"渊明一吐"的绝句，难免令人对醉石感到亲切。"一吐"和"千秋"，构成了颇有意趣的对照。我们都知道，醉石本来就是千秋常在的，并不有待诗人在它上面"一吐"才得以永久，但王思任心目中的"千秋"，显然是文化意义上的：除非和人类历史发生关系，否则，大自然的永恒只是无名的混沌而已。至于酒后呕吐，是具有时间性的行为，但偏偏是这样一种脆弱的人类行为，使石头获得永恒。虽然王思任所谓的"千秋"和石头的自然属性并不相干，但这种自然属性毕竟在绝句的第三行里显示出来：石头还在，那个使石头"千秋"的人，却已经不在了。

醉酒是人性弱点的反映，它显示了人的生理局限，代表着人对自己身体的失控。酒后呕吐，更是肮脏不洁的。然而，时间的流逝，抹除了醉酒行为任何有失体面的迹象；唯一存留下来的，就是潺潺的涧水声，愉悦着醉石上诗人的"耳迹"。当"人"的因素被剔除之后，醉酒的经验只剩下安全的抒情成分。

然而，归根结底，是那转瞬即逝的人类体验，醉酒，给了醉石一个名字，一份文化生命，一种永恒。王思任的想象为我们重现了诗人生活中一个毫不浪漫的瞬间，从而保存了诗人陶渊明的人性。这首小诗比醉石上的任何题铭都更能代表文字的胜利：也许，它是中国古典诗歌传统中唯一的一首绝句，使呕吐变得几乎富有诗意。

石头记：一个关于文学的寓言

1719年，星子县知县毛德琦编写了一部《庐山志》。他在卷四重复了桑乔的《南史》"引文"，同时，还记载了醉石上镌刻的四首绝句，其中第一首就是王思任曾经看到的。《庐山志》的现代编校者徐新杰告诉我们，毛志所载第三、四首绝句并不见于醉石，"不知所出"；现存摩崖石刻第三首和毛志第三首完全不同。徐氏还指出毛志第二首绝句有一处错误:根据石刻,"石下醉源深"当作"石下醒泉深"。[1]但是徐新杰自己的记录也并非完全准确。如果我们把他记录下来的第三首绝句和1983年拍摄下来的醉石照片所显示的石刻进行比较,我们会发现"当时醉"应作"当日醉"。[2]就在人们忙于更正文字记载错误的时候,新的错误又在悄然产生。

把事情进一步复杂化的是黄宗羲《匡庐游录》中的记述(这一游记,用一位现代校注者的话来说,"不重写景,重在考证和纪事"):"予登其上,有至正九年上巳题名,他刻不能识。"[3]我们是否能够信任黄宗羲的这一断言?正是黄宗羲本人,曾在序言里说:"今予杖履所及,一二指摘,正不可少。"并以为在"一一考正之后",后来游者"庶不为糠秕眯目"。[4]如果我们相信"他刻不能识",那么王思任不久以前在醉石上看到的绝句,还有毛德琦、吴宗慈等人记录下来的石刻文字,又该如何解释呢?黄宗羲是在信口开河,还是有所夸张?还是说后人就像曾集那样不满于"缺典",于是按照"先贤"的文字记载重镌了醉石?我们对此一无所知。我们只知道醉石上面的铭文永远处于变动之中,人们对石刻所做的记录从来都不可能做到完全一致。尽管人们渴望固定文本、确定事实、统一记载,但是,自然与时间的力

---

[1] 桑乔的记载在此处和毛氏相同。《庐山纪事》卷三,第5a页。
[2] 《庐山志》,第122页。
[3] 《黄宗羲诗文选》,第228页;《匡庐游录》,第27a页。
[4] 《匡庐游录》,第1b页。所谓"糠秕",当指"粗人之游记,妄子之改额,要人之剜刻"。

量，还有人类容易犯错误的固有特性，比一切金石碑刻都更强大。

到十八世纪末期，醉石已成为"古栗里"的一块路标。[1]曹龙树，一个南康本地人，可能是出于乡土自豪感，在庐山地区四处寻找陶渊明的"遗迹"，并用陶渊明本人的诗作对每一处"遗迹"都加以"证实"。他宣称，醉石所在地不仅"就是"古栗里（"醉石在栗里，自宋齐迄宋元，代有纪实，谅无假借焉"），而且甚至也一定就是陶渊明《移居》诗中所写到的"南村"。曹龙树显然不知道陆修静直到陶渊明过世以后才来到庐山，他认为《移居》中提到的"素心人"想必指的就是陆修静，因为醉石所在地非常靠近陆修静当年居住过的玉京山。[2]曹龙树的陈述充满自信，不断用他的实地考察经验（比如说亲自询问了一位老农，亲眼看到某地，等等）以及陶渊明本人的作品对他的各种结论加以"验证"。在这里，我们再次看到这样一种欲望：把各种传说

---

[1] 这一观念已经深入人心。当代著名的陶学家钟优民就曾毫不犹豫地宣称："栗里在庐山脚下，陶公故里在此。"《陶学发展史》，第464页。另一方面，古直坚持认为栗里在德化县楚城乡。他给出三点理由，其中第二点理由是：1512年，楚城乡鹿子坂发洪水，冲出一块不知年月的石碑，上刻"陶靖节先生故里"七字。且不论史传中的栗里并非陶渊明故里，把一块来历不明的石碑当成"证据"，也许可以视为人们盲目相信文字记载的一个范例。这种盲目由来已久，明代著名作家李梦阳（1473—1529）当时在江西任提学副使，就曾在石碑冲出的地方为陶渊明建墓立祠。其实，围绕陶渊明故里发生的争执，在很大程度上是江西星子县和德化县两个相邻县城的争执，而这两个县城，无论名字、疆界，还是行政归属，许多世纪以来，不断发生变动，一直纠缠不清。
[2] 吴宗慈，《庐山志》下卷，第102页。

和诗人自己的作品编织在一起,使之成为一个天衣无缝的叙事整体。

直到二十世纪,醉石的传说仍在继续发展。古直指出,在玉京山地区还有一块"醉石",坐落在九峰桥旁的小丘上。[1]古直的观察,是和他的信念——玉京山地区也即陶渊明居住过的"上京"——紧密联系在一起的。根据古直的说法:"湖水盛时,正在江中,土人相传,谓渊明尝在此望开先瀑布,醉眠其上云。"虽然出现了第二块醉石,古直并未否认原始醉石的身份,他只是批评陈舜俞关于醉石"可坐数十人"的记载不符合事实。古直说:"余尝登之,石甚小,只能坐二三人耳。"只不过古直的引文并不准确:陈舜俞《庐山记》原文作"可坐十余人"。古直认为陶渊明想必在山南醉石处拥有田产,"因收获来此,徜徉谷中,醉眠石上,后人因名醉石。要之,先生遇酒辄饮,其醉石必不止一二处也"。[2]陶渊明关于秋收的诗,因为没有清楚地标明过地点,所以相当方便地为这些推测提供了所谓的"证据"。

《庐山志》的编者吴宗慈也并未对两块醉石的出现感到困惑。他解释说:

> 曹龙树,清嘉庆时星子人,以本地人述本邑先贤事,故多可信。余访玉京山"日影斜川"四字,不可

---

[1] 吴宗慈说应该是九洪桥。《庐山志》上卷,第311页。
[2] 见古直,《陶靖节年谱》,《层冰堂五种》,第426页。

复得。[1]询彭朝杰君（彭，玉京山下人），云："生七十年，闻其说耳。前辈谓为采石者斫去。"又询其他故迹，曰："湖边醉石。"

实地经验——生为本地人，住在一个地方七十年之久——再次被视为判断可信性的主要标准，哪怕曹龙树显然不是渊博的学者，"彭朝杰君"也似乎只是庐山脚下的一个老农。只可惜年龄和本地人的身份并不意味着一个人对本地的历史和文化有深刻的了解，更不意味着任何权威。

> 次日访之，地距开先寺三里许，与古层冰所述略同。其石高及丈，广约方丈三尺，上有凹处，恰卧一人。凹处之北略高，可以藉首。其旁又有小坎，可置茶具及书。卧之正望黄岩、马尾二瀑，与古氏所述、土人相传语合。窃意此为醉石，然不得谓陈舜俞记"两山间有大石、可坐数十人者"，绝非醉石。陶公隐于酒，随处可醉，即随处可醉而卧。[2]

既然"随处可醉而卧"，吴宗慈跟随着桑乔和毛德琦的脚步，果不其然找到了第三块醉石。这块石头离原始的醉石

---

[1] 曹龙树声称在玉京山某石壁上看到了"日影斜川"四个大字，"喜极"，以为找到了陶渊明《游斜川》一诗所歌咏的斜川，从而更"证实"了玉京山就是陶渊明故里。《庐山志》上卷，第310页。
[2] 《庐山志》上卷，第311页。

并不远，在黄龙山支脉唐冲山下，石上刻有"小醉石"以及"天生自然"数字。醉石不仅千秋长存，而且不断繁殖。[1]在石上镌刻"天生自然"，富有微妙的讽刺性——因为在石头上镌刻字迹乃是最不"自然"的人工行为；然而对这种反讽，题词者显然浑然不觉。

吴宗慈总结道：

> 二千载后，必指某处为是，某处为非，未免凿矣。古人风趣，要当意会之。[2]

"意会"古人的"风趣"，是中国传统阐释学中的一个重要概念。它意味着和古人的心灵进行直接的交流，对古人最幽微的心理活动做出一种直觉的理解。这种观念拒不承认历史局限性，就好像古人和今人存在于同一时空，而在古人与今人之间也没有不同的历史背景和社会文化条件造成的界限。醉石似乎是吴宗慈所做结论的最佳象征：一块巨大沉重的山石，稳固不变，没有层次，没有深度，只是一个平面，被镌刻，被阅读，被抚摸；所有的意义都汇聚在表层，而这一表层对古人今人来说始终如一。这样一来，虽然陶渊明在

---

[1] 桑乔，《庐山纪事》卷三，第2a页；毛德琦，《庐山志》，第118页；吴宗慈，《庐山志》下卷，第591页。

[2] 吴宗慈，《庐山志》上卷，第311页。他在这段话最后加上了自己对原始醉石所做的判断，并再次强调亲身考察和实际经验，使自己的判断具有权威性质："古氏谓两山间醉石只能坐二三人，不确，予察其石，坐十余人有余裕也。"

他充满了异文的作品中飘忽不定，而他暧昧的生平也总是在抗拒着哪怕最详尽的年谱与考证，醉石，因为接触过诗人的身体，保存了诗人身体的一部分，为后人提供了具体可感的"古迹"。在这一意义上，"醉石"的创造，和宋朝以来的编校者试图消除重重的文本"讹误"、清理异文、编定善本陶集的努力是平行的：陶渊明被固定下来，化为一块不可迁动移转、没有层次与深度的石头。到最后，就连诗人的身体也变成了可读的文本，只不过这一文本也终于变得支离破碎起来。

当我们追溯醉石传说的发展、跟踪石刻的变化时，我们意识到，醉石的故事其实不只是关于阅读一块山石而已，更是关于如何创造意义和赋予意义：深山里一块无名的石头被打上诗人身体的烙印，从而获得一个名字、一种身份，一个普通的地点就此变成了中国文化版图上一个意味深长的空间。这个故事向我们显示了文字如何繁衍文字，如何把重要性赋予大自然。因此，醉石的故事是一个寓言：不仅是关于陶渊明作品的寓言，也是关于所有文学作品的寓言。

结　语

前此的陶渊明研究，从总体来看，倾向于接受在宋代固定下来的诗人形象，对陶诗的解读，基本上是从巩固这一形象出发的。然而，我们在此看到中古文本世界的流动性，看到后人如何出于各种需要重新塑造这些文本。和本书的中心论点密切相关的，是手抄本文化的种种问题。在宋版陶集中，存在着大量从手抄本文化时代遗留下来的异文。这些早期版本以及宋人关于编辑校雠的笔记材料向我们显示，对于一种特定形象的追求是如何把一个复杂多元的历史人物变成一个代表了宋人价值观的偶像。"陶渊明"已经成为一个集体创作的文本，参与创作的是一代又一代读者、抄写者、编者、笺注者。被怀疑和排斥的异文好似大厦废墟的瓦砾，在其中，我们看到另一个陶渊明，不见得那么自然、任真与平淡，也没有那么恒定永久和缺乏时间性；相反，他的诗文是时代的产物，直接诉诸同时代人所关怀的话题。

同时，我们也要记住，这"另一个"陶渊明并不是"定本"，而是许多可能性中的一种——一个被有意排除、忽视和压抑的可能。把注意力引向"另一个"陶渊明，是为了更好地辨认传统选择背后蕴藏的动机与欲望。换句话说，没有哪一个早期异文比其他异文具有更多的可信度，"望山"的陶渊明，不比"见山"的陶渊明更值得相信或者更值得怀疑。一个恐怕最难为读者接受的事实是：我们现在没有、也永远不可能得到原本，因此，也就永远不可能知道诗人选择了哪一个字。我们没有一个权威性的陶渊明，却拥有多个陶渊明。伯纳德·瑟奎里尼（Bernard Cerquiglini）曾略带一点讽刺地说："我们好不容易才习惯于可能存在不止一首《罗兰之歌》，而且每一个版本都是真本的说法，可是，难道我们还不得不承认，就连特罗亚的《柏士浮》——欧洲中世纪最有名的浪漫传奇——也有数种不同的真本吗？"[1]

这本关于陶渊明的著作，希望唤起人们对中国中古时期文本流动性的注意，文本被改动、删削、重写，就连文本的作者都可能发生变化：那些读来"不像是"某人所写的作品，被编者从文集中删去；或者，如果读来"好像"是某人所作，一篇无名作品就会获得一个作者。"定本"通过明清学者的中介传到我们手里，而我们必须看到，它们充满了往

---

[1] Bernard Cerquiglini, *In Praise of the Variant*, p. 38.

往由意识形态决定的校改。更重要的是，尽管印刷文化在明清两代极为发达，抄写文本仍然因各种原因而极为盛行。虽然人们在抄写三教经典以及诗文总集和别集时尽量追求精确，在处理"低等"文学样式比如小说和戏剧时，却不会感到同样的责任。实际上，就连政府文件都难以幸免抄手的任意增删。李清（1602—1683）在《三垣笔记》中记载，他曾在送往翰林院供他日编修国史的刑部招疏中发现文字有"去取"，大为吃惊，责问书手"此谁为政"，书手答以："小人为政。"[1]如果就连政府文件和修撰国史的材料都遭到书手擅自删削，遑论其他。意识到手抄本文化的性质与问题，不但对我们探索中古文本至关重要，而且对我们研究明清戏曲小说以及历史书写，都有重大的意义。手抄本文化的问题不仅应该引起文学学者的注意，也应该引起历史学家的重视。

中国本土文化传统对于找到版本"始祖"、建立清楚的版本家谱怀有巨大的热情，这种热情反映了父权家长制度和社会等级观念的影响，和十九世纪欧洲的语文文献学考证一拍即合。这种老派的考证方式，被瑟奎里尼相当精确地描述为"一种资产阶级父系家长作风的、卫生学的家庭观念，它注重父子关系的确定，对通奸者追踪不舍，对污染和混杂充满恐惧"。[2]

陶渊明为手抄本文化研究提供了一个精彩的案例，这不仅因为他的文集是极少数以比较完整的面目流传下来的先唐别集旧集之一，更重要的，是因为陶渊明已经成为一个文化偶

---

[1] 李清《三垣笔记》，第18—19页。
[2] Bernard Cerquiglini, *In Praise of the Variant*, p. 49.

像。在古代，陶渊明被视为高洁的隐士和晋室忠臣；到了二十世纪，陶渊明被视为中国文化精神的代表。然而，这种所谓"中国性"本身，正是民族主义情绪激荡之下的想象构造。在很多时候，所谓"中国经验的独特性"，是在对于其他文明和文化了解不足的情况下提出来的。当我们急于以"中国"对抗一个同样是想象建构的"西方"，我们很容易把一个复杂多元，充满了矛盾、张力与活力，不断变化与进化的文化传统简化为死气沉沉、铁板一块的所谓"传统中国"。我们有必要对"传统中国"的形象进行小心在意、深思熟虑的解剖。在这里，我们必须提到一样极为重要、意义深远的工具：考证。

考证是一个宽泛的词，它包括不止一种传统治学方法：版本学、校勘学、训诂学。在现代社会，这些学科往往被视为保守、陈旧、枯燥、对当前的文化现实毫无意义，就连从事这些工作的学者都不免意识到这一点，常常感到有必要为自己的工作辩护。但至此我们希望读者已经认识到，一切都要看我们如何定义考证的范畴和意义。考证可以为我们的古典文学研究带来一场革命，关键在于我们如何运用它。简单说来，考证意味着运用我们手头拥有的证据，接受这些证据导致的结论——哪怕这结论是我们不喜欢的，或者是和上千年的传统智慧相违背的。如果仅仅把考证当成维护"经典"作家与作品之偶像地位的工具，其实是对考证的滥用和败坏。

爱德华·萨义德发表于 2005 年的遗著《人文主义和民主批评》，是一部对当代世界中人文学科的命运充满关怀的著作，其中题为《回到语文学》的章节是这样开头的："语文学（philology）大概是人文学科里最冷门、最缺乏吸引力、最不现代化的一种学问，当我们论及人文主义在二十一世纪之初对人类生活的影响时，语文学不太可能会进入视野。"接下来，他为语文学展开辩护，称语文学"牵涉到进入发生于文字之中的语言程序的内部，迫使这一程序向我们展示面前的文本中被隐藏的、戴着面具的、残缺不全的，或者被歪曲的东西"。他强调，语文学对我们构成知性的挑战，因此，需要"用某种办法恢复它、振兴它，使它对人文建设重新产生意义"。[1] 当我们使用语文学的手段——比如说版本对比或者文本细读——来重新检视某些被人们理所当然地接受下来的"真理"的时候，我们希望做到的正是这一点。权力与权威的结构是用文字——书面和口头表达的文字——造就的，因此，也只能用文字来理解和对抗。

要想真正了解世界如何运作，我们必须了解构成世界的不同文化；要想真正了解一个文化，我们需要了解它的历史；要想真正了解历史，我们需要了解历史是由什么构成的——文字与文本，审查（常常是自我审查）的结果，很多代人的编辑、订正、改动、弥缝。文化现象是一个过程，不是一个起点；了解一种文化现象的过去，让我们看到历史仍然在今天扮演着活跃的角色，因此，我们不能把"现在"隔离起来，圈在一个与历史分开的自治区里。如果我们观察一下当今世界，我们会看到一种全新的事物正在占据和控制我

---

[1] Edward W. Said, *Humanism and Democratic Criticism*, pp. 6, 57, 59.

们的生活，同时，也体察到一种相当熟悉的变化轨迹。这里我指的是互联网，它和手抄本文化有着意味深长的相似之处。

当印刷文化开始蓬勃兴起，代替手抄本成为占主导地位的文本流传方式，很多人都感到焦虑不安甚至敌意。一些宋代学者觉得阅读印刷文本对于真正的学问构成了重大的威胁。他们认为，一旦不需要亲手抄书，读者和文本的关系就被彻底改变了。这样的想法当然是完全正确的。如果文本的不稳定性是手抄本文化的根本特点，那么，印刷文化则试图进行修补和固定，直到一个完美的、反映了作者原始意向的"善本"被重新建构出来，文本也变得僵化、坚固，对于来自外部的干涉呈封闭状态。

然而，互联网却再次把文本变得流动不居，难以管理控制。如果印刷文字是确定的、具有权威性的，互联网则没有中心、没有权威，而且，也廉价得多（在中国城市里，网吧的数目正以惊人的速度增长着，而且收费不高，一个人不必拥有电脑，就可以在网上冲浪漫游）。比起只限于少数作者的印刷出版，人人都可以把自己的作品贴到互联网上，而网上所有的信息几乎都是向所有人开放的，这和印刷书籍的发行销售再次形成重大的区别。文章一旦进入互联网，就往往被节录、分割、删削，而且引用时不指明作者。文本"胡作非为"，让很多作者极为不安。印刷文化有效地建立起一个人对自己作品的所有权，现在这种所有权却在互联网上分崩离析。英国文学学者利娅·S.马库斯（Leah S. Marcus）提到在很多教育研究机构都已发生的莎士比亚研究的电脑化和数位化，这使得很多读者可以创造出自己的莎士比亚戏剧版本,并把这些版本通过"桌面出版"的方式带入印刷世界。[1]

在互联网上发表个人作品当然不是手抄本文化的简单复制,但是,二者共有一个显著的特点:它们都缺乏权威和中心。因此,新式文本批评,以杰尔姆·麦根(Jerome J. McGann)等学者为代表,和电脑技术的兴起与发展几乎同时发生,这恐怕不是偶然的。在手抄本文化的时代,文本的存在形式是开放型的,一个十六岁的歌妓可以毫不犹豫地随笔铅正诗圣杜甫的诗稿并得到人们的赞美,这个故事令人有耳目一新的解放感,因为它和我们习以为常的观念——作者是天才,经典是神圣不可亵渎的成品,校改是学者才享有的权利——是如此背道而驰。对于一个强调等级、资历、男性权威的父权文化来说,这个故事让人惊讶,但是它再次有效地提醒我们,传统中国文化不是僵化不变、铁板一块的实体,我们对于文本乃是封闭成品的习惯看法有一段常常被忘记的历史,这段历史比我们想象的要短得多,无论是在东方,还是在西方。

在一个著名的比喻里,宋绥把校书称为拂尘。虽然在现实生活中,尘土令人烦恼,但是,尘土的概念却是值得玩味和欣赏的:尘土其实具有一种稳定的力量,因为它是我们的家园。陶渊明曾经在《形影神》写道:"纵浪大化中,不喜亦不惧。"对陶渊明来说,对他钟爱的哲学家庄子来说,"大化"乃是这个多变的人生里唯一的常数。

---

[1] Leah S. Marcus, *Unediting the Renaissance*, p. 130.

附录一　文本的历程

古代重要陶集版本叙录

先　唐

先唐至少有五种不同的陶集抄本流传，现在都已亡佚。阳休之提到一种八卷本，无序；一种六卷本，有序、目。据阳休之说，这两种抄本"编比颠乱，兼复缺少"。

萧统编陶集为八卷，称萧统本或昭明太子本。今存萧统序、陶渊明传和颜延之诔文。阳休之称："少《五孝传》及《四八目》，然编录有体，次第可寻。"《四八目》又称《圣贤群辅录》。《五孝传》《四八目》自清朝乾隆年间被四库全书的编纂者秉承乾隆旨意定为伪作，极少为陶渊明研究者提到。我们不能肯定它们一定是陶渊明的作品，但是纪昀提出的证据并不充足，不能够证明它们不是陶渊明的作品。这里值得注意的，是所谓"伪作"产生的过程：乾隆的圣旨在这一过程里面具有极大的作用。

阳休之（字子烈）在前三种抄本的基础上编定陶集十卷本，补入《五孝传》《四八目》。阳序今存。

据《隋书·经籍志》记载，尚有一种九卷本，一种五卷本，录一卷。前者陶澍认为即萧统本，盖以目录为一卷，序谏传为一卷，正文为七卷；后者可能即是阳休之提到的六卷本。

唐

唐代一定有很多陶集抄本行世。《旧唐书·艺文志》载录陶渊明集五卷，《新唐书·艺文志》载五卷本与二十卷本两种，皆佚。唯二十卷的数目让人费解，即使比起收录了《五孝传》《四八目》的阳休之本也还是多出一倍，这种现象恐怕和分卷有关，但也不排除多收入诗文的可能。

两　宋

有两种北宋陶集值得一提。其一是宋庠本，常被简称为宋本，或称宋丞相本。宋庠，原名郊，字公序，谥元献。在书后"私记"中，宋庠称："晚获此本，云出于江左旧书，其次第最若伦贯。"显然是以此"江左"本作为底本（江左旧书想指南唐藏书），其他"数十家"前后所得陶集抄本作为校本的。在宋庠去世的那一年，释思悦称："近永嘉周仲章太守枉驾东岭，示以本朝宋丞相刊定之本。"这似乎暗示宋本曾经付印。果然如此，则宋本是我们所知最早的陶集刻本。现唯有宋庠"私记"尚存。不过现存宋代陶集刻本中常常提到"宋本作某"，宋本这种影影绰绰的存在不容忽视，因为很多异文就是这样保存下来的。

附录一　文本的历程

其二是思悦本，十卷，今佚，唯有思悦治平三年（1066）后记以及卷三小序尚存。关于思悦，我们只从曾季狸（十二世纪）《艇斋诗话》中得知他是虎丘僧人（见《宋诗话全编》卷三，第2632页）。思悦在卷三小序里对沈约"陶诗题甲子"的说法提出反驳。他的后记称"昭明太子旧所纂录，且传写浸讹，复多脱落，后人虽加综辑，曾未见其完正。愚尝采拾众本以事雠校，诗赋传记赞述杂文凡一百五十有一首，泊四八目上下二篇，重条理编次为一十卷。"并赞扬宋庠本，称其"于疑阙处甚有所补"。

下面开列的陶集版本都保存到了今天，是我们研究早期文本异文的重要资料。

苏写本（苏写刻本，苏写大字本）

苏写本为十卷本，笔法学苏轼体，书后有宋高宗绍兴十年无名氏跋，因此又称绍兴本。或以为即是王厚之宋徽宗宣和四年（1122）刊本的覆刻本。胡仔在《苕溪渔隐丛话·后集》卷三中提到此宣和本："家藏靖节文集，乃宣和壬寅王仲良厚之知信阳日所刻，字大，尤便老眼，字画乃学东坡书，亦臻其妙，殊为可爱。"据王厚之自称，曾改正异文226处。

毛扆宣称他的外祖父曾经拥有一部苏轼手写付印的原版本，被钱谦益得去，毁于1650年绛云楼火灾。毛扆的话，已经无法证实可信与否，总之，失去了的东西在想象中会变得格外珍贵就是了。后来，毛扆在顾湄处得到一部南宋苏写刻本，倩业师钱梅仙手抄一本，于1694年刊印（详见本书第一章）。这一抄本的刻本后来又被重新抄写和翻刻多次。其中嘉庆戊辰（1808）鲁铨刊本，是逯钦立《陶渊明集》所用校本之一。

本书在撰写中参考了哈佛燕京图书馆收藏的三种苏写本刊本。

第一种是同治甲子（1864）何氏笃庆堂本。此本有陆玑（字次山）序，何咸宜跋，沈寿容跋。据陆玑序：道光丁酉岁（1837），得宋本陶集于旧藏书家，被陶澍借去，欲镌行，未果而澍死（时为1839年），书亦未还。后二十年，何寿泉借沈朗山家收藏的"毛氏原本"重新翻雕，请陆玑为序云。此本避宋讳，有藏书印数种，其中很多是毛氏的。第二种是光绪庚辰（1880）胡伯蓟本。有光绪五年（1879）广东陈澧（1810—1882）题记，称湘潭胡伯蓟偶得毛氏仿苏写本，手临一本，未几卒；其弟胡桐生取以付梓，未成而卒；最终由陈澧的同乡俞秀山捐资刊刻。书末题"彭泽后人福祥校字"。按陶福祥（1834—1896）别号爱庐，是陈澧的门人，广东著名的校刻家和藏书家。第三种题为《陶集发微》，民国七年（1918）上海沅记书庄重刻毛氏仿苏写本。编者顾皜，自称"浦滩奴奴、石城一匏"，前言署"丁巳（1917）初夏顾皜漫书"。这个版本号称使用了"旧藏琴川毛氏坡书塺写原本""精采诸家注说"云云，然而校勘并不精审。

曾集本

对于曾集其人，我们在本书第六章中已经谈到，兹不赘。曾集本不分卷，诗在前，文在后，结以颜诔和萧传。书后有曾集宋光宗绍熙三年（1192）题跋。曾集本对陶渊明诗作的异文研究极为重要，因保存陶诗异文最多。仅在陶渊明的126首诗中（《桃花源》诗归入《桃花源记》之下）即标出异文591处，还不包括"又作"。这些异文不见于苏写本或者汤汉本。有趣的是，苏写本的正文，在曾集本中常常被标为异文，这似乎显示曾集本参考了苏写本，但没有用它做底本。

曾集本收录了黄庭坚《述酒》说（见本书附录二）、曾纮《读山海经》说（见本书第四章）等。这些都不见于苏写本。在这一方面来看，曾集本可以视为后来各种笺注集说本的滥觞。

曾集本有数种重刊本。本书参考了哈佛燕京图书馆所藏光绪纪元（1875）影刊本，有昭文瞿氏跋尾。江苏常熟瞿氏以藏书宏富著名，跋曾本者是瞿氏藏书楼第二代主人瞿镛（1794—1836），题跋收入《铁琴铜剑楼藏书目》。在题跋中，瞿镛对比了曾集本和汲古阁本，称二者收录异文之多，皆为他本所难比拟。

汲古阁本

此十卷本乃南宋刻本，原藏毛晋汲古阁，现藏中国国家图书馆（原北京图书馆）。毛扆《汲古阁秘本书目》提到宋版陶集与时本迥异，异文比时本多出千余字，如《桃花源记》"欣然亲往"作"欣然规往"，《五柳先生传》里"黔娄有言"作"黔娄之妻有言"等等。据吴骞说，毛扆晚年售藏书于潘稼堂太史（潘耒，字次耕），中有宋刻陶集，毛自题其下曰："此集与世本不同。"当指此本。袁行霈《陶渊明集笺注》即以此本为底本。

据桥川时雄《陶集版本源流考》，此本至少有三种清代重刻本。其中一种为咸丰辛酉（1861）安徽旌德李文韩影刻本，卷首有莫友芝（1811—1871）题记，卷末有莫友芝跋。光绪二年桐城徐椒岑出资翻雕。翻雕本卷末有莫友芝子莫绳孙光绪二年六月庚子（1876年7月31日）附识。此本藏于哈佛燕京图书馆。莫绳孙在附记中，根据集中宋讳缺笔至宁宗（1195—1224年在位），判断此本底本是庆元（宁宗年号，1195—1200）以后的椠本。

此本最大特点是收录诸多异文。陶渊明126首诗中标出异文585处（不包括"又作"），仅比曾集本少6处而已。但比起曾集本，此本多出《五孝传》《四八目》和赞述，收录陶渊明作品更为全面。

燕京图书馆收藏的1876年翻雕本是袖珍本。值得一提的是曾经拥有这一版本的主人。按此本扉页上有小字题签："家骅吾兄作纪念，废名，二十年三月二十九日。"废名不必说了，家骅即闻一多，废名的湖北同乡。1931年，闻一多正在青岛大学任教。考《废名年谱》（陈建军编，武汉：华中师范大学出版社，2003），那一年的一月至三月间，废名也在山东青岛。年谱称废名三月离开青岛。陶集想必是废名在离开青岛之前送给闻一多的。这样一来，我们就知道废名离开青岛一定是三月末甚至四月初，陶集题签可以为废名年谱提供一条新的信息。又，废名同年2月14日写给胡适的信中提到陶渊明，并引陶渊明《拟古》其一中"多谢诸少年，相知不忠厚。意气倾人命，离隔复何有"四句诗，很可能就是引自手头的莫本陶集。可以想见废名当时把这一袖珍本带在身边不时翻看的情景。书匣外有香港汇文阁标签，不知此书何时流落到了香港；又根据哈佛燕京图书馆记录，此书于1973年3月6日被图书馆员登记，直到2000年夏，被我第一次借出。

此本中时有红蓝铅笔标点；《归去来辞并序》有墨笔留下的标点、圈点和数条眉批，如"亲故多劝余为长吏"之上，批点"叙实委曲，为亲戚情话"；"程氏妹丧"之上批点"视此，则向来传道五斗折腰之嫌，犹是浅见"；等等。圈点处，有"未远""昨非""易安""成趣""常关"字样。凡此数处，皆不知是废名还是闻一多的遗墨。从笔迹上看，从废名对陶渊明的兴趣上看，似乎以废名较为可能。

汤汉本

汤汉编《陶靖节先生诗注》四卷，补注一卷，有宋理宗淳祐元年重九日（1241年10月15日）编者序，现藏中国国家图书馆。哈佛燕京图书馆有1987年北京中华书局影印本。

据《宋史》本传，汤汉字伯纪，曾在朝廷与地方担任过一系列官职。汤汉本以诗为主，文章唯选入《桃花源记》

和《归去来辞》。鉴于刻工名字和汤汉生平事迹，陈杏珍在1987年影印本序言中，认为汤汉本是1260年前后在建宁付印的。不过，也有一种可能，就是此本曾于1241年初刻，二十年后汤汉在福建任职时重刻。

汤汉本有两大特点。一，在所有现存南宋版本中收录异文最少，而且似乎用了曾集本为底本，凡是曾集本与苏写本有抵牾处，汤本例从曾本；二，有简短的小字评注，主要阐发诗人本意，间有词语释义。汤汉的主旨是强调陶渊明忠于晋室，不事新朝，陶诗全被视为政治寓言。汤汉评注代表了南宋时人对陶渊明的解读，对后代产生很大影响。

宋 元

李公焕本

《笺注陶渊明集》十卷。李公焕，江西庐陵人，生平不详，何孟春（1493年进士）以为元人，不知何据（陶澍《陶靖节先生集·诸本序录》12）。吴焯（1676—1733）在1714年跋语中称此本原刻于宋理宗淳祐年间（1241—1252），时号"玉堂本"，然吴藏本不避宋讳，因此可能是元代重刻。

本书参考李本的两种重印本，一为上海商务印书馆1920年代涵芬楼四部丛刊本，一为上海古籍出版社《续修四部全书》本（原本藏于浙江图书馆）。

李公焕本几乎全无异文，但它是陶集第一个集注集评本，因此流传颇广，并被后代许多陶集版本（包括今人逯钦立《陶渊明集》）用作底本。

明 清

明清陶集版本很多，此处不过略举一二，因其在收录异文方面基本不超出宋版陶集的范围，主要价值在于评注；而很多明清陶集的评注，如何孟春《陶靖节集注》（有正德戊寅也即1518年题记），张自烈（1597—1673）《批评陶渊明集》，黄文焕的《陶诗析义》，都已收入《陶渊明诗文汇评》和《陶渊明研究资料汇编》，因此对这些版本兹不一一赘录。

焦竑（字弱侯，1541—1620）八卷本。自言得宋刻本为底本。焦本被收入张溥的《汉魏百三名家本》，但易其篇次而已。逯钦立《陶渊明集》用作校本之一。

陈龙正（1585—1645）《陶诗衍》，1635年编定，1643年印行。第一部分是陶渊明诗文选，有短注；第二部分收录了从唐代至明代受到陶渊明影响的诗人的作品，以陈龙正自己的兄弟陈山毓（1584—1621）的《自祭文》结束。书后有陈龙正之子陈揆跋，称其父在京师遭遇大痛，故将旧编寄回家乡，命陈揆付刻。从时间上来看，所谓大痛者，想必指崇祯皇帝自缢事。

蒋薰四卷本，题为《陶渊明诗集》。蒋薰（1609—？），字子薰，号丹崖。此本有康熙十一年壬子（1672）自序，康熙二十九年庚午（1690）周文焜（号青轮，蒋薰之甥）付印题识。后来此本被多次重印。1700年翻刻本补入苏轼和陶诗、王思任律陶诗，皆有周文焜题识。本书参考的版本为咸丰年间（1851—1861）同文山房翻刻本，藏于哈佛燕京图书馆，补入胡凤丹（1823—1890）《陶靖节诗话》与《陶靖节诗集考异》；又有黄槐开《敩好斋律陶纂》，也有所谓"青轮题记"，但想必是书商伪造了。

吴瞻泰（1657—1735）《陶诗汇注》，初刻于1705年，有宋荦（1634—1713）序及吴自序。本书参考的是1896年重刻本。

温汝能本。温汝能（1748—1811），字希禹，广东顺德人。温本分为两部分，一为《陶诗汇评》，一为《和陶合笺》，前皆有温汝能1806年序，顺德邓氏刻。

陶澍本，题为《陶靖节先生集》。陶澍，字云汀，谥文毅。此本有陶澍1839年序言，其侄周诒朴于1840年刊刻于金陵。本书参考的是1883年江苏书局重印本，和1973年香港中华书局重印本。陶澍本的好处在于集注详尽，引言必注明出处，对二十世纪研究者影响颇大。

现代陶集版本选录

丁福保，《陶渊明诗笺注》，台北：艺文印书馆，1964

方祖燊，《陶潜诗笺注校正论评》，台北：兰台书局，1977

龚斌，《陶渊明集校笺》，上海：上海古籍出版社，1996

古直，《陶靖节诗笺》，台北：广文书局，1964

郭维森、包景诚，《陶渊明集全译》，贵阳：贵州人民出版社，1992

李华，《陶渊明诗文赏析集》，四川：巴蜀书社，1988

逯钦立，《陶渊明集》，北京：中华书局，1979

孟二冬，《陶渊明集译注》，长春：吉林文史出版社，1996

孙均锡，《陶渊明集校注》，郑州：中州古籍出版社，1986

唐满先，《陶渊明集浅注》，南昌：百花洲文艺出版社，1985

汪绍楹，《搜神后记》，北京：中华书局，1981

王孟白，《陶渊明诗文校笺》，哈尔滨：黑龙江人民出版社，1985

王叔岷，《陶渊明诗笺证稿》，台北：艺文印书馆，1975

王瑶，《陶渊明集》，北京：作家出版社，1956

杨勇，《陶渊明集校笺》，香港：吴兴记书局，1971

袁行霈，《陶渊明集笺注》，北京：中华书局，2003

英文与日本陶集版本选录

Davis, A. R., *T'ao Yuan-ming: His Works and Their Meaning*, 2 volumes, Cambridge: Cambridge University Press, 1984

Hightower, James Robert, *The Poetry of T'ao Ch'ien*, Oxford: Clarendon Press, 1970

斯波六郎，《陶渊明诗注释》，京都：东门书房，1951

铃木虎雄，《陶渊明诗解》，东京：弘文堂书房，1948

附录二　清醒的阐释:《述酒》[1]

> 诗无达诂。
>
> ——董仲舒《春秋繁露》

《列子》里面记载了这样一则故事：一个人丢了一把斧子，他怀疑是邻居的儿子偷的，于是开始注意观察邻居的儿子，越观察，越觉得他从声音到行步，无一不像个窃贼。过了几天，这个人偶然在自家的后院发现了丢失的斧子，从那时起，他再看到邻居的儿子，无论怎么看，都不觉得他像窃贼了。

这个故事是一个精彩的范例，向我们显示了人类感知力的局限性。它告诉我们，诠释建立在一系列具有限定性的外在条件之上，这一系列外界条件是人为建构起来的阐释框架。如果这一阐释框架崩溃了或者发生了改变，那么，原有的诠释也就随之瓦解了。

本文准备以陶渊明的《述酒》诗作为出发点，来探讨

---

[1] 本文原为2004年8月首都师范大学召开的"汉-唐国际学术讨论会"而作，在收入本书时做了修改。

文学史写作中"诠释"的限定性、任意性及其带来的种种问题。之所以选择《述酒》，正因为这一文本因其漫奥晦涩而具有丰富的阐释弹性，而这种弹性自赵宋以来，还从未得到过很好的探索与发掘。我们首先要问的是：如《述酒》这样一首表面看来隐晦难明的诗，它的诠释历史是什么？是从什么时候开始，它得到批评家们异乎寻常的注意，又是从什么时候开始，它取得了一直保持到现代而基本没有任何改变的阐释框架？这一阐释历史的生成与发展，值得我们深究，因为我们知道，阐释与阐解者本身的价值取向密不可分。在很多时候，与其说阐释反映了文本与作者的现实，不如说它反映更多的是阐释者所处的文化历史背景及其个人的兴趣爱好。当然，阐释的任意性不是绝对的，因为文本产生时代的文化语境，限制了我们对一个文本进行的解读。但是，当我们把《述酒》从它传统的阐释框架里剥离出来，从一个崭新的阐释角度对它进行考察，我们会发现这一新的阐释系统也同样能够合理地解说全诗，这就促使我们对"诠释"本身展开思考。归根结底，一种有效的诠释，只能是具有历史主义精神的诠释。究竟如何做到这一点，将是本文关怀探讨的问题之一。

《述酒》阐释的变迁

关于《述酒》，现知最早提及者是宋庠。宋庠对《述酒》的看法，以校记的形式保留在后来的苏写本里。苏写本在诗题《述酒》下有小注:"仪狄造,杜康润色之。宋本云:此篇与题非本意,诸本如此,误。""仪狄造,杜康润色之"八个字究竟是否本诗原注,姑不论,先说宋本校记。虽然语焉不详,但传达出来的一个信息值得我们注意:既称"诸本如此",可见公元十一世纪中叶,宋庠经眼的"数十家"陶集,所录《述酒》的"篇与题"都是相同的。宋庠称"篇与题非本意",似暗示诗的内容与题目不符(或云"非本意"者,乃"非陶公本意"之谓,宋跋谈到《四八目》某条时即有"此似后人妄加,非陶公本意"之句;但"陶公本意",五百多年之后的宋庠何由得知,是一个很大的问题,何况在"诸本如此"的背景下作此声明,更是启人疑窦)。宋庠的校记,值得我们注意的还有两点:一,自刘宋至赵宋,在五个多世纪的时间里,没有人曾对《述酒》一诗发出疑问,宋庠的校记向我们显示北宋这一时代作为文化转折点的特性,读者与文本之间的关系,在北宋发生根本性的变化;二,虽然宋庠开始斤斤计较篇、题之"本意",但也还是只把《述酒》视为抄本文化中常常发生的文本混乱造成的结果,并未赋予此诗任何政治意义。一直要到北宋王朝在金兵铁蹄之下土崩瓦解,《述酒》的政治解读才变得越来越肯定、越来越精致。

与宋庠同时稍后的黄庭坚在谈到《述酒》时说:"《述酒》一篇盖阙。此篇似是读异书所作,其中多不可解。"[1]

---

[1] 黄评载录于曾集本《述酒》题后。李公焕本陶集引作:"黄山谷曰:此篇有其义而亡其辞。似是读异书所作,其中多不可解。"

把诗的内容视为"读异书所作",显然祖述颜延之《陶征士诔》中对陶渊明"心好异书"的评价,这一见解很有启发性,可惜没有得到后人注意。至于《述酒》有题无篇的说法,则承袭宋庠"篇与题非本意"而来,但比宋庠说得更清楚,直指此诗内容与题目的分离;而且语气斩截,几乎不容置疑。不过必须指出的是:无论宋庠还是黄庭坚,都没有为这一结论提供文本证据,也许只是他们鉴于诗意难解而做出的臆测而已。

北宋末年,韩驹独标异说:"余反覆之,见'山阳归下国'之句,盖用山阳公事,疑是义熙以后有所感而作也。"一旦找到这一"突破点",他开始在诗中看到其他证据:"故有'流泪抱中叹''平王去旧京'之语。"韩子苍的说法,为后人洪水一般的考证打开了一道闸门。自此之后,《述酒》被纳入政治阐释的框架,再也没有脱离出来。

百年之后,汤汉在他编印的《陶靖节先生诗注》里,以韩驹简略的解读为基础,对《述酒》做出了更为系统的阐释,几乎每一句诗都标解出其中的微言大义,指出其所暗含的晋末时事。汤注成为后人遵奉的解读模式。自南宋至于当代,述酒的政治解读变得日益精致繁复。虽然在某字某句的解读上时有出入,但是,此诗乃晋宋易代之际的政治寓言这一基本阐释框架,却从未改变。除了把韩驹首倡的政治诠解系统化之外,汤汉与前人的最大不同,在于他极力主张《述酒》诗题与内容并不分离,在他看来,"酒"之为言,暗指刘裕以毒酒鸩死晋恭帝,因此,诗"以述酒名篇"。汤汉还特意把诗题下原有的八字小注标为"旧注",并指出:"仪狄杜康乃自注,故为疑词耳。"

我们应该看到的是:韩驹和汤汉以此诗为"隐语""疑词""辞之廋也",蕴含了忠于东晋王朝的诗人"不敢言而亦不可不言"的"主弑国亡"之痛,这一政治阐释的宏观背景,是宋代理学的昌盛,也是宋代以乌台诗案为标志的文字狱之兴。在这样的大背景下,产生陶渊明以诗为隐语讽喻时政的联想,良有以也。但这样的看法,是否符合东晋南朝的文史现实?对时事进行如此具体而微的讽喻,在任何现存东晋诗歌中都没有先例,就连系于阮籍名下的《咏怀》诗,被认为表达了对司马篡魏的悲愤,措辞也十分笼统,未必每一字每一句都可以套入某一具体的政治事件;更何况阮籍每首诗的字面意义都很容易理解,不像陶渊明的诗,字句之间的联系晦涩难明。

也许,我们不妨问一问:陶渊明同时代读者会如何看待这首诗?如果看了以后发出会心的微笑,则隐语不隐;如果看了以后莫名其妙,则明明是欲盖弥彰,以其罕见的晦涩引起读者的注意与好奇,和作者预期的"疑词"效果可谓背道而驰。当然,还有一种可能,就是诗人同时代读者的会心微笑未必是由破译了一个政治谜语引起的,而是因为他们在这首诗里,看到了一种熟悉的写作模式,看到了熟悉的字眼和词句,而这些字眼和词句并不指向韩驹和汤汉做出的政治解读。验证这一假设,需要我们对公元四世纪的文化语境加以独立的检视,而不再自囿于宋人的思路。

晋人心目中的"山阳"

既然"山阳归下国"成为韩驹的突破口,我们不妨也从这里入手。韩驹认为山阳指山阳公,也即汉献帝逊位于魏主曹丕之后的封号。这一指认很值得怀疑,特别是因为与下句"成名犹不勤"难以串讲。在韩子苍之后,无论古今中外各家沿着这种思路如何进行解释,终有穿凿之嫌。[1]其实,在陶渊明的时代,当"山阳"二字出现在文学作品中的时候,在读者脑海里唤起的第一反应,只能是"竹林七贤"。从东晋到齐梁,"竹林七贤"——嵇康、阮籍、刘伶、王戎、向秀、山涛、阮咸——纵酒自放的形象,从当时的诗文题咏、传赞小说,直到绘画艺术,几乎无所不在。二十世纪在南京地区陆续发掘出来的四座南朝大墓(其中西善桥的一座为公元四世纪末至五世纪初营建,正与陶渊明同时),出土的墓砖壁画皆绘有竹林七贤的形象,最清楚不过地"表明属

---

[1] 比如汤汉以为山阳公被弑固然已是错误(因汉献帝逊位以后平安生活了十四年,五十四岁寿终,并无被弑之事),至于进而联想到"谥法不勤成名曰灵";但假设陶渊明如此忠于晋室,又何忍以不敬之言加于晋帝呢?汉帝、晋帝在天下大势已去之际被迫让位,又何"不勤"之有呢?明末黄文焕认为此句指曹丕"成其帝位之名,犹以不杀山阳公为应勤之事"(《陶渊明诗文汇评》,第204—205页);王叔岷则以为此句是指汉帝降为山阳公之名而犹未尽命(《陶渊明诗笺证稿》)。凡此种种,都必须割裂文本,在字里行间填空补缺,或者强为扭曲字词的正常意义,如释"不勤"为"不尽",等等。

于社会上层的墓主对'竹林七贤'的仰慕"。[1]而山阳——也就是现在的河南修武县——正是七贤聚会的地方。旧题陶渊明所著的《四八目》（后称《圣贤群辅录》）载录七人之名，称其"魏嘉平（249—254）中，并居河内山阳，共为竹林之游"。七贤之一的向秀，曾与嵇康一起打铁，又"共吕安灌园于山阳"，嵇康、吕安遇祸之后，他迫于压力出仕，在前往洛阳途中经过山阳，听到邻笛嘹亮，遂写下了著名的《思旧赋》，其中特别提到："济黄河以泛舟兮，经山阳之旧居。瞻旷野之萧条兮，息余驾乎城隅。"[2]"山阳笛""山阳赋"，成为人人皆知的典故。袁宏著《竹林七贤传》；戴逵及稍后之沈约皆著有《竹林七贤论》；孙绰制《道贤论》，以天竺七僧比竹林七贤；与陶渊明交好的颜延之写过《五君咏》描述竹林七贤，写向秀一首末句即为"恻怆山阳赋"；谢灵运《昙隆法师诔》，引用嵇康居住山阳二十年不见其喜愠之容的典故，称道法师"山阳靡喜愠之容"。刘宋之后，"山阳"仍频频在诗文中出现，任昉、刘令娴、庾肩吾、庾信、周弘让、张正见等梁陈诗人，均曾在诗中运用"山阳"的典故，抒写友情、游宴或者音乐的感人力量。从现存六朝诗文中提到山阳的例子看来，几乎无一例外都和竹林七贤有关。

---

[1] 见张可礼，《东晋文艺综合研究》，第 97 页。司白乐（Audrey Shapiro）有专著论述这些壁画以及竹林七贤在东晋南朝的文化影响。见 *Contemplating the Ancients: Aesthetic and Social Issues in Early Chinese Portraiture*。
[2] 《全上古三代秦汉三国六朝文·全晋文》卷七十二，第 1876 页。此赋收入《文选》，影响更著。

我们可以总结说：山阳在东晋南朝是一个具有特定所指的地名，它在当时读者心目中直接引发的联想，不会是山阳公，必定是竹林七贤。

既然"山阳归下国，成名犹不勤"中的"山阳"指竹林七贤，这两句诗又该作何解释呢？我们知道，竹林七贤中除了嵇康被祸之外，其他六人都终于出仕，下国者，诸侯之封地，归下国，即指出仕而言。[1] 刘伶曾作《酒德颂》，提出"天生刘伶，以酒为名"。其实何止刘伶以酒为名，竹林七贤全都好酒善饮，以沉酣放纵得名。详此，则"成名犹不勤"一句当可迎刃而解，盖暗示六贤相继出仕，没有坚持"以酒为名"耳。

回归于"酒"

这样的解说，把我们带回到《述酒》一诗的主题。竹林七贤最为著名的特点，就是他们好酒善饮："七人常集于竹林之下，肆意酣畅。"王戎从黄公酒垆下过，想起当年"与嵇叔夜、阮嗣宗共酣饮于此垆"；诸阮以大瓮盛酒，与猪共酌；嵇康醉后，"傀俄若玉山之将崩"；山涛"饮酒至八斗方醉"。[2]

---

[1] 王粲《赠士孙文始》一诗，即有"四国方阻，俾尔归蕃。尔之归蕃，作式下国"之句。按士孙封侯，此诗是王粲在其就国之前写的送别诗。《先秦汉魏晋南北朝诗·魏诗》卷二，第358页。

[2]《世说新语笺疏》，第727页，《任诞》篇；第637页，《伤逝》篇；第734页，《任诞》篇；第609页，《容止》篇。《晋书》卷四十三，第1228页，《山涛传》。

沈约有言："慢形之具，非酒莫可，故［嵇、阮二生］引满终日，陶瓦尽年。酒之为用，非可独酌，宜须朋侣，然后成欢。刘伶酒性既深，子期又是饮客，山、王二公，悦风而至"云云。[1] 对"山阳"的辨析启示我们：也许我们应该按照一般的阅读惯例来考虑《述酒》，也就是说，在没有版本证据的情况下，在发现任何文本证据之前，不把"隐晦的政治寓言"作为先入为主的指导思想对之加以破译，而是依从它的标题，从酒出发，对它进行解读。

让我们先检视"山阳归下国，成名犹不勤"的上下文：

> 诸梁董师旅，羊胜丧其身。
> 山阳归下国，成名犹不勤。
> 卜生善斯牧，安乐不为君。

在这里，首先值得我们注意的是第二行的异文：羊，一作芊（实当为芈）。问题在于，这一异文不是原本就有的，而是宋人"以意径改"的结果。为什么要改羊为芊？李公焕引黄庭坚曰："芊胜，白公也。沈诸梁，叶公也，杀白公胜。"白公胜本楚平王太子建之子，后逐楚惠王自立，被大臣沈诸梁所杀。事见《史记·楚世家》。这一指认，诚如袁行霈所言："以楚国之内乱暗喻晋朝内讧，至于具体所指

---

[1]《七贤论》，见《全上古三代秦汉三国六朝文·全梁文》卷二十九，第3117页。

难以确定，众说纷纭，均未切。"[1]其实，这里根本没有必要修改原文来自圆其说。汤汉已经承认："梁孝王亦有羊胜之事。"不过，他以为这是诗人"故以二事相乱，使人不觉也"。假使我们不为"政治寓言说"所囿，我们就会意识到：诸梁指的正是西汉时期梁孝王的几个臣子，"齐人羊胜、公孙诡、邹阳之属"。其中羊胜、公孙诡鼓动梁王谋争太子之位，刺杀朝臣爰盎，被景帝下令追捕，终于自杀。"梁王始与胜、诡有谋，阳争以为不可，故见谗。……及梁事败，胜、诡死，孝王恐诛，乃思阳言，深辞谢之。"后来，还是邹阳帮助梁王定计脱难。陶诗的"诸梁"，当指梁王群臣而言。"董"训为都督。董师旅者，诸梁臣助王谋逆之谓也。

根据《西京杂记》卷四中的记载：梁孝王游于忘忧之馆，使诸士为赋。邹阳所制，正是《酒赋》，在赋中感叹酒之为物，清浊不一："嗟同物而异味，叹殊才而共侍。"羊胜则写了一篇《屏风赋》。其余诸人，如枚乘、公孙诡等，各有所作。《西京杂记》托名刘歆（约公元前53—公元23），旧题葛洪（283—343）所撰，经学者考证，至少是公元三世纪之后的作品，而邹阳在《酒赋》中对酒的描写，也确实很像后人根据当时历史编写出来的，以暗喻梁王麾下"清浊异味"的侍从之臣。[2]以陶

---

[1]《陶渊明集笺注》，第297页。
[2] 见成林、程章灿译注的《西京杂记全译》前言，第1—15页。康达维（David Knechtges）曾撰文《〈西京杂记〉中的赋》，对书中收录的赋，包括系于邹阳名下的《酒赋》，进行了详尽考证，得出其撰写时间不早于公元三世纪的结论。David Knechtges, *Court Culture and Literature in Early China*, pp. 433–452.

渊明之"心好异书",想必熟知梁孝置酒、诸臣为赋的故事。这里具有讽刺性的是:写作《酒赋》的邹阳得以全身远害,而其他梁臣反而丢掉了性命,一方面就像《酒赋》中说的,"清者圣明,浊者痴呆";另一方面,好酒、识酒者,未必不是现实生活中的智者,由此直入下文的竹林七贤,感叹他们"成名犹不勤"。

从竹林七贤"成名不勤",或遇祸杀身,或被迫出仕,诗人联想到养生的重要。下联"卜生善斯牧,安乐不为君",是对《庄子》故实的熟练运用。黄文焕曰:"用子书'牧乎君乎'之语",极是。不过,黄文焕致力于政治诠释,没有注意到《齐物论》里这段著名的话和饮酒的关系:

> 梦饮酒者,旦而哭泣;梦哭泣者,旦而田猎。方其梦也,不知其梦也,梦之中又占其梦焉,觉而后知其梦也。且有大觉而后知其为大梦也,而愚者自以为觉,窃窃然知之,君乎,牧乎?固哉!

这段话意思是说:那些梦见饮酒作乐的人,早晨也许会因为什么事而哭泣;那些在梦里哭泣的,早晨却开心地打猎去了。做梦的时候,不知道自己是在做梦,甚至还要在梦里占卜自己的梦,梦醒之后才知道刚才是在做梦。只有大彻大悟的人才知道我们的生命就是一场大梦,而那些愚昧的人,自以为清楚地知道这一切都是怎么回事,还在孜孜于什么"君乎、牧乎",贵啊贱啊的区别,这实在是固陋得很了。

东晋时代，老庄学说大行。在《庄子》中，个人的养生，君主的治国，都与放牧的意象有密切的关系。这可以在下面几个例子中看出：

1.《骈拇》篇："臧与谷，二人相与牧羊而俱亡其羊，问臧奚事，则挟策读书；问谷奚事，则博塞以游。二人者，事业不同，其于亡羊均也……天下尽殉也。彼其所殉仁义也，则俗谓之君子；其所殉货财也，则俗谓之小人。其殉一也，则有君子焉，有小人焉。若其残生损性，则盗跖亦伯夷已，又恶取君子小人于其间哉。"

2.《达生》篇："开之曰：'闻之夫子曰，善养生者，若牧羊然，视其后者而鞭之。'"

3.《徐无鬼》篇：[黄帝问牧马小童如何治理天下，小童答道]"夫为天下者，亦奚以异乎牧马者哉！亦去其害马者而已矣。"

回头再看陶渊明诗句，诗意应该很明白了。"君，贵也；牧，圉贱也。"（林希逸注"君乎牧乎"语）"卜生善斯牧"者，卜占/推断此生，应当善于为牧，善于养生，以贫贱为美；"安乐不为君"者，即商山四皓"富贵之畏人兮，不如贫贱之肆志"之谓。逯钦立以为用西汉卜式牧羊事，也通。按卜式乃汉武帝时人，《汉书》有传："初式不愿为郎，上曰：'吾有羊在上林中，欲令子牧之。'"岁余，"羊肥息。

上过其羊所,善之。式曰:'非独羊也,治民亦犹是矣。以时起居,恶者辄去,毋令败群。'上奇其言"。班固所记载的汉帝与卜式的对话,分明是对《庄子》的搬演。卜式不愿为郎,不贪富贵,也就是不愿"为君"之意。但无论"卜生"是否用到卜式的典故,都不影响我们对此联的解读。

关于"卜生善斯牧,安乐不为君",还需要再补充一则故事:王嘉(?—390?)《拾遗记》卷九称晋武帝为抚军将军时,有一羌人,姓姚名馥,字世芬,充厩养马,妙解阴阳之术。好读书,嗜酒,每醉时好言帝王兴亡之事。常叹云:"凡人禀天地之精灵,不知饮酒者,动肉含气耳,何必土木之偶而无心识乎!"好啜浊嚼醋,常言渴于醇酒,同辈狎弄之,呼为"渴羌"。及晋武践位,奇其倜傥,准备擢为朝歌酒宰。馥辞曰:"老羌异域之人,远隔山川,得游中华,已为殊幸,请辞朝歌之县,长充养马之役,时赐美酒,以乐余年。"帝曰:"朝歌纣之故都,地有美酒,故使老羌不复呼渴。"姚馥高声应对道:"马圈老羌,渐染皇化,普天夷貊,皆为王臣。今若欢酒池之乐,更为殷纣之民乎?"晋武帝大悦,改授其为酒泉太守,酒泉"地有清泉,其味若酒",故此得名。馥乘醉而拜受之。在酒泉为善政,民为立生祠云云。老羌宁愿养马而不肯任职朝歌,可以视为对卜式故事的继承。

通释全诗

以上解说,串讲了"山阳归下国"前后数句;下面,让我们试着以酒为纲，通读全诗。

> 重离照南陆，鸣鸟声相闻。
> 秋草虽未黄，融风久已分。

《易·说卦》："离也者，明也，万物皆相见，南方之卦也。"重离即重明之谓。重明可指日月，西晋诗人傅咸《赠何劭王济》一诗即有"二离扬清晖"之语，故云："重离照南陆。"重明也指重瞳。《淮南子·修务训》："舜二瞳子，是谓重明"；王嘉《拾遗记》卷一有这样的记载：尧时，"有祇支之国献重明之鸟，一名双睛，言双睛在目。状如鸡，鸣似凤，时解落毛羽，肉翮而飞，能搏逐猛兽虎狼，使妖灾群恶不能为害。饴以琼膏。或一岁数来，或数岁不至。国人莫不洒扫门户，以望重明之集"。《述酒》伊始，从日月重明，引起重明鸟的联想，遂转入下文"鸣鸟声相闻"也。

下联讲述酿酒季节。融风乃条风、炎风别名，指东北风，以立春之日至。是联谓秋草虽未枯黄，但春天已经离开很久了。联系到诗的开头两句，我们看到诗人描述的季节是初秋而非深秋。此时春酒已成，谷物丰收，可酿新酒。曹植《酒赋》说："或秋藏冬发，或春酝夏成。"《西京杂记》卷一记载："汉制：宗庙八月饮酎，用九酝、太牢……以正月旦作酒，八月成，名曰酎，一曰九酝。"《齐民要术》记载了种种不同的酿酒方法，有六、七月作之者，有八、九月作之者。九、十月间桑落时，容易掌握发酵温度，是酿酒的最佳时节。

下面四句，着意刻画衡、湘一带的山水胜境，因为此地在两晋南朝时代出产酃渌名酒之故：

> 素砾皛修渚，南岳无余云。
> 豫章抗高门，重华固灵坟。[1]

水质对酿酒来说关系极大。既然能看到水底石子晶莹闪烁，可见水源清澈。首句诗意甚明，不劳词费。据罗含（约四世纪中后叶）《湘中记》记载："湘水至清，虽深五六丈，见底了了。石子如樗蒲矢，五色鲜明。白沙如霜雪，赤岸如朝霞。"可与此句互相发明。南岳即衡山，在荆州。《湘中记》又曰："衡山九疑，皆有舜庙。遥望衡山如阵云。"五世纪初盛弘之所作的《荆州记》曰："衡山有三峰极秀。一峰名芙蓉峰，最为竦桀，自非清霁素朝，不可望见。"[2]

这里应该顺便提到，在公元四世纪，如果说起南岳衡山，恐怕没有人会不想到南岳夫人。南岳夫人魏华存（252—334），字贤安，是西晋司徒魏舒（209—290）之女。幼而好道。适南阳刘文，生二子，长名璞，次名瑕。后夫死，晋乱，夫人携二子渡江，长子先后任庾亮、桓温的司马，次子

---

[1] 素砾皛修渚一作素襟辉修渚；虚一作灵。
[2] 后来韩愈作《谒衡岳庙诗》："我来正逢秋雨节，阴气晦昧无清风。潜心默祷若有应，岂非正直能感通？须臾净扫群峰出，仰见突兀撑青空。"苏轼《韩文公庙》遂有"公之精诚，能开衡山之云"的说法，可见衡山云之有名。盛弘之引文见《艺文类聚》卷七，第133页。

任陶侃的从事中郎将。魏夫人于晋成帝咸和九年也即334年"化形"入山,十六年后白日升天,授职南岳夫人。据范邈(约五世纪初)撰《紫虚元君南岳夫人内传》(又称《南岳魏夫人内传》)载:南岳夫人曾在受封后设"琼苏绿酒"款待诸仙,其中包括本诗后面将要提到的仙人王子乔。

衡山东南有酃县,县有酃湖,土人取此水以酿酒,其味醇美,就是所谓的酃酒。义熙十二年(416),刘裕伐姚泓,道遇魏将长孙嵩,"裕于舟中望嵩麾盖,遗以酃酒及江南食物,嵩皆送京师"。[1]直到刘宋元嘉二十七年(450)北伐,宋文帝遣奉朝请田奇"饷[魏太武帝拓跋焘]以珍羞异味",其中仍包括酃酒:"焘得黄甘,即啖之,并大进酃酒。"[2]据《齐民要术》,酃酒正是"九月中"酿作的。[3]晋张载《酃酒赋》也说:"造酿以秋,告成以春。"[4]渌酒与酃酒齐名,出自豫章郡。据盛弘之《荆州记》:"渌水出豫章康乐县,其间乌程乡,有酒官取水为酒,酒极甘美,与湘东酃湖酒,年常献之,世称酃渌酒。"[5]按公元280年,晋平吴,遂"荐酃渌酒于太庙"。渡江以后,晋简文帝咸安二年也即372年,"初荐酃渌酒于太庙"。[6]

重华即帝舜,因重瞳而得名,这也令我们想到本诗开

---

[1]《魏书》卷二十五,第644页。
[2]《宋书》卷九十五,第2352页。
[3]《齐民要术》卷六十六,第395页。
[4]《全上古三代秦汉三国六朝文·全晋文》卷八十五,第1950页。
[5]《文选》注,卷三十五,第1610页。
[6]《晋书》卷三,第72页;卷九,第221页。

始时的"重离"。舜死后,葬于苍梧之野,属古时零陵地界(见《史记·五帝纪》,《山海经》之《大荒南经》《海内经》)。苍梧产名酒,在曹植《酒赋》和晋代诗人张华的诗《轻薄篇》里面都提到过,"宜城醪醴,苍梧缥清","苍梧竹叶青,宜城九酝酒"。傅玄《七谟》:"于是乃有苍梧之九酝,中山之醇清。"重华虚坟,则舜实不死也,即所谓尸解登仙。

豫章郡和酒的联系不止于渌酒。据说东汉末年,成都人栾巴曾任豫章郡太守,时庐山庙有神,"能于帐中共外人语,饮酒,空中投杯"。栾巴至郡,便失神所在。栾巴识其为妖邪,追杀之,从此豫章郡"妖邪一时消灭"。后征为尚书郎,"正旦大会,巴后到,有酒容,赐百官酒,又不饮,而西南向噀之。有司奏巴不敬,诏问巴,巴曰:'臣乡里以臣能治鬼护病,生为臣立庙,今旦有耆老皆来臣庙中享,臣不能早委之,是以有酒容。臣适见成都市上火,臣故漱酒为尔救之,非敢不敬。当请诏问,虚诏抵罪。'"皇帝派人向成都问讯,果然说"正旦食后失火,须臾有大雨三阵从东北来,火乃止。雨着人皆作酒气"云。[1]栾巴噀酒救火的故事十分出名。在《神仙传》里,栾巴升仙而去;但在范晔的《后汉书》里,我们得知栾巴因上书诤谏触怒皇帝,自杀而死。[2]

上面四句记叙了美酒产地;下面二句描述世人对酒的渴望:

---

[1] 葛洪《神仙传》。引自《太平广记》卷十一,第75—76页。
[2] 《后汉书》卷五十七,第1841—1842页。

流泪抱中叹，倾耳听司晨。

对充满忧愁烦恼的世人来说，酒是销忧之物，故渴盼酒熟。《齐民要术》引《食经》，记载了一种"作夏鸡鸣酒法"，"今日作，明旦鸡鸣便熟"。[1]王嘉《拾遗记》卷九则曰："张华为九酝酒，以三薇渍曲蘖，蘖出西羌，曲出北胡。胡中有指星麦，四月火星出，麦熟而获之。蘖用水渍麦三夕而萌芽，平旦鸡鸣而用之，俗人呼为鸡鸣麦。以之酿酒，醇美，久含令人齿动。若大醉，不叫笑摇荡，令人肝肠消烂，俗人呼为消肠酒。或云醇酒可为长宵之乐，两说声同而事异也。闾里歌曰：宁得醇酒消肠，不与日月齐光。言耽此美酒，以悦一时，何用保守灵而取长久。"《汉武帝别国洞冥记》云："有远飞鸡，夕还则依人，晓则绝飞四海，朝往夕还，常衔桂枝之实，归于南山，或落地而生，高七八尺，众仙奇爱之，刡以酿酒，名曰桂醪，尝一滴，举体如金色。"[2]

关于酒能销忧，最有名的诗句当数曹操《短歌行》："何以解忧？惟有杜康。"但是最有名的传说，则是把"忧愁"具体化为一个怪物的故事。《搜神记》卷十一："汉武帝东游，未出函谷关，有物当道，身长数丈，其状象牛，青眼而曜睛，四足入土，动而不徙，百官惊骇。东方朔乃请

---

[1]《齐民要术》卷六十六，第395页。
[2]《隋书·经籍志》题郭氏撰。《旧唐书》始署郭宪（公元一世纪）之名，想必是伪托。此书从隋到宋，卷帙不断增长，可见掺入不少后人的杜撰。《汉魏六朝笔记小说大观》，第133—134页。

以酒灌之，灌之数十斛而物消。帝问其故，答曰：'此名为患，忧气之所生也。此必是秦之狱地，不然则罪人徒作之所聚。夫酒忘忧，故能消之也。'"这个故事在梁朝殷芸（471—529）的《小说》卷二中再次出现而稍有变形，怪物形状由数十丈的牛形缩小为"虫，赤色，头目牙齿耳鼻悉尽具"。发现此物的地点，就在武帝的甘泉宫中。东方朔的回答详细了许多："此'怪哉'也。昔秦时拘系无辜，众庶愁怨，咸仰首叹曰：'怪哉怪哉！'盖感动上天，愤所生也，故名'怪哉'。此地必秦之狱处。"察看地图，"果秦故狱"。又问："何以去虫？"朔曰："凡忧者得酒而解，以酒灌之当消。""于是使人取虫置酒中，须臾果糜散矣。"[1]

在刘敬叔（约430—470）《异苑》卷三里，记载了这样一个故事："晋义熙中，江陵赵姥以酤酒为业，居室内土忽自隆起，姥察为异，朝夕以酒酹之。尝有一物出，头似驴，而地初无孔穴。及姥死，邻人闻土下有声如哭。后人掘地，见一异物，蠢蠢而动，不测大小，须臾失之，俗谓之土龙。"[2]刘敬叔的《异苑》，是明人胡震亨（1569—1645）号称在旧书堆里发现的。假如我们能够相信这个故事的确来自刘宋，记载了东晋末年的一则传闻，那么，陶渊明的"流泪抱中叹，倾耳听司晨"，就更是容易得到时人的认同。

---

[1]《汉魏六朝笔记小说大观》，第1027页。
[2] 同上书，第615页。

诗的上一联讲述对酒的渴望,下一联讲述得酒,与酒的神奇来源:

> 神州献嘉粟,西灵为我驯。[1]

从陶渊明《读山海经》组诗中,我们知道陶渊明对《穆天子传》的熟悉与了解。《穆天子传》讲述周穆王西征,"至于赤乌,赤乌之人其献酒千斛于天子,食马九百,羊牛三千,穄麦百载"。穆王在赤乌"取嘉禾以归,树于中国"。"神州献嘉粟",即此之谓。离开赤乌之后,穆王继续西行,至于西王母之邦,"觞西王母于瑶池之上"。西灵可指西王母,但也可泛指西方之神灵。[2]"西灵为我驯"者,西灵被我驯服之谓,也即楚辞《远游》中"驰六龙于三危兮,朝西灵于九滨"之意("朝"训为"召")。

到了东晋时代,西王母已由《山海经》中"豹尾虎齿而善啸"的怪物,转化为修短得中、容颜绝世的道教最高女神。西王母和人间的渊源,也因为种种志怪小说的演义而变得更为密切。《拾遗记》卷三记载西王母来降周穆王,"荐清澄琬琰之膏以为酒"。《汉武帝内传》记载汉武帝与西王母的会晤,比《拾遗记》更为详细:"母自设膳,膳精非常……

---

[1] 灵,一作云,又作零。云(雲)与灵(靈)形似而误,零与灵音似而误。
[2] 又据《列仙传》记载,西汉时司马季主曾师从女仙西灵子都,在委羽山修道。《太平御览》卷六百六十四,第3094页。

清香之酒，非地上所有，香气殊绝，帝不能名也。"[1]

下面三联，是我们已在前面解说过的：

> 诸梁董师旅，羊胜丧其身。
> 山阳归下国，成名犹不勤。
> 卜生善斯牧，安乐不为君。

用羊胜丧生、邹阳全身、竹林七贤成名不勤的故事，把酒和避祸养生联系起来。

下面的诗句带来新的问题：

> 平生去旧京，峡中纳遗薰。

韩子苍改"平生"为"平王"，汤汉从之，并注："从韩子苍本。旧作生。"可见"平生"在此前陶集诸本中并无异文。时至今日，"平王"已经为大多数编校者、评论者所接受。更改文本以串讲文意，固然已是笺注者的下策；而且，就是在把"平生"改为"平王"之后，还是达不到一个让人满意的解释。[2]

---

[1]《汉武内传》特多道流之言，叙述道术经书极为详尽，其中记载女仙曲辞，与公元四世纪中期杨羲托以道教女仙下降而造作的神仙歌诗颇有相通之处，断为东晋或东晋之后的作品，差是。

[2] 本文旧稿曾就"平王"做过一番探索，但是这一番考证勉力迁就"平王"的说法，在当时和现在看来，都过于曲折牵强，不可从。

如果我们不对原文擅自更改，则综合诗的上下文来看，"平生去旧京，峽中纳遗薰"有可能是用了楚辞《远游》的典故。《述酒》一直把酒和超凡脱俗、养生益寿的神仙家言联系在一起，到诗的后半段尤其可以看得清楚。《远游》则写诗人愤懑时俗，决意离开故都，漫游求仙。如果我们对照两种文本，我们就会注意到，《述酒》中的很多词语、概念、意象，都是对《远游》的回声：

> 悲时俗之迫厄兮，愿轻举而远游。
> 质菲薄而无因兮，焉托乘而上浮。
> 遭沈浊而污秽兮，独郁结其谁语。
> 夜耿耿而不寐兮，魂茕茕而至曙……
> 闻赤松之清尘兮，愿承风乎遗则。
> 贵真人之休德兮，美往世之登仙。
> 与化去而不见兮，名声著而日延……
> 形穆穆以浸远兮，离人群而遁逸……
> 绝氛埃而淑尤兮，终不反其故都……
> 恐天时之代序兮，耀灵晔而西征。
> 微霜降而下沦兮，悼芳草之先零。
> 聊仿佯而逍遥兮，永历年而无成。
> 谁可与玩斯遗芳兮，晨向风而舒情。

《述酒》以前所说的"流泪抱中叹，倾耳听司晨"，也不过就是《远游》中"夜耿耿而不寐兮，魂茕茕而至曙"的意思。在《远游》中，诗人决定离开人群，轻举求仙（我们想到陶渊明在《连雨独饮》中"故老赠余酒，乃言饮得仙"），并说："与化去而不见兮，名声著而日延"，这正和《述酒》中对竹林诸贤走上仕途、"成名犹不勤"的描述相契合。在《远游》中，诗人随即离开"故都"，而这也就正是《述酒》中的"旧京"了。《远游》接下来重申不愿"久留此故居"，"吾将从王乔而娱戏"。王乔，即仙人王子乔，而《述酒》后文正提到"王子爱清吹，日中翔河汾"，毫无疑问地用到王子乔的典故。但两种文本的重合尚不止于此。

在"峡中纳遗薰"一句诗里，"遗薰"是个不寻常的词，在魏晋诗文中唯此一见而已。然而究其所以，"薰"即芳香之谓，"遗薰"不过是"遗芳"的意思，而"遗芳"在汉魏六朝极为常见。诗人不用"遗芳"而用"遗薰"，显而易见是为了押韵的缘故。这直承《远游》中的"玩斯遗芳"而来。

这里难解的是"峡中"。现存魏晋诗中"峡"字绝少见；晋宋之后凡用到"峡"者，绝大多数有具体所指，如三峡、巫峡、琵琶峡，不会仅仅泛称"峡中"。在这里，我们可以把"峡"理解为两山之间的山谷。在《远游》中，诗人表示要追随仙人，"朝濯发于汤谷兮，夕晞余身兮九阳。吸飞泉之微液兮，怀琬琰之华英"。[1]但实际上一种更可能的

---

[1] 应劭（约公元二世纪末）《风俗通》记载南阳郦县有甘谷（按南阳郡在汉代属荆州）："谷中水甘美，云其山上大有菊华，水从山上流下，得其滋液。谷中三十余家，不复穿井，仰饮此水。上寿者百二三十，中者百余岁，七八十者名之为夭。菊华轻身益气，令人坚强故也。"〔转下页〕

解释是,"峡"字与"狭"字通用,因此"峡中"应作"狭中"。按"峡"字有"狭窄"意,而且峡、狭同音,两个字通用或混用的情况在手抄本文化中时有发生。比如谢灵运《登山绝顶诗》"积峡忽复启",《北堂书钞》作"积狭忽复起"。又比如梁元帝《职贡图序》的"路之峡者,尺有六寸",郦道元《水经注》的"涧道之峡,车不方轨,号曰天险",峡、狭皆通用。"峡中"如解作"狭中",我们就有了一个著名的文本先例,这个文本一定是陶渊明及其同时代人所熟知的,那也就是竹林七贤之一的嵇康写给山涛的绝交书。在这封信里,嵇康称自己"直性狭中,多所不堪"。接下来嵇康又描述自己"至性过人,与物无伤,唯饮酒过差耳",并说:"今但愿守陋巷,教养子孙,时与亲旧叙阔,陈说平生,浊酒一杯,弹琴一曲,志愿毕矣。"把嵇康的话和《远游》中的"餐六气而饮沆瀣兮,漱正阳而含朝霞;保神明之清澄兮,精气入而粗秽除"联系起来,我们对"平生

[接上页] 这一故事从东汉末年到两晋,广为流传。陆机《要览》引用其说,葛洪《抱朴子内篇·仙药》卷十一复引之(陆机称"西阳山中甘谷"。按西阳在汉代亦属荆州治地,但有可能是传抄中"南阳"之误。见《陆机集》,第186页;葛洪,《抱朴子内篇》,第205—206页)。《太平御览》卷六十三引刘宋盛弘之《荆州记》曰:"菊花源傍悉生芳菊,被径浸潭,流其滋液,水极芳馨。谷中有三十余家,不穿井,仰饮此水,上寿二三百,中寿百余,其七八十者,犹不为寿。夫菊能轻身益气,令人久寿,于此有征矣。又后汉胡广字伯始,为侍中,久患风羸,南归,饮此水,遂瘳焉。"按胡广(91—172)本为荆州人,故云南归。因为诗的下文谈到"双阳"(也即重阳),又因为菊与酒和延年求仙的重重关系,故有此联想,姑录之备考。

去旧京,峡/狭中纳遗薰"的意义,就很容易理解了:选择"安乐不为君"的诗人,在描写自己精神上的自由徜徉,以"狭中"的天性而放弃人世,饮酒求仙。诗人在《述酒》中,糅合了错综复杂的文本意象,这不是一般意义上的"用典",而应该被称为一种"文本的联想"——对时人耳熟能详的文本进行巧妙的重新组织和建构,从而建立起一座充满历史回声的文本的迷宫。[1]

我们继续读下去:

> 双阳甫云育,三趾显奇文。

双阳,各本作双陵,曾集本、苏写本云,"陵一作阳",此处从一作。双阳即重阳。《齐民要术》记载桑落酒酿法,即称以九月九日"日未出前,收水九斗,浸曲九斗"。[2]强调日未出前,是为酿酒的温度着想。"双阳甫云育",可以理解为重阳刚刚开始。另一方面,我们也可把这一句理解为重阳之日美酒初成。据《西京杂记》卷三:人们于是日"佩茱萸,食蓬耳,饮菊花酒,令人长寿。菊花舒时,并采茎叶,杂黍米酿之,至来年九月九日始熟,就饮焉,故谓之菊花酒"。陶渊明与九月九日、菊花和酒的关系,本书第一、五章已经论述过。《九日闲居并序》和《饮酒》其七"秋菊有佳

---

[1] 参见本书附录三《停云》一诗评论中对"文本的联想"的进一步讨论。
[2] 《齐民要术》卷六十六,第389页。

色",都同时牵涉到菊与酒。值得重复强调的是:在陶渊明的时代,菊是服食之物,食菊为求长生,和隐士的高风亮节并无关系。这一点,王瑶已经在《文人与酒》一文中讲得很清楚。[1]正如曹丕在《九日与钟繇书》中所说:"岁往月来,忽复九月九日。九为阳数,而日月并应。俗嘉其名,以为宜于长久……至于芳菊,纷然独荣,非夫含乾坤之纯和,体芬芳之淑气,孰能如此。故屈平悲冉冉之将老,思飧秋菊之落英。辅体延年,莫斯之贵。谨奉一束,以助彭祖之术。"[2]在《读山海经》诗中,陶渊明表示希望借三青鸟向西王母传达他的请求:"在世无所须,惟酒与长年";在《述酒》诗里,重阳节之"久"和"酒"密不可分,并随即引起了下文关于三青鸟的联想:"三趾显奇文。"

三趾即三足乌。左思《魏都赋》:"莫黑匪乌,三趾而来仪。"司马相如《大人赋》称西王母"戴胜而穴处兮,亦幸有三足乌为之使。"成公绥《乌赋》:"有昆山之奇类,体殊形而三趾。凌西极以翱翔,为王母之所使。"这三足乌也正是陶渊明在《读山海经》里面提到专为西王母取食的三青鸟:"翩翩三青鸟,毛色奇可怜。朝为王母使,暮归三危山。我欲因此鸟,具向王母言。在世无所须,惟酒与长年。"

"奇文",当指西王母与周穆王在瑶池之上饮酒赋诗,《读山海经》称之为"高酣发新谣,宁效俗中言"者。西王

---

[1]《中古文学史论》,第172页。
[2]《全上古三代秦汉三国六朝文·全三国文》卷七,第1088页。

母的诗新奇不俗,自与其善饮相关。从此《述酒》转入对逍遥避世的描述,也就是"泛此忘忧物,远我遗世情"的境界:

> 王子爱清吹,日中翔河汾。
> 朱公练九齿,闲居离世纷。[1]

王子,王子乔或王子晋,据说本是周灵王(公元前571—前545在位)太子,后成仙去,喜乘鹤吹笙作凤鸣,游于伊河、洛水之间。南岳夫人曾设"琼苏绿酒"款待之。朱公,即陶朱公范蠡。范蠡助越王灭吴后,功成身退,泛海至齐,自号鸱夷子皮,在海边治生,遂成巨富。鸱夷不是别物,正是马皮(一说生牛皮)制成的酒袋。吴王夫差的忠臣伍子胥被迫自杀后,尸体被吴王装在鸱夷里面沉于江,范蠡取鸱夷子皮为号,是自警,也含庆幸之意。

西汉扬雄曾写过一篇《酒箴》,采取了鸱夷与水瓶的对话形式,以鸱夷代表酒徒,以水瓶代表"法度士":

> 观瓶之居,居井之眉,处高临深,动常近危。
> 酒醪不入口,臧水满怀,不得左右,牵于纆徽。
> 一旦叀碍,为瓽所轠。身提黄泉,骨肉为泥。

---

[1] 莫友芝本作"闲居杂世纷",离(離)与杂(雜)字形相近,"纷"字导致了"杂"的联想。

> 自用如此，不如鸱夷。鸱夷滑稽，腹如大壶，
> 尽日盛酒，人复借酤。常为国器，托于属车。
> 出入两宫，经营公家。繇是言之，酒何过乎？[1]

范蠡即陶朱公广为人知，范蠡成仙的传说在魏晋南朝一定也是人们耳熟能详的故事。嵇康在《圣贤高士传》里如是描写范蠡："范蠡者，徐人也，相越灭吴，去之齐，号鸱夷子。治产数千万，去止陶，为陶朱公，后累巨万。一曰：蠡事周师太公，服饮桂水，去越入海，百余年乃见于陶。一旦弃资财，卖药于兰陵，世世见之。"[2] 所谓周师太公，即太公望。《列仙传》上即有范蠡之名。据葛洪《神仙传》"孔安国"条，安国自称"昔事海滨渔父。渔父者，故越相范蠡也，乃易姓名隐，以避凶世，哀我有志，授我秘方服饵之法，以得度世"。甚至更有一种意见，认为范蠡是老子的化身。据《神仙传·老子传》："或云［老子］在越为范蠡，在齐为鸱夷子，在吴为陶朱公。皆见于群书，不出神仙正经，未可据也。"虽然如此，"见于群书"这一点很重要，说明魏晋时确实存在这样的说法，而且不止一本书提到过。这也间接提醒我们：陶渊明当年能够读到的"异书"，显然远比我们今天所能看到的要多。

最后需要谈一下"九齿"。九、久在中古汉语里同音，

---

[1]《汉书》卷九十二，第3712—3713页。
[2]《全上古三代秦汉三国六朝文·全三国文》卷五十二，第1346页。

"俗以为宜于长久"的重九佳节可证,因此,九齿即久齿,长生不老之谓。按人老则齿落,齿落更生是恢复青春的表现,是道家孜孜追求的境界。葛洪在《抱朴子》里屡屡谈到某某仙丹可使"发白更黑,齿堕更生",常服之可以长生不死。"或问坚齿之道。抱朴子曰:'能养以华池,浸以醴液,清晨建齿三百过者,永不摇动。其次则含地黄煎,或含玄胆汤及蛇脂丸、矾石丸、九棘散。则已动者更牢,有虫者即愈。又服灵飞散者,则可令既脱者更生也。'"[1]同时,九齿犹九龄,语本《礼记·文王世子》:"文王谓武王曰:'女何梦矣?'武王对曰:'梦帝与我九龄。'文王曰:'女以为何也?'武王曰:'西方有九国焉,君王其终抚诸。'文王曰:'非也!古者谓年龄,齿亦龄也。我百,尔九十,我与尔三焉。'文王九十七乃终,武王九十三而终。"郑玄(127—200)注:"九龄,九十年之祥也。"总而言之,"练九齿"就是修习长生不老之道。以"鸱夷子皮"为号的范蠡闲居避世,修炼成仙,把他和王子乔对举,良有以也。

峨峨西岭内,偃息得所亲。
天容自永固,彭殇非等伦。

峨峨西岭,可指众仙栖息的昆仑山,也可指"盘基彭蠡之西"的庐山(语见东晋湛方生《庐山神仙诗》序言)。

---

[1]《抱朴子内篇》卷十五,《杂应》。

偃息:安然休息。所亲指酒。王忱(?—392)曾说:"三日不饮酒,觉形神不复相亲。"[1]天容(上天的容颜)自永固,则无论彭祖寿七百、殇子夭亡于襁褓,皆非其伦也。[2]

饮酒与游仙:陶渊明对魏晋诗歌传统的继承与发扬

清人陶澍以为,《述酒》诗自"王子爱清吹"以下乃"楚辞思远游之旨",诚是。饮酒和闲居避世、全身养生,原本就是紧密相关的。在三世纪的诗歌里,饮宴主题,人生苦短、及时行乐的主题,以及远游求仙的主题常常纠结在一起,给后世造成了深远的影响。东晋的道教人物杨羲(330—387),曾师从魏夫人之子刘璞。公元365年,他自称真仙下凡,陆续以道教众女仙的口气造作了八十余首歌诗,后载录于陶弘景(456—536)的《真诰》。这些诗虽然很少受到文学史家的重视,但实在是我们研究东晋五言诗的宝贵资料。在这些诗里,我们看到神仙之辈常常提到饮酒:昭灵李夫人"纵酒观群惠";太虚南岳真人"奚不酣灵液(一作酒),晞目娱九裔"。号称西王母第二十女的紫微夫人有这样一首短歌:"龟阙郁巍巍,墉台落月珠。列坐九灵房,叩璈

---

[1] 《世说新语笺疏》,第763页,《任诞》篇。
[2] 董仲舒《春秋繁露》曾说人副天数,故人之首"象天容也"。有意思的是,陶渊明之前未见有用"天容"入诗者;陶渊明之后,鲍照两用之:《从拜陵登京岘诗》有"表里观地险,升降究天容"句;《还都口号诗》有"幽云惨天容"句。南齐张融的《海赋》又有"照天容于鳞渚"句。

吟太无。玉箫和我神，金醴释我忧。"[1]既然是神仙，何为尚需金醴解忧？紫微夫人歌的最后一句，似乎透露了这些诗原本出自人间。《真诰》里又记载，杨羲梦游蓬莱山，下山见到道友许穆（305—376），蓬莱仙公洛广休对许穆说："吾为汝置酒四升在山上，可往饮之。此太平家酒，治人肠也。谚曰：'欲得长生，饮太平。'"

陶渊明是一位深受文学传统影响的诗人。我们曾经在本书第四章里谈到，他的《连雨独饮》一诗在很大程度上可以视为对魏晋游仙诗的改写。在这首诗中，陶渊明最后把"得仙"归结为饮酒之后陶然自乐、神游宇宙的境界，但他无疑熟知文学中的求仙传统和当时流行的种种佛道故事。在魏晋游仙诗里，常见的叙事结构是求仙——遇仙——服食——成仙，在此基础上，诗人可以进行种种变形，或者求而未得，对神仙的存在表示疑惑；或者转向其他忘忧手段，包括修德进业，化治天下。如曹操《气出倡》《陌上桑》，都遵循了基本的游仙诗结构，而诗中谈到仙境，也必定提到"饮玉浆""酒与歌戏""乐共饮食到黄昏""主人行觞""食芝英，饮醴泉"，因为"饮食仙人酒肴"已是一种仪式化的程序，非如此，不能成就游仙诗的艺术结构及其在宗教、政治方面的仪式意义；但在《精列》《秋胡行》里面，曹操则从"思得仙药"转向人间，或表示人生皆有终，"君子以弗忧"，或表示"不戚年往，世忧不治"，以政治家的关怀结束

---

[1]《先秦汉魏晋南北朝诗·晋诗》卷二十一，第1103页。

全诗。在游仙诗的常见叙事结构中,"服食"的环节极为重要,诗人通常宣称仙药是由别人赠送的,赠者多半是神仙。比如曹丕的《折杨柳行》:"西山一何高,高高殊无极。上有两仙童,不饮亦不食。与我一丸药,光耀有五色。"曹植的《五游咏》:"王子奉仙药,羡门进奇方。服食享遐纪,延寿保无疆。"假如诗人本身不是王族成员,则往往担当起进献仙药的角色,如《董逃行》:"白兔长跪捣药虾蟆丸,奉上陛下一玉柈,服此药可得即仙。"《长歌行》:"来到主人门,奉药一玉箱。主人服此药,身体日康强。"在这些无名歌辞里,歌者总是献药者;接受仙药的,是他的"主人"。在建安诗人里,只有魏氏三祖毫不犹豫地以"主人"自居,他人未见如此者。[1]不过这种等级性的差别,到曹魏后期已经开始有所松动,比如嵇康《代秋胡歌诗》:"思与王乔,乘云游八极……授我神药,自生羽翼。"无题诗:"恒娥进妙药,毛羽翕光新。"诗人虽非皇族,也在诗中取得了服食仙药的特权。当然,嵇康是曹氏婿,因此或可仍然分享皇族的特权,但两

---

[1] 在宇文所安《中国早期古典诗歌的生成》(*The Making of Early Chinese Classical Poetry*)一书中,专辟"游仙"一章,在其中指出写作游仙诗歌在曹魏政权中的重要性:"宗教仪式不仅是宫廷生活的一部分,而且,东汉末年,发生张角领导的道教起义,后来,五斗米道的奉行者张鲁又在汉中建立起一个持续到公元215年的道教政权。很多学者都对曹操的道教诗歌感到困惑,把它们视为政治寓言,或是诗人年纪老迈之后感到的幻灭,或者只是游戏之作;但道教其实和当时的政治领域直接相关,宣称自己具有道教权威具有潜在的政治号召力。曹植和他的兄弟们尽可以嘲笑曹操召集在身边的道家方士,但在三世纪初期,对于一个明智的政治家来说,这和在身边聚集一批文士以保证建立起自己的文化权威没有任何区别。"

晋以来,"游仙"逐渐从皇族的专利,转化为一般士大夫皆能分享的传统,即如郭璞的《游仙诗》系列就是一个最佳范例。

陶渊明的《连雨独饮》诗,实在是对魏晋以来游仙诗的继承和改造。这里,陶渊明究竟是否相信神仙的存在不成其为一个问题。即如魏氏三祖,或在不同诗篇中,或在同一诗篇中,都曾既描写求仙遇仙、又否定神仙的虚无,与其视之为作者思想上的矛盾,或者不同时期、不同心境的反映,不如视之为文学表达的惯例。同样,陶渊明的"世间有松乔,于今定何闻",与其把它看成诗人对神仙的否认,不如把它当作诗人对魏晋文学传统的继承,因为对松乔发出的疑问,也早已成为魏晋诗中习语,可以找出大量的例证。陶渊明《连雨》诗的下文又说:

> 天岂去此哉?任真无所先。
> 云鹤有奇翼,八表须臾还。

在公元二、三世纪的歌诗中,诗人常常渴望化为飞鸟(诸如白鹤、黄鹄、鸿鹄、晨风或者只是朦胧的"比翼鸟"等等之类);在各种鸟类当中,"鹤"因为是传说中王子乔的坐骑、丁令威的化身,而变得格外具有仙气。上述诗句,令人想到曹丕的《善哉行》:"比翼翔云汉,罗者安所羁。冲静得自然,荣华何足为。"嵇康《述志诗》其一的结尾完全袭用了曹丕的诗句(如果的确是曹丕作品的话),只是稍微改动了句子的次序并加以铺展而已:"焦朋振六翮,罗者安所羁。浮游太清中，更求新相知。比翼翔云汉，饮露餐琼枝。多念世间人，凤驾咸驱驰。冲静得自然，荣华安足为。"冲静自然，翱翔八表，陶渊明的诗句实和前人一脉相承。

陶渊明的《杂诗》其十二，虽然可能只是片段，也可以分明看得出是一首典型的游仙诗：

> 袅袅松摽崖，婉娈柔童子。
> 年始三五间，乔柯真可寄。
> 养色含精气，粲然有心理。

何劭（236—301）、嵇康的《游仙诗》都以松树起兴："青青陵上松，亭亭高山柏。光色冬夏茂，根柢无凋落。""遥望山上松，隆谷郁青葱。自遇一何高，独立迥无双。愿想游其下，蹊路绝不通。"除了上文提到的曹丕《折杨柳行》之外，曹植《飞龙篇》也写到邂逅仙童："晨游泰山，云雾窈窕。忽逢二童，颜色鲜好。乘彼白鹿，手翳芝草。我知真人，长跪问道……神皇所造。教我服食，还精补脑。寿同金石，永世难老。"至于"养色含精气"，更是魏晋修炼养生的常谈。西晋文士牵秀（？—306）《王乔赤松颂》："妙哉松乔，禀此殊姿。含精握气，灵德是绥。"

再比如陶渊明的《拟古》其五：

> 东方有一士，被服常不完。
> 三旬九遇食，十年着一冠。

> 辛勤无此比，常有好容颜。
> 我欲观其人，晨去越河关。
> 青松夹路生，白云宿檐端。
> 知我故来意，取琴为我弹。
> 上弦惊别鹤，下弦操孤鸾。
> 愿留就君住，从今至岁寒。

　　这首诗中的"东方之士"，亦仙亦隐，实为深受魏晋游仙传统的影响。乐府《陇西行》曾如是描写天上景象："邪径过空庐，好人常独居。卒得神仙道，上与天相扶……天上何所有？历历种白榆。桂树夹道生，青龙对伏趺。"陶渊明诗中的"青松夹路生"分明是对"桂树夹道生"的回声。陶诗中"X有Y士"的句式也常常在游仙诗里出现，借以描写仙人。如曹植《苦思行》："绿萝缘玉树，光曜粲相晖。下有两真人，举翅翻高飞。我心何踊跃，思欲攀云追。郁郁西岳巅，石室青葱与天连。中有耆年一隐士，须发皆皓然。策杖从吾游，教我要忘言。"又如潘尼（约251—311）《游西岳诗》："驾言游西岳，寓目二华山。金楼虎珀阶，象榻璃瑁筵。中有神秀士，不知几何年。"再如郭璞《游仙诗》的"青溪千余仞，中有一道士。云生梁栋间，风出窗户里。借问此何谁。云是鬼谷子"；"翡翠戏兰苕，容色更相鲜。绿萝结高林，蒙笼盖一山。中有冥寂士，静啸抚清弦"。这里"云生梁栋间"和"静啸抚清弦"，都与陶诗"白云宿檐端""取琴为我弹"遥相呼应。此外，东晋名僧支遁、康僧渊的诗中,均曾以这种"中有××士"的句式来刻画超世绝尘的隐居得道之士,而这种得道之士往往也就是神仙。

上述这些例子使我们看到:陶渊明是一位善于继承文学传统的作家,他的诗文虽然具有强烈的个人特色,并未脱离时代的影响;《述酒》在结尾处把饮酒和游仙联系在一起,既反映了魏晋以来的诗歌传统,也与东晋人士向往老庄、追求养生的时代精神相契合,更是陶渊明本人一贯兴趣的直接体现。

结　语

自赵宋以降,人们对于《述酒》几乎无一例外地做出政治阐释,认为它"偶略言酒"者有之,认为它"题名'述酒'而绝不言酒"者更有之。[1]然而综上所述,我们可以看到,以饮酒释《述酒》并非是不可能的。只是一叶障目,致使历来的批评家从来没有想到,除了政治阐释之外,还可能存在不同的阐释角度,虽然从诗题出发来理解一首诗,原本是最自然不过的诠解方式。

问题是,为什么陶渊明诗风向来如此平易,集中突然出现这样一首"晦涩"的诗?这个问题,是许多论者在谈及这首诗时都曾提出过或者想到过的。正因没有更好的答案,人们才会认定这是诗人讽喻政治时事的结果(自晦其词,不

---

[1] 前者为蒋薰语,后者为温汝能语。见《陶渊明诗文汇评》,第206、208页。

使读者窥知真意）。但是假如提出的问题本身就存在问题，那么这样的问题所引发的答案只能进一步误导我们。

首先，对于陶渊明同时代人来说，《述酒》一诗未必"晦涩"。其次，陶渊明诗风的"平易"，在很大程度上是宋人在校定抄本异文时加以刻意取舍的结果。也就是说，面对唐代流传下来的不止"数十家"抄本，在"不知何者为是"的时候，北宋的编校者往往只保留在他们看来属于正确的选择，删除其他异文；而在他们看来属于正确的选择，往往是在上下文中最容易串讲的，意义最透明的，不带来任何阐释难题的。尤其是在陶渊明经过苏轼及其门人的鼓吹获得"无意为诗"的声名之后，对其诗文的阐释受到这一认识的极大局限。早在南宋，对陶渊明的解说已经没有多少回旋余地了，后人更是严守南宋遗留下来的阐释框架，不越雷池一步。其实，我们在阅读陶诗时，不应该囿于宋代人的观点，而应该记住南北朝时人阳休之的评价，所谓陶诗"往往有奇绝异语"者是也。

综观两宋诗话，我们会发现，宋人对唐诗（特别是杜诗）兴趣最浓厚，对六朝文学了解甚少，而在六朝文学中，基本上只推崇陶渊明一人，其他六朝诗人，至多也只是对杜甫称赞过的几位，如何逊、庾信，略假词色而已；至如陶渊明以外的东晋文人，莫不置之卑不足数。这样有选择的阅读造成的直接后果，就是陶渊明与其时代的彻底脱离，似乎陶渊明是一位高高在上地超越了历史时代、社会文化的诗人。这是对陶渊明极大的误解。陶渊明的阅读范围相当广泛，而他所受到的文学影响，在其诗文中表现得十分清楚，姑且不谈具体字句，只就诗赋主题来看，如《咏三良》《咏二疏》《咏荆轲》诸诗，从曹魏到东晋，已经形成了一个源远流长的诗歌传统；再比如《拟古》其九"种桑长江边"一首，往往被解释为伤悼易代，但是，其文学样范乃是郦炎（150—177）的《见志诗》和繁钦（？—218）的《咏蕙诗》；[1]《闲情赋》，作者自言乃从张衡、蔡邕的作品中得到灵感，又看到"缀文之士，奕代继作，并因触类，广其辞义"，遂乘"园间多暇，复染翰为之"；《感士不遇赋》也在其序言中自称受到董仲舒、司马迁的激发。文学作品固然可以反映作者一时一地的心境，但是，我们亦不能忽视文学传统自足自闭

---

[1] 郦炎《见志诗》其二的开头六句为："灵芝生河洲，动摇因洪波。兰荣一何晚，严霜瘁其柯。哀哉二芳草，不植太山阿。"《先秦汉魏晋南北朝诗·汉诗》卷六，第183页。繁钦《咏蕙诗》："蕙草生山北，托身失所依。植根阴崖侧，夙夜惧危颓。寒泉浸我根，凄风常徘徊。三光照八极，独不蒙余晖。葩叶永凋瘁，凝露不暇晞。百卉皆含荣，已独失时姿。比我英芳发。鹍鸠鸣已哀。"《先秦汉魏晋南北朝诗·魏诗》卷三，第385页。又有托名鬼谷子先生的《责苏秦张仪书》："若二君岂不见河边之树乎？仆御折其枝，波浪荡其根，上无径尺之荫，身被数千之痕，此木岂与天地有仇怨？所居然也。子不见嵩岱之松柏，华霍之檀桐乎？上枝干于青云，下根通于三泉，千秋万岁，不受斧斤之患，此木岂与天地有骨肉哉？盖所居然也。"此书虽系伪托，但袁淑《真隐传》有载，见引于《艺文类聚》卷三十六，则陶渊明在世时想已流传。《全上古三代秦汉三国六朝文·全上古三代文》卷八，第59页。唐朝杜光庭《录异记》所载稍微不同而更为全备，旨意也更加明确："二君足下，功名赫赫，但春到秋，不得久茂，日既将尽，时既将老。君不见……今二子好云路之荣、慕长久之功，轻乔松之永延，贵一夕之浮爵，痛焉悲夫二君，痛焉悲夫二君。"

的一面。"一首诗孕育另一首诗",固非妄谈。

如前所言,《述酒》一诗,如果放在魏晋时期的文学与文化背景下看待,未必显得特别晦涩。相反,陶渊明诗作中的许多词句,都可以在东晋时期遗留下来的其他诗歌里看到相似的影子。无论是支遁、康僧渊等人的作品,还是流行于四世纪的道教五言诗,还是浔阳一带的文人与庐山慧远唱和的诗作,往往可以和陶渊明的诗文相互发明。如果陶渊明每句必用"止"字的《止酒》诗,与庐山沙门每句必用"化"的《观化决疑诗》互为表里,是一首游戏于文字的作品,那么有什么理由不可以把《述酒》也视为这样的一首娱情之作呢?宋代文人对《述酒》清醒而严肃的解说,恐怕正是一种以己度人的诠释模式。

宋人对《述酒》一诗的政治阐释,令人想到清朝初年的一部奇书:《才子牡丹亭》。它是十八世纪初吴震生(1695—1769)、程琼(?—1730?)夫妇为汤显祖的剧作《牡丹亭》所作的一部笺释评点专著。在这部三十余万言的洋洋巨著里,作者完全以"情色"为出发点来评论《牡丹亭》,其奇特之处在于全剧几乎没有一字一句没有被评点者赋予一种色欲的解释。虽然《才子牡丹亭》以情欲作为阐释框架,《述酒》以政治寓言作为阐释框架,但都是从一个固定角度逐字逐句解说文本,并且在一定程度上言之成理。这让我们格外清楚地看到内在于阐释行为的任意性和文本自身具有的张力。为了避免阐释的误区,真正有效的解读应该是富有历史主义精神的解读,同时,也是意识到自身局限性的解读。

因此，有必要提醒读者：以"饮酒"来阐释《述酒》，也是有其阐释前提的，这一前提，就是《述酒》一诗篇题相应。手抄本文化所特有的文本流动性、随意性，使得中古时期文学作品的作者归属、题目、文集编排次序以及编选内容，常常发生混淆，譬如梁代萧氏父子兄弟的诗作相互羼杂；陶渊明著名的"采菊东篱下"一诗，现作《饮酒》组诗其五，而在《文选》和初唐类书《艺文类聚》中皆题作《杂诗》；《玉台新咏》中混入后代作品，作品排列次序也在抄写过程中有所改变。一些诗文被系于某一知名作者的名下，或是因为风格的相似，或是因为可以和作者生平事迹相互印证，或是有意作伪：曹植作品在其身后的逐渐增多，就是一个很好的例子。我们通常把作者身份及其生平事迹和作品标题当成文本解读的主要凭据，但是，一旦意识到在古典文学特别是中古文学中作者归属和作品题目的不稳定性，我们就会看到这一固有的诠释框架是多么脆弱。在治中古文学时，我们必须检视文本的原始状态，包括一篇作品的最早来源、异文、作者归属情况、在全集或选集中编排的顺序等等。有很多作者与版本方面的问题，并没有斩钉截铁的答案，这会直接影响我们对作品做出的阐释；而我们对作品做出的阐释，又会影响对一个作者做出的评估，并最终影响对整个文学史做出的判断。一方面，我们应该尽量把一篇作品置于它的当代文化语境进行考察和了解，避免受制于后代的评论视角；另一方面，"邻子窃斧"的故事，是我们面对一篇古典文学作品，特别是一篇中古文学作品时，应该常常记得的寓言。

附录三 陶诗选评

一　停　云 并序
二　时　运 并序
三　劝　农
四　命　子
五　责　子
六　形影神 并序
七　五月旦作和戴主簿
八　庚子岁五月中从都还阻风于规林二首
九　己酉岁九月九日
十　和刘柴桑
十一　饮酒其十三
十二　有会而作 并序
十三　拟古其一
十四　杂诗其五
十五　杂诗其十

（一）停 云 并序

停云，思亲友也。樽湛新醪，园列初荣。愿言不从，叹息弥_{一作想}襟_{一作深}。

霭霭停云，蒙蒙时雨。

何孟春注：停，凝而不散之意。徐幹《室思诗》："浮云何洋洋，愿因通我词；飘遥不可寄，徙倚徒相思。"浮云可以传信，但是停云却无法传信。凝而不散，既描绘实景，也象征闷闷的心情。时雨，是合时的雨，也是及时的雨；蒙蒙，表示不是大雨，而是所谓春雨绵绵。

八表同昏，平路伊阻。
静寄东轩，春醪独抚。
良朋悠邈，搔首延伫。

停云霭霭，时雨蒙蒙。
八表同昏，平陆成江。
有酒有酒，闲饮东窗。
愿言怀人，舟车靡从。

诗的前两节回环往复,但是在重复之中有变化,所以,词句的重复反而促使读者注意到它们的变形。在这两节诗中,从轩到窗,从抚到饮,就像从平路伊阻到平路成江一样,词语上的照应同时显示了意义上的递进。轩,可指窗,也可指有窗子的廊,意义的空间总之比窗大。在这里,轩应当是后一种意思,诗人才能寄身其中。而且从"延伫"二字来看,诗人尚未完全坐下,而是时坐时起,绕室徘徊。从轩到窗,暗示着走到或移坐到窗前。为什么会如此?想必是感到郁闷、要向外眺望的缘故。从抚到饮,同样也有情感的强化:抚,有"持"的意思,也有"抚摩"的意思,也就是说,诗人没有立刻饮酒,开始时,只是百无聊赖地把玩手中的酒,后来向窗外望去,发现天气越发阴沉,雨越发下个不住,前此还不过是道路泥泞、难以行走而已,现在,在想象中,河流涨水,陆地一定全部被春潮淹没了,朋友是不可能来访的了,心情越发郁郁,终于忍不住自斟自饮起来,但仍然只是慢慢地啜饮,也就是闲饮。

东园之树,枝条载—作再荣。

竟用新好—作竟朋新好,竟朋亲好,以招—作怡余情。

人亦有言,日月于征。

安得促席,说彼平生。

嵇康《与山巨源绝交书》:"今但愿守陋巷,教养子孙,时与亲旧叙阔,陈说平生,浊酒一杯,弹琴一曲,志愿毕矣。"

第三节的异文带来了一些问题。首先,"枝条载荣"一句,载、再声音相近,载是《诗经》以及后代诗歌中常见的字，郑玄把"载"解为"始"，正好符合诗序中"园列初荣"之意；此外，晋代诗人嵇康、潘尼都有"载荣"的说法。而"再荣"比起"载荣"，强调了树木生长的周期性，与下文的"新好"（指树木的新叶）相应。

其次，下面的两句可以有两种解释：

（1）竞用新好，以招／怡余情：树木争着用它们美好的新叶来激起我的感情／取悦于我。

（2）竞朋新好／亲好，以招／怡余情：朋、用字形相近，新、亲字音相近。朋，结交，引申为一起，如《山海经·北山经》："有鸟焉，群居而朋飞。"此句是说，东园之树发芽开花的枝条有如竞相亲热的新相知，激发起我的感情／取悦于我。这样一来，把东园之树拟人化；而且，自然万物的息息相关，从枝叶在风中的摩擦，鸟声的相和，都让诗人越发意识到自己的孤独。"朋"字与前面的"良朋悠邈"遥相呼应。

"竞朋新好"大概因为听起来比较拗口，所以各本多取"竞用新好"为正文，然而"竞用新好"比"竞朋新好"平淡得多了。我们不禁再次想到阳休之的话：陶诗"往往有奇绝异语"。其奈后人偏爱"平淡通顺"何！

或以为"竞朋"意即高朋，"亲好"谓亲戚好友；然而这一解释和上下文语意不相连贯；而且，"竞朋亲好、以招余情"构成一个完整的句子，"竞朋亲好"如解为亲朋友好，从句法上说，和"以"字无以相应。

在第三节里，树叶的新芽使得窗内的人想到四季代序，树有再荣，人却无复少年时，于是感到时间紧迫，越发希望见到好友。说彼平生，即回顾旧日时光，隐隐透露出衰老之感，因年轻人聚在一起高谈阔论，是不会有"平生"之感慨的。

翩翩飞鸟一作轻鸟，息我庭柯。

如作轻，则雨更是已经停了。让人想到杜甫《遣闷戏呈路十九曹长》："江浦雷声动昨夜，春城雨色动微寒。黄莺并坐交愁湿，白鹭群飞太剧干。"

敛翮闲止一作上，又作正，好声相和。

止：虫、鸟的栖息，人的居停。嵇康《琴赋》："非夫渊静者，不能与之闲止。"

岂无他人，念子实多。

《诗·郑风·褰裳》："子惠思我，褰裳涉溱。子不我思，岂无他人？"此处陶诗反其意而用之，同时也未免流露出一点埋怨的意思，好像是在暗示：如果你真的想念我，就应该提起衣裳涉水来看我。又《唐风·羔裘》："岂无他人？维子之故"（不是没有别的朋友，但是只有你是故人）；《秦风·晨风》："未见君子，忧心钦钦。如何如何，忘我实多。"陶诗似乎是说，朋友虽然"忘我"，我却"念子"依旧。

这里对《诗经》成句的引用，严格来说不算是"用典"，而是我们在论《述酒》时提到的"文本的联想",或者"文本的回声"。区别在于,用典比较明确具体,有特定所指;"文本的联想"则比较宽泛,诗人使用的一系列词语,与前代某一个文本遥相呼应,但是并不集中在某一字某一句,而是旨在引起读者的广泛联想。这一前提是读者和作者一样对前代文本极为熟悉,所以,联想是阅读过程非常自然的一部分,是直觉的,几乎是非理性与非逻辑性的。整个《述酒》一诗皆可视为"文本联想"的最佳范例。对我们后人来说,如果意欲重构陶渊明时代的"文本联想",我们应该知道陶渊明的同时代、同阶层人士对什么样的前代文本最为熟悉(这些文本应该首先包括老庄、《论语》、《诗经》、《楚辞》)。

愿言不获,抱恨如何。

窗内的人一定已经坐了很久,因为第四节里,雨似乎已经停了。下雨的时候,鸟儿翅膀沉重,不会四处飞翔,更不会好声相和;只有雨初停时才会纷纷飞出来在枝头晾干羽毛和鸣叫。鸟声相和,使窗内人加倍思念友人。但是人和鸟不同处在于,他只想念某一个特别的人,不愿理睬他人。这个特别的人不是"新好",而是故人,诗人可以和他在一起"说彼平生"。这一层意思,是对前一节中"新好"的反动:树木可以"再荣",可以有"新好",但是人与鸟兽树木不同的地方,就在于人是有记忆的。所以,大自然可以年年更新,而人却只是在怀旧,在记忆的重负下颠踬。

这四节诗,每一节的前四句都描写自然界的情景,后四句则描写人的感情。这也是典型的《诗经》作法。然而，树木和鸟儿在春雨中欣欣向荣，愉悦和谐，人却徘徊辗转，心怀郁闷。陶渊明向来被视为与大自然水乳交融，代表了所谓"天人合一"的中国文化特质，但是细读《停云》，我们看到的只是人与自然的对立与差异。自然万物欢迎春雨，人却因为春雨连绵而感到寂寞难耐；鸟儿在窗外"闲止"，人在窗内"闲饮"，虽然同一"闲"字，然而鸟儿在享受栖息和合群的乐趣，人却对交友十分挑剔，不能合群从众，因此不胜孤独；树木和鸟儿在春阴中欢然自得，人却对过去充满怀念，对现在充满遗憾。读书至此，我们想到孔子的喟叹："鸟兽不可与同群。非斯人之徒，吾谁与哉！"以语所安，所安云：此诗反用《论语》开篇"有朋自远方来，不亦乐乎"之意。

然而这首诗不是悲哀的诗。虽然雨水连绵，但这是春雨，不是秋雨。绿叶初生的树、好声相和的鸟，都显得生机盎然。诗人描写自己，用"静"，用"闲"，创造了十分舒缓的情调。诗人的情绪虽然寂寞，但是并不苦涩，末章的"恨"字是遗憾的意思，实在只是英文的 regret，悠悠的怅惘与感叹而已。

停 云 并序

停云,思亲友也。樽湛新醪,园列初荣。愿言不从,叹息弥襟。

霭霭停云,蒙蒙时雨。八表同昏,平路伊阻。
静寄东轩,春醪独抚。良朋悠邈,搔首延伫。

停云霭霭,时雨蒙蒙。八表同昏,平陆成江。
有酒有酒,闲饮东窗。愿言怀人,舟车靡从。

东园之树,枝条载荣。竞朋新好,以招余情。
人亦有言,日月于征。安得促席,说彼平生。

翩翩飞鸟,息我庭柯。敛翮闲止,好声相和。
岂无他人,念子实多。愿言不获,抱恨如何。

(二) 时 运 并序

时运,游暮春也。春服既成,景物斯和,偶景独游,欣慨交心。

《论语·先进十一》:

子路、曾晳、冉有、公西华侍坐。子曰:"以吾一日长乎尔,毋吾以也。居则曰:'不吾知也!'如或知尔,则何以哉?"子路率尔而对曰:"千乘之国,摄乎大国之间,加之以师旅,因之以饥馑,由也为之,比及三年,可使有勇,且知方也。"夫子哂之。"求,尔何如?"对曰:"方六七十,如五六十,求也为之,比及三年,可使足民;如其礼乐,以俟君子。""赤,尔何如?"对曰:"非曰能之,愿学焉。宗庙之事,如会同,端章甫,愿为小相焉。""点,尔何如?"鼓瑟希,铿尔,舍瑟而作,对曰:"异乎三子者之撰。"子曰:"何伤乎?亦各言其志也。"曰:"莫春者,春服既成;冠者五六人,童子六七人,浴乎沂,风乎舞雩,咏而归。"夫子喟然叹曰:"吾与点也。"

这个故事,是理解陶诗的关键。为什么孔子独独对曾晳的回答表示赞叹欢喜?《论语》没有加以解释。陶渊明说:"我爱其静。""静"字概括了陶渊明对《论语》故事的解读。

这一故事在两晋诗歌中常常被人引用。闾丘冲（？—311）《三月三日应诏诗》："暮春之月，春服既成。"潘尼《上巳日帝会天渊池诗》："青春暮月……春服既成。"在公元353年的兰亭盛会上，众人作诗多引曾晳语意。如王羲之的《兰亭诗》其一："代谢鳞次，忽焉以周。欣此暮春，和气载柔。咏彼舞雩，异代同流。"袁峤之："古人咏舞雩，今也同斯叹。"特别是桓伟的《兰亭诗》："主人虽无怀，应物贵有尚。宣尼遨沂津，萧然心神王。数子各言志，曾生发清唱。今我欣斯游，愠情亦暂畅。"值得注意的是，这些诗都把曾晳的理想境界视为现实。我们将会发现，这些诗和陶诗的主要区别在于，它们把现下的游览和曾晳理想中的游览做平行对比，认为现在重复了古代；而且，至少在上述诸诗里，诗人都是在"群游"的情况下即景写诗，没有人是像陶渊明这样"偶影独游"的。

迈迈一作霭，又作蔼时运，穆穆良朝。

"迈迈"是通行的选择，各家均以迈迈为行貌，并引《诗·王风·黍离》"行迈靡靡"，又引《尔雅·释言》："迈，行也。"但值得注意的是，在《黍离》及其他先秦文本里，"迈"一般来说只是单独使用并以动词出现，如《尚书·秦誓》"日月逾迈"，指日月运行，时光流逝。"迈迈"二字连用，在先秦文本中似只出现过一次，就是在《诗·小雅·白华》里："念子懆懆，视我迈迈。"《毛传》："迈迈，不悦也。"南朝《读曲歌》第四十一有"视侬转迈迈"句，直接沿用古意，而且可见所谓的"民歌"其实出于文人手笔，只不过把"我"变为"侬"，增加了一点地方风味而已。"迈迈"解为"往逝貌"，《汉语大词典》只举了陶诗为例，而这一般意味着陶诗是词典编者就这一词义所能找到的最早范例。在陶渊明之前使用"迈迈"者，尚有夏侯湛（243—291）的《庄周赞》："迈迈庄周，腾世独游。"但这里的"迈迈"乃超然不群之意，与行进无关。如《晋书·裴楷传》："楷风神高迈，容仪俊爽。"

现在让我们再回过头来看霭霭或蔼蔼，这也就是"霭霭停云"之霭霭。蔼、霭相通，霭霭形容云雾弥漫，引申为暗淡昏昧。司马相如《长门赋》："望中庭之蔼蔼兮，若季秋之降霜。"霭霭时运，也就是说四时茫茫运行，这与下文的"穆穆良朝"恰恰形成了鲜明的对比：昏茫暗昧的时运，明亮静穆的清晨。

"穆穆"在汉魏两晋诗歌中极为常见，多描写端庄恭肃的风貌或者言语态度的和美，源出《大雅·文王》"穆穆文王"。如韦孟《讽谏诗》："穆穆天子，照临下土。"陆机《赠武昌太守夏少明》："穆穆君子。"左思《悼离赠妹诗》："穆穆令妹。"陶渊明《命子》诗："穆穆司徒，厥族以昌。""穆穆"亦有时用以描述清风（"古诗"），惠风（嵇康），三春（傅玄）等等。如果心目中有这些诗句作为背景，可以想象美好的清晨犹如一个君王那样肃穆辉煌。十九世纪英国诗人华兹华斯的诗《1802年9月3日威斯敏斯特桥上作》正是以"端严"（majesty）描写都城晨景，并写道："在净无纤尘的空气中，万物灿烂光明"（All bright and glittering in the smokeless air），"我从未见过，或者感到过，如此深沉的宁静"（Ne'er saw I, never felt, a calm so deep）。可为"穆穆良朝"作注。

西晋王赞《三月三日诗》有云："招摇启运，寒暑代新。亹亹不舍，如彼行云。猗猗季月，穆穆和春。"与陶诗开头相类。值得注意的是"如彼行云"——把四时的运行比作行云，正和"迈迈时运"的描写契合。

袭我春服，薄言东郊。

薄言，助词无义，《诗经》中常用，如《周南·芣苢》："采采芣苢，薄言采之。"据孔颖达毛诗正义，《诗》中凡用到"薄言"，除《时迈》《有客》二诗训薄为始以外，"余皆为辞也"。王粲《赠士孙文始》："悠悠我心，薄言慕之。"郗昙《兰亭诗》："薄言游近郊。"

山涤余霭，宇暧微霄一作余霭微消。

余霭，指残存的夜雾。涤，洗涤，特指洗去不洁之物。第一句不是说"山涤于余霭"，而是说"山涤去余霭"。关于第二句，陶澍认为作"余霭微消"与上文语意重复，而"宇暧微霄"则是"暧暧远人村，依依墟里烟"之景状。此二句是说：在晴好的早晨，远山一洗夜雾，显得十分清楚，而村庄屋宇则被淡淡的炊烟笼罩。

有风自南，翼彼<small>一作我</small>新苗。

作"我"，则是身为地主的陶渊明在讲话了。也许这正是为什么古今陶集版本几乎不约而同地选择了"彼"。

关于"翼"，观汉魏晋诗，凡有用到"翼"字者，最多指"羽翼"；其次指"辅翼"，如陶渊明《命子》诗："御龙勤夏，豕韦翼商。"此外，也有以"翼"作为动词描写风势的，如曹植《应诏》："流风翼衡，轻云承盖。"石崇《还京》："迅风翼华盖，飘飘若鸿飞。"谢安《兰亭诗》："薄云罗阳景，微风翼轻航。"《晋成帝哀策文》："轻云荫轨，流风翼车。"宋孝武帝刘骏《济曲阿后湖诗》："和风翼归采，夕氛晦山嵎。"这几个例子中的"翼"都和"有风自南，翼彼新苗"里面的用法一致，是翼护、扶持、给予依凭的意思。扬雄《解难》中的"翼"用法相类，可以解为"凭借"："不阶浮云，翼疾风，虚举而上升，则不能撅胶葛，腾九闳。"陶澍引王棠语："新苗因风而舞，若羽翼之状。"以为陶诗是说新苗像鸟儿一样在风中展翅，是富于诗意的误解，何况也很难想象这样的一种意象。

洋洋平泽，乃漱乃濯。
邈邈遐景，载欣载瞩。
称心而言，人亦易足<small>一作人亦有言，称心易足</small>。
挥兹一觞，陶然自乐。

诗一开始，就给我们看到一种强烈的对比：一方面是四时的茫茫运行，一方面是光明美好的清晨。然而，对比不仅发生在明暗之间,也发生在苍茫的永恒和一个特定的日子之间。在"霭霭时运"的背景下,这个"穆穆良朝"显得格外短暂、脆弱,值得珍惜。

开始的时候,一切都很美好。诗人在暮春的清晨出游,在河水中漱濯,饮酒、远眺,自得其乐。但是就像在很多陶诗中那样,情绪逐渐发生了转变。陶渊明十分善于描写复杂的情感转折和心理变化,他写得成功的诗,没有一首是平直到底的。

延目中流,悠悠—作悠想清沂。

"悠悠"描写沂水,但是诗人面对的分明不是沂水——"悠想"更好地描述了横亘在诗人和孔门弟子之间的距离,同时也把诗人代入了曾皙的角色,因为——这一点很少得到人们的注意——曾皙当年,也不过只是在"悠想清沂"而已。

下面两句,即描写曾皙想象中的情境:

童冠齐业,闲咏以归。

齐业:逯钦立、龚斌、袁行霈皆注为"习完课业"或"课业完成",大概是因为下文有"归"字,所以认为一定是修习完了课业之后闲咏还家。海陶玮训齐为"一齐",把这句诗理解为"童者冠者共同修习课业"。杨勇认为齐同斋,斋戒居于外舍之谓。杨勇的解释恐怕是从"浴乎沂,风乎舞雩"产生的联想。按"斋"是指一个人在祭祀或其他典礼前整洁身心以表敬意,《礼记·祭统》有一段文字专门讲"齐"与"斋戒"之间的关系,认为斋戒的目的就是"整齐纷乱的心志",所以斋就是"齐"。王叔岷独辟蹊径,训业为"叙",以为此句是说"童子、冠者皆有次叙"。

这里值得我们注意的是,在曾皙的描述当中,没有任何关于修行学业或者整洁身心的说法。只是在河里沐浴,在祭坛上风干头发,随后唱歌回家——整个情境闲适而随意,和学业、斋戒毫无关系。这是一种理想的生活方式,一切都和谐美好;但更重要的,是一种心境:快乐、自足,没有人为的努力、挣扎、制约。如果不是这样,恐怕孔子也不会感叹"吾与点也"。然而,就是在这样一种闲适随意的生活方式与心境中,陶渊明看到了"业",看到了"业"之"有成"。这是一种什么样的"业"呢?

这两行诗句,是曾皙理想中的情景,更是陶渊明想象中的情景,所以虚之而又虚。

我爱其静,寤寐交挥。

交是"都"的意思。曹植《七启》"琴瑟交挥",意即琴瑟一齐弹奏。这里的"挥"字,丁福保依《说文》注曰:"奋也。"注意"寤寐交挥"之挥,也就是上文"挥兹一觞"之挥。然而上文陶然自乐,此处则辗转反侧。富有讽刺性的是,诗人努力求"静",正说明极不静,而且,越是努力追求,就越是不静。从心灵到身体,都昼夜不宁。

> 但怅一作恨殊世,邈不可追。

这里蕴含着更为强烈的反讽。诗人不得与曾点、孔子同时,因此怅恨不已,但是,就算是他与曾点同时,又能如何呢?"浴乎沂,风乎舞雩,咏而归"的生活,是曾点之"志"而已,不是现实。孔子命弟子各言其志,这几个弟子中,谁的"志"又最终得以实现了呢?

> 斯晨斯夕,言息其庐。

第一句诗,再次强调特定的时日:这一个日子从茫昧运转的四时中光彩四射地升起,似乎带来很多希望,但是随着时间流逝,它的光辉渐趋黯淡了。诗人郊游回来,"息"字与童者冠者"闲咏以归"遥相呼应。但不同的是,诗人乃是孤身一人。我们突然意识到,曾点的理想是非常精确地描绘出来的:曾点向往的,是一个由"同志者"组成的社区,不是孤身一人的高隐生活。曾点的理想,是一种社会性的理想——"非斯人之徒吾谁与?"孔门的高徒,永远都没有办法脱离人群。要说中国文化的特性,这才是中国文化的特性:一切文化理想都围绕着"关系"而建立,为个人在社会群体中找到容身之地。这并不像现代人所想象的那样会埋没个性——中国人只怕个性太强、不怕没有个性(这也就是为什么儒教得以产生)——为孜孜矻矻于抚平理顺种种粗糙尖锐社会关系的儒教提供了一个存在的前提。

如果我们想要理解一个文本,我们必须磨炼我们的注意力,就像侦探或者间谍一样耳聪目明,不放过任何细节。

在诗的前半,诗人常常用到"我"字("袭我春服""翼我新苗"),然而在第四节诗的第一联中,我们注意到,诗人写到自己的家,却只是说"其庐"。这种语气的转变说明了什么?《读山海经》第一首也曾连用"我"字以强调诗人的自足、自乐,如果是这样,那么,突然以第三人称的"其"字指称自己的屋宇,可以说突出了一种距离感和自我的异化。陶然于自然景观与酒的诗人已经相当清醒了。

花药分列,林竹翳如。

花药分列,这才是王叔岷谈到的"次叙"——在这种人为的自然清清楚楚的次序里,在树荫的遮蔽下,有一种深刻的寂寞在。

清琴横床一作膝,浊酒半壶。

我们想到嵇康《与山巨源绝交书》:"今但愿守陋巷,教养子孙,时与亲旧叙阔,陈说平生,浊酒一杯,弹琴一曲,志愿毕矣。"琴、酒固是,亲旧何在?半壶者,早晨的酒到现在已经喝了一半,另一半没有人陪他同喝。横膝,还有一点点热情;横床,意味着放弃,意味着保持距离。

清琴,清是虚;浊酒,浊是实。诗人不时玩一点小小的文字花巧,孤寂之中的小小安慰。

黄唐莫逮,慨独在余。

须知曾点也并不生活在黄唐时代,而陶渊明和黄唐时代之间，就更是横亘着双倍的距离，寤寐以求的沂水之游也是虚中之虚。"慨独在余"与前文的"陶然自乐"遥相呼应——无人与之同乐，则减乐；无人与之同慨，则倍慨——并且形成强烈的反差。我们意识到，"黄唐莫逮"仅仅是诗人怅恨感慨的一部分原因而已；令诗人最为怅恨感慨的，是"慨独在余"：曾点有孔子和他分享对黄唐时代的向往，诗人又有谁呢？

其他孔门弟子的理想皆针对于外界，唯独曾点的理想针对个人的生活方式，重点在于内在的心境。不过，虽然表面看来具有局部性，曾点的理想实际上隐含了一个大同世界的背景。试想，"浴乎沂，风乎舞雩，咏而归"的境界，如果不是太平盛世，又如何可以实现呢？难道在兵荒马乱的年代，个人可能拥有这样的奢侈吗？然而"黄唐莫逮"——孔子的喟叹，诗人的感慨，良有以也。

时 运 并序

时运,游暮春也。春服既成,景物斯和,偶景独游,欣慨交心。

迈迈时运,穆穆良朝。袭我春服,薄言东郊。
山涤余霭,宇暧微霄。有风自南,翼彼新苗。
洋洋平泽,乃漱乃濯。邈邈遐景,载欣载瞩。
称心而言,人亦易足。挥兹一觞,陶然自乐。
延目中流,悠悠清沂。童冠齐业,闲咏以归。
我爱其静,寤寐交挥。但恨殊世,邈不可追。
斯晨斯夕,言息其庐。花药分列,林竹翳如。
清琴横床,浊酒半壶。黄唐莫逮,慨独在余。

(三) 劝 农

劝农是一项重要的官方仪式，是上自皇帝下至地方官员的职责之一。作为官方仪式，它巩固了统治阶层与被统治阶层之间的界线，强调了自然秩序与社会秩序之间的对应与和谐，也是政治权力的象征性行使和加强。同时，它也是一种政治资本：地方官劝农，是为官贤明的标志，考察政绩的标准之一。《礼记·月令》中记载的孟春之月天子籍田之礼，便旨在劝农。行籍田礼之后，要宴饮群臣，以示慰劳。有意思的是，郑玄在此作注，特别强调天子在籍田时把耒耜放在车右和御者之间，"明己劝农，非农者也"。在劝农者和农者之间划分的界线是很分明的。这是我们需要记住的一点。

秦汉设置大农丞，各领一州，是为劝农官之始。此后在各个朝代，劝农都成为太守、县令这样的地方官员需要履行的政治职责之一。劝农是季节性的工作，因此，即使在唐有劝农使、在宋有劝农公事这样的名目，往往是兼职。沈德符（1578—1642）在《万历野获编》卷十二中谈到劝农，称"元世祖中统二年，令各路俱设劝农司，最为近古。本朝宣德初年，添设浙江杭、嘉二府属县劝农主簿。成化元年，添设山东、河南等各布政司劝农参政,及府同知通判县丞各一员。嘉靖六年,诏江南府州县治农官不得营干别差。其重农如此。至穆宗初,大槚出领江南龙袍,遂改劝农厅为织造馆。然余初有识时,尚见劝农旧匾于府署之门,今改换已久。问之人,不复晓各郡曾有此官矣"。但有清一代,仍规定"知县掌一县治理,决讼断辟,劝农赈贫,讨猾除奸,兴养立教"(《清史稿》卷一百一十六),把劝农视为一县之长的职责。

西晋作家束皙有讽刺性的《劝农赋》,是劝农成为文学题材之始。《晋书》本传称束皙的赋"文颇鄙俗,时人薄之"。陶渊明《劝农》诗和束皙《劝农赋》的不同之处在于,陶渊明并不讽刺劝农,而是正面劝农,但正面劝农也并非一本正经,其中有很多幽默与调侃;在这种调侃中,我们依稀看得到束皙的影响。因为"劝农"属于严肃的公共话语,诗人选择了四言的形式——在东晋,虽然五言诗已经成为相当流行的诗体,但是四言诗的地位依然非常稳固,在正式场合,或为了表示庄重,人们仍会采取四言,并不如一般所想象的,四言诗在魏晋已经处于日薄西山的状态了。

陶渊明写《劝农》诗,不一定是在做官的时候,虽然我们也不应排除这种可能。我们需要注意的是诗人如何把严肃的传统政治话语转化为机巧、幽默、时而语气暧昧的诗歌。

悠悠上古,厥初生民。
傲然自足,抱朴含真。

智巧既一作未萌，资待靡因。

《老子》："绝圣弃智，民利百倍；绝仁弃义，民复孝慈；绝巧弃利，盗贼无有。"《庄子》的《马蹄》《胠箧》两篇都有类似论述。资待：供给。待，即《庄子》"有待"之"待"，有所依赖与凭借之谓。凡人有待而至人无待，这是四世纪一个重要的玄学命题。刘孝标注《世说新语·文学》篇，引向秀、郭象对《庄子·逍遥游》的辨析："物之芸芸，同资有待，得其所待，然后逍遥耳。唯圣人与物冥而循大变，为能无待而常通，岂独自通而已。"又据《世说新语·雅量》，郗超钦崇释道安（314—385），"饷米千斛，修书累纸，意寄殷勤"。道安答书只是简单地说："损米，愈觉有待之为烦"（余嘉锡以为"愈觉"云云乃记事语，非安公语，误），即此"待"也。

谁其一作能赡之，实赖哲人。

赡：足也。这一联，与上文"傲然自足"形成对比。

第一节开头四句，描写理想中的远古黄金时代，百姓天真纯朴，傲然自足。在后四句中，文本的讹误舛缺，恰和上古真纯世界的败坏堕落两两相映，构成了绝妙的平行对照。诗的异文导致了相反的解读——"智巧既萌，资待靡因"，是说智巧一旦萌生，导致贪婪的欲望和激烈的竞争，供给无从满足需求，百姓开始缺乏资给。

"智巧未萌，资待靡因"：智巧尚未萌生，百姓无所求，故无所依赖，也就无所谓供给，如王叔岷所说的，"智巧尚未萌生，无所取，无所待也"。

无论我们选择哪一种异文，最后一联都使哲人一词带上贬义，也使得"劝农"成为堕落世界中无可奈何之举。哲人——聪明人——是堕落世界的产物，而他们的聪明使得本来就已经堕落的世界更加败坏；虽然表面上他们周济了百姓，但实际上他们使原本自足自乐的百姓必须有所依赖，这使百姓离"无待"的至人境界更远了。如果我们选择第二种读解，那么，哲人就更加不可饶恕了。

在诗的第一节里，诗人清楚地向我们显示：百姓之所以感到欠缺，不是因为实际的资给不够，而是因为智巧的萌生，因为欲望的膨胀。陶渊明对"足"的概念十分感兴趣，而他在诗中描绘的"足"，往往和"余"难解难分（见本书第四、五章）。《戊申岁六月中遇火》也描写了上古的理想国："仰想东户时，余粮宿中田。鼓腹无所思（一作且无虑），朝起暮归眠。"东户之民物质生活的丰饶，和他们的无忧无虑，恐怕是互为因果的。但是诗人随即说："既已不遇兹，且遂灌我园。"这样的决心，是接受现实的结果，就和《劝农》一样：既然我们已经失去了乐园，那就不如索性面对现实，勉力经营衣食。

> 哲人伊何，时维后稷。
> 赡之伊何，实曰播殖。
> 舜既躬耕，禹亦稼穑。
> 远若周典，八政始食。

《尚书·周书·洪范》:"八政,一曰食,二曰货,三曰祀,四曰司空,五曰司徒,六曰司寇,七曰宾,八曰师。"八种政教职司里面,农业居第一位。

这一节追溯农业的源头:后稷,舜,禹,直到周朝政府把"食"定为八政之首。从远古时代"傲然自足"的百姓,到上古躬耕的帝王,再到政府颁布的法令律典,其间已经隔了相当的距离。

> 熙熙令德一作音,猗猗原陆。
> 卉木繁荣,和风清穆。
> 纷纷士女,趋时竞逐。
> 桑妇宵兴,农夫野宿。

此节写到等级社会的最底层。春天是农耕与劝农的季节,士女的"竞逐"与大自然的和谐安宁形成了鲜明的反差。桑妇夜半起来照看饥饿的春蚕,使我们想到"朝起暮归眠"的东户民;不过现在夜宿于田野的是农夫而不是"余粮"。"熙熙"一般被理解为和乐貌,但是我们也不要忘记《史记·货殖列传》中记载的俗语:"天下熙熙,皆为利来;天下攘攘,皆为利往。"熙熙攘攘,形容喧闹纷杂,正与"纷纷士女、趋时竞逐"相应,而且在《货殖列传》里,我们看到司马迁如是描写成功的商人白圭:"趋时若猛兽挚鸟之发。"诗人对"哲人"的暧昧态度,也使我们不得不对"令德"或"令音"的赞美之词有所保留。

在下面一节,诗人向读者解释为什么农夫桑妇也必须要

像商人那样"趋时竞逐"——春天转瞬即逝,必须抓紧时机:

> 气节易过,和泽难久。
> 冀缺携俪,沮溺结耦。

《左传》僖公三十三年:"臼季使过冀,见冀缺耨,其妻馌之敬,相待如宾,与之归。"《论语·微子》:"长沮、桀溺耦而耕。"

> 相彼贤达,犹—作尤勤陇亩。
> 矧兹众庶,曳裾拱手。

在这一节中,诗人为了"劝农"而提出四个模范人物:冀缺,冀缺的妻子,长沮,桀溺。"耦""偶"谐音,与"俪"巧对。冀缺的妻子在公开场合下对冀缺表示的尊敬,使过往的官吏认为"这个冀缺一定不是平常人",遂载冀缺同归朝廷。这个故事有趣之处,在于暗示了"妻子对丈夫不敬"乃是常态,而且似乎为孔子的教诲提供了反证——孔子说:"君子谋道不谋食。耕也,馁在其中矣;学也,禄在其中矣。"冀缺却分明得禄于"耕"。

第六句中的"尤"和"犹",当是同音致误,但是"就连贤人也必须勤于耕种"和"贤人尤其要勤于耕种",语气、内涵都很不同。

"曳裾拱手",蒋薰以为"说惰农趣甚",却没想到"曳裾拱手"之辈未必是"农"。

民生在勤，勤则不匮。

语出《左传》宣公十二年。陶渊明的曾祖父陶侃曾说，"民生在勤。大禹圣人，犹惜寸阴；至于凡俗，当惜分阴。岂可游逸，生无益于时，死无闻于后，是自弃也"（见《世说新语·政事》注引《晋阳秋》；《晋书》本传）。陶侃"媵妾数十，家僮千余，珍奇宝货富于天府"，他的曾孙却只是在宣扬"不匮"而已，但是二者的精神是一脉相承的。

对于怎样才算是"足"，陶渊明的衡量方式有时很物质化："敝庐何必广，取足蔽床席"（《移居》其一）；"岂期过满腹？但愿饱粳粮。御冬足大布，粗绨以应阳"（《杂诗》其八）；他甚至具体谈到食物的种类，"菽麦实所羡，孰敢慕甘肥"。（《有会而作》）他很清楚一个人的基本物质需要其实很容易满足："倾身营一饱，少许便有余。"（《饮酒》其十）但是，他也意识到"足"的心理标准："人亦有言，称心易足。"（《时运》）这句诗乍看起来很明白，但还是没有解决怎样才算"称心"的问题（也许正是因此才会衍生异文）。其实，诗人想要说明的道理很简单："足"完全依个人心理感受而定，有的人觉得"不匮"即是"足"，有的人却需要"过足"才能"足"。

宴安自逸，岁暮奚冀。

"宴安自逸"与上文"傲然自足"相应：我们再次看到理想世界与现实世界的反差。

> 儋石不储,饥寒交至。
> 顾余一作尔俦列,能不怀愧。

余和尔,感情色彩不同。"余"是把自己也放在被劝勉的行列里面;如用"尔",则是劝勉他人的口气——也更符合官方的劝农话语。

至此,诗人似乎已经把"劝农"的话都说尽了。最后一节奇峰突起,表示只有在一种情况下可以不必经营农事——那就是达到孔子或大儒董仲舒那样的境界。这再次让我们想到《货殖列传》里司马迁的话:"无岩处奇士之行,而长贫贱,语仁义,亦足羞也。"但就是在这一节里,也还是有一处令人捉摸不定的文本异文,作为我们这个堕落世界的镜像:

> 孔耽道德,樊须是鄙。

《论语·子路》:"樊迟请学稼,子曰:'吾不如老农。'请学为圃。曰:'吾不如老圃。'樊迟出,子曰:'小人哉,樊须也。上好礼,则民莫敢不敬;上好义,则民莫敢不服;上好信,则民莫敢不用情。夫如是,则四方之民襁负其子而至矣,焉用稼。'"

> 董乐琴书,田园不履。

《汉书》本传,说董仲舒治学,"三年不窥园"。

> 若能超然,投迹高轨。

敢不敛衽,敬赞一作难赞厥一作德美。

最后一节对儒家圣人的敬礼,与作为全诗思想框架的老庄学说形成了参差的对照。但是这种敬礼是暧昧的——我们甚至有一个和"敬赞"完全相反的异文"难赞",似乎是说,虽然不得不对如此超然的人物表示尊重("敢不敛衽"),但还是很难对他们的行为进行赞美,因为这种不食人间烟火的做法不适合"众庶"效仿。归根结底,在老、庄看来,道德与学问,既是世界堕落的原因,也是世界堕落的征象,更是耕织与劝农的根本缘由。

劝 农

悠悠上古，厥初生民。傲然自足，抱朴含真。
智巧既萌，资待靡因。谁其赡之，实赖哲人。

哲人伊何？时维后稷。赡之伊何？实曰播殖。
舜既躬耕，禹亦稼穑。远若周典，八政始食。

熙熙令德，猗猗原陆。卉木繁荣，和风清穆。
纷纷士女，趋时竞逐。桑妇宵兴，农夫野宿。

气节易过，和泽难久。冀缺携俪，沮溺结耦。
相彼贤达，犹勤陇亩。矧兹众庶，曳裾拱手。

民生在勤，勤则不匮。宴安自逸，岁暮奚冀。
儋石不储，饥寒交至。顾余俦列，能不怀愧。

孔耽道德，樊须是鄙。董乐琴书，田园不履。
若能超然，投迹高轨，敢不敛衽，敬赞厥美。

(四) 命 子 一作训子

这首诗唯一值得注意的地方，在于它继承了传统而又偏离传统，是对传统的一种"放气"。夸耀家世、追叙祖德的诗所来有自，西汉韦孟《讽谏诗》以"肃肃我祖，国自豕韦"发篇，尤其是韦孟的六世孙——丞相韦贤之子韦玄成（？—前36）在贬黜父爵之后所写的《自劾诗》，从"赫矣我祖，侯于豕韦"开始，追溯祖先在商周及汉的业绩，"五世圹僚，至我节侯"，最后讲到自己的不肖；后来，在复爵之后，又作《诫子孙诗》，命其"无忝显祖，以蕃汉室"。这几首诗，从遣词到结构，显然是陶渊明此诗的样范（诸诗皆载《汉书·韦贤传》，《汉书》是六朝士大夫十分熟悉的古籍之一）。但比起韦诗的严肃来，陶诗多了幽默和自嘲，最后的"反高潮"，使前六章对祖德的追叙俨然成为对结尾的铺垫。蒋薰以为："初读之，叙次雅穆，嫌其结语不称前幅"，真是清儒不解事，若"称"，"是甚模样"？

悠悠我祖，爰自陶唐。
邈焉虞宾，历世重光。
虞宾：指尧子丹朱。

御龙勤夏，豕韦翼商。

《左传》襄公二十四年："范宣子曰：昔丐之祖，自虞以上，为陶唐氏，在夏为御龙氏，在商为豕韦氏，在周为唐杜氏，晋主夏盟为范氏。"

穆穆司徒，厥族以昌。
陶叔，周封司徒。

纷纷战国，漠漠衰周。
凤隐于林，幽人在丘。
逸虬绕云，奔鲸骇流。
天集有汉，眷予愍侯。
愍侯即陶舍，汉高祖封开封侯。

于赫愍侯，运当攀龙。
抚剑风迈，显兹武功。
书誓河山，启土开封。
亹亹丞相，允迪前踪。
汉景帝以陶舍子陶青为相。

浑浑长源，蔚蔚洪柯。
群川载导，众条载罗。
枝派之分散，皆肇始于鼻祖。

时有语默，运因隆窊。

在我中晋，业融长沙。

中晋，指东晋。长沙，即长沙公陶侃。

桓桓长沙，伊勋伊德。

天子畴我，专征南国。

畴：专门用语，《后汉书·祭遵传》："生则宠以殊礼，奏事不名，入门不趋。死则畴其爵邑，世无绝嗣。"李贤注："畴，等也。言功臣死后，子孙袭爵，世世与先人等。"这里指陶侃封为长沙公，子孙得以袭爵。此处各笺注家说法不一，当以逯钦立、龚斌注为是。专征：将帅受命典兵，有专自征伐之权利。

功遂辞归，临宠不忒。

孰谓斯心，而近可得。

此处语似含讥。

肃矣我祖，慎终如始。

直方二一作三台，惠和千里。

二台或三台都指政府机构，太守郡治一般来说地广千里。

于皇仁考，淡焉虚止。

寄迹风云，冥兹愠喜。

《论语·公冶长》:"令尹子文,三仕为令尹无喜色,三已之无愠色。"此句似乎暗示陶父曾被免官。

嗟余寡陋,瞻望弗及。
顾惭华鬓,负影只立一作贫贱介立。

"负影只立"谓无子。如果我们选择"贫贱介立",则与上文祖先轰轰烈烈的基业形成对比。联系上下文,这里是说自己年纪老大而一事无成,甚至没有后嗣。

三千之罪,无后其一作为急。

《孝经》:"五刑之属三千,而罪莫大于不孝。"《孟子》:"不孝有三,无后为大。"注意这里的递进关系——三千之罪以不孝为大,三不孝又以无后为大,陶俨的重要性跃然纸上。

我诚念哉,呱闻尔泣。
此节及下一节,追叙陶俨的出生、取名。

卜云嘉日,占亦良时。
名汝曰俨,字汝求思。
温恭朝夕,念兹在兹。
尚想孔伋,庶其企而。

孔伋是孔子之孙,字子思。有趣的是诗人以"肖孙"而非"肖子"期许自己的儿子。盖自己"寡陋",如果儿子像自己,岂不糟糕。企:踮起脚,谓(努力)赶上、企及。"庶其企而"呼应上文自己对祖宗"瞻望弗及"。

厉夜生子,遽而求火。

《庄子·天地》:厉(麻风病者)半夜生子,立刻拿火烛照看,"惟恐其似己也"。这里,陶渊明明确表示,希望儿子不要像自己。

凡百有心,奚特于我。
既见其生,实欲其可。
人亦有言,斯情无假。
日居月诸,渐免于孩。

孩,原义是婴儿的憨笑,正与上文呱泣相应。从几个月的婴儿时期到二三岁之间都可以称孩提。

福不虚至,祸亦易来。
夙兴夜寐,愿尔斯才。

《诗·小雅·小宛》:"夙兴夜寐,毋忝尔所生。"我们当然会以为,"夙兴夜寐"是诗人希望儿子早起晚睡,努力成才,不要给父母丢脸;但是这里的句法可以很容易解读成诗人自己"夙兴夜寐",朝思暮想望子成才,与《小宛》形成幽默的对照。

尔之不才,亦已焉哉。

郑玄《戒子益恩书》，对儿子做出一系列嘱咐，最后笔锋一转，说："若忽忘不识，亦已焉哉"——要是你忽略忘记我的这些话，那也就算了吧。

如此一来，上文轰轰烈烈的祖先事迹，勤勤恳恳的告诫叮咛，突然之间在一个反高潮中全部烟消云散。然而这正是全诗可爱之处。如果没有最后的三节，尤其是结尾的两句，那么，哪怕是陶渊明，也只能像所有吹嘘家世、炫耀父祖的人那样，令人反胃。

命　子

悠悠我祖，爰自陶唐。邈焉虞宾，历世重光。
御龙勤夏，豕韦翼商。穆穆司徒，厥族以昌。
纷纷战国，漠漠衰周。凤隐于林，幽人在丘。
逸虬绕云，奔鲸骇流。天集有汉，眷予愍侯。
于赫愍侯，运当攀龙。抚剑风迈，显兹武功。
书誓河山，启土开封。亹亹丞相，允迪前踪。
浑浑长源，蔚蔚洪柯。群川载导，众条载罗。
时有语默，运因隆寙。在我中晋，业融长沙。
桓桓长沙，伊勋伊德。天子畴我，专征南国。
功遂辞归，临宠不忒。孰谓斯心，而近可得。
肃矣我祖，慎终如始。直方二台，惠和千里。
于皇仁考，淡焉虚止。寄迹风云，冥兹愠喜。
嗟余寡陋，瞻望弗及。顾惭华鬓，负影只立。
三千之罪，无后其急。我诚念哉，呱闻尔泣。
卜云嘉日，占亦良时。名汝曰俨，字汝求思。
温恭朝夕，念兹在兹。尚想孔伋，庶其企而。
厉夜生子，遽而求火。凡百有心，奚特于我。
既见其生，实欲其可。人亦有言，斯情无假。
日居月诸，渐免于孩。福不虚至，祸亦易来。
夙兴夜寐，愿尔斯才。尔之不才，亦已焉哉。

⑤ 责 子

小诗亲切可观。海陶玮说:"口气虽属玩笑,然失望自见。"失望而仍能出之以幽默,是其可爱处。凡是耐看的诗,绝不呼天抢地。

左思《娇女诗》是此类诗的源头。

白发被两鬓,肌肤不复实。

先述己老。不老,不会殷殷挂念儿孙成器与否。白发已是用俗了的年龄标志,但"肌肤不复实"写得好,因未经人道而显得格外真实。

虽有五男儿,总不好纸笔。

虽然宗祧得到继承(五男儿),却无人继承己业(不好纸笔)。

阿舒已二八一作十六,懒惰一作放故无匹。

海氏认为"二八"与"无匹"形成幽默的对比,良是。然此诗游戏文字不止于此:从诗的第一句开始,几乎每一联都包含至少一个数字。

懒放胜过懒惰——前者有风度,何况"无匹"乎。

阿宣行志学,而不爱文术。
《论语·为政》:"吾十有五而志于学。"阿宣年龄即将达到"志于学"而心性不到。

雍端年十三,不识六与七。
因雍与端同岁而判其为孪生,也未免太拘泥,未必不是为了写诗凑句而把年龄相差一两岁的阿雍、阿端连在一起。或云陶渊明有妾,海陶玮反驳说同母所生也可以在同一年,诚然!六、七合为十三,正是雍、端的年纪,也是逗趣的话,总之是说二子不识数。阿宣只不过"不爱"文术,至少还有文术,雍、端则更逊于乃兄。

通子垂九一作六龄,但觅一作念梨与栗。
垂:将及。但觅/念梨栗,也就是说只知道吃零嘴。小孩子嘴馋是常情,不必如有些笺注家所说与陶氏家乏有关。按孔融四岁能让梨,通子似不然。

天运苟如此,且进杯中物。
戛然而止。也是《命子》诗"尔之不才,亦已焉哉"之意。

责 子

白发被两鬓,肌肤不复实。
虽有五男儿,总不好纸笔。
阿舒已二八,懒惰故无匹。
阿宣行志学,而不爱文术。
雍端年十三,不识六与七。
通子垂九龄,但觅梨与栗。
天运苟如此,且进杯中物。

(六) 形影神 并序

关于这首诗,海陶玮的说法极为中肯:形、影、神分别代表了陶的一方面,是他心中矛盾的体现。虽然最后开口的"神"似乎最有权威性,但是神之释并不淹没形和影的声音,三者同时并存,无所谓"思想进阶"。袁行霈也说:"分别代表三种人生观,亦可视为渊明自己思想中互相矛盾之三方面。"

然而这三首诗的好处不在于所表达的思想,而在于表达方式,因为诗中表达的思想既非独特,也不高深。无论是饮酒销忧、立善遗爱,还是自然顺化,都是先贤与时人经常讨论的话题。黄文焕说:"诗心之妙,在三首互换,腐理恒谈,顿成幽奥。"也就是说,诗中的道理不过是"腐理恒谈"而已,但是艺术安排之匠心十分巧妙,所以虽写腐理,仍不失为一首有趣味的诗。

陈寅恪在《陶渊明之思想与清谈之关系》一文中,力主这组诗歌提出了"新自然说",认为"新自然说"不必像阮籍、刘伶等"旧自然说"之"抵触名教""养此有形之生命""别学神仙",唯求"与大自然为一体"。但问题在于这组诗里"神"的阐述——顺化委运——与《庄子》里面表达出来的思想毫无二致，而养生求仙之无稽也一直是诗人们咏歌的对象，所谓"服食求神仙，多为药所误"，如此种种，岂能说是陶渊明的"孤明先发"？何况"神"也并未摒弃"养有形之生命"，只不过它提倡的养生方法是"无复独多虑"而已。这种思想，对于熟读《庄子》的人来说毫不陌生。庄子提倡顺应自然，不要违背本性行事，认为这才是最善于养生者。比如《让王》篇中，公子牟困惑于"身在江海之上，心存魏阙之下"的矛盾，自承心里明白应该何去何从，只是"未能自胜也"。瞻子说："未能自胜，则从之……不能自胜而强不从者，此之谓之重伤。重伤之人，无寿类矣。"换句话说，顺应自己的自然天性和欲望去做事才能长寿；抱有求利的欲望，已经是对自己的伤害了，再去压抑自己的这种欲望，就是对自己双重的伤害。这正是此诗所谓的"甚念伤吾生"。陈寅恪以为陶渊明实为"大思想家"，实在太过夸张；又说："岂仅文学品节居古今之第一流为世所共知者而已哉！"然而，如果陶渊明首先不是一位成功的诗人，仅仅有一堆无甚新奇与深奥的"思想"，恐怕不但不会"为世所共知"，而且早已为世界遗忘了——东晋无数首以"思想"为主的玄言诗就正是例子。

或以为此诗乃针对庐山慧远《形尽神不灭论》和《万佛影铭》而发。在缺少任何文本证据的情况下，这只能是一种猜测而已。这种观点恐怕部分起源于《莲社高贤传》中陶渊明不肯加入慧远白莲社的说法，但《莲社高贤传》已知不是一部可靠的著作。其实陶渊明此诗讲述的乃是时人习知的老庄自然之理，形、影、神也是中古思想史中的常见概念。至于有些评论者以为这组诗体现了陶渊明思想的最成熟境界，因此定为陶晚年之作，亦未必如此。一来思想之成熟未必都发生于晚年，更何况也有不少人到了晚年思想不是成熟而是腐朽；二来我们已经说过，在人人熟读《论语》、老庄的时代，这组诗表达出来的思想毫不新奇深奥。

这组诗的真正好处在于两点，一为形式，一为状物。

用对话形式辩论哲学问题由来已久，但是一般用来描述主体与客体之间的对立关系，比如在所谓"答客难"的传统中，借虚拟的客人设问和主人答辩，把作者的观点传达出来；此外，也可以通过寓言人物的对话或辩论来表达作者观点，如《庄子·齐物论》中罔两与影子的问答，又如《列子·力命》里拟人化的力与命展开论争。但是像陶渊明的《形影神》诗这样用三个不同角色来演示同一个人的内心矛盾，却是相当特殊的。

此诗状物，抓住了形、影、神三者的生理特点，使其发言各自符合自己的身份。在形影神三者当中，只有形可以饮酒。影不但伴随形，而且和神不同，也具有物质存在，所以形劝影饮。然而影得不到酒味，自然对酒不感兴趣。影完全依赖形的存在而存在，故自陈"卫生每苦拙"，也就是说没有办法帮助形。身后留影是身后留名的象征，所以影劝形求名。神最精神化，完全超脱肉体需要，所以劝形与影只能由神来劝，而且解劝时也是分别针对形与影的生理特征。

贵贱贤愚，莫不营营以惜生，斯甚惑焉。故极陈形影之苦言，神辨自然以释之。好事君子，共取其心焉或云一本无末二句。

其心：当指作诗者之心，非指"神"之心。

形赠影
天地长不没，山川无改一作如故时。
草木得常理，霜露荣悴一作憔悴之。
草木虽因霜露而荣悴，但生命随着季节更改而循环往复，亦得长久之道。

谓人最灵智，独复不如兹。
虽说人是万物之灵，却既不如天地山川之长久，也不如草木之盛衰循环不息。

适见在世中，奄去靡归期，
奚觉无一人，亲识一作咸岂相思一作相追。
虽然死是大事，但是对于生者的世界没有什么影响，无人觉得少此一人。作"相追思"者，还是意存忠厚；作"岂相思"者，是看破世情的言语。

但余平生物，举目情凄洏。
我无腾化一作腾云术，必尔不复疑。
腾化术，也即飞举升仙之术。必尔：必然长逝。

愿君取一作忆吾言，得酒莫苟辞。

苟：轻易随便。

劝影，也就是自劝，因为影的一切都有赖于形。此诗全是《杂诗》其二"欲言无予和，挥杯劝孤影"之意。

形赠影

　　天地长不没，山川无改时。
　　草木得常理，霜露荣悴之。
　　谓人最灵智，独复不如兹。
　　适见在世中，奄去靡归期。
　　奚觉无一人，亲识岂相思。
　　但余平生物，举目情凄洏。
　　我无腾化术，必尔不复疑。
　　愿君取吾言，得酒莫苟辞。

影答形

读此诗，当记得影对形的依赖性。

　　存生不可言，卫生每苦拙。
　　诚愿游昆华，邈然兹道绝。

昆华指昆仑山和华山，都是传说中仙人所居，故游昆华有游仙意。而在上一首诗中，形曾感叹"我无腾化术"。影子既然紧紧跟随形体，则形体如果不游昆华，影自然不能独往。黄文焕云:"影不能自游,愿字趣,绝字苦。"

与子相遇来,未尝异悲悦。

"相遇"二字有趣:影不是形天生就有的,而是在特定的条件下才产生的,所以说"相遇"。此处再次提醒读者影的缺乏自主。

憩荫若暂乖,止日终不别。

此同既难常,黯—作默尔俱时灭。

黯尔比默尔更生动。形体随着时间推移而泯灭,影也终将黯然俱灭。

身没名亦尽,念之五情热。

立善—作命有遗爱,胡为—作可不自竭。

酒云能消忧,方此讵—作诚,又作谁不劣。

影的回答,以两个反问句结尾,侃侃而谈,十分有说服力。黄文焕云:"以立善为辞酒之闳议,辞得不苟,翻应前莫苟辞。"

影答形

存生不可言,卫生每苦拙。

诚愿游昆华,邈然兹道绝。

与子相遇来,未尝异悲悦。

憩荫若暂乖，止日终不别。
此同既难常，黯尔俱时灭。
身没名亦尽，念之五情热。
立善有遗爱，胡为不自竭。
酒云能消忧，方此讵不劣。

神　释

大钧无私力，万理<small>一作物</small>自森著。

此即王羲之《兰亭诗》"寥朗无崖观，寓目理自陈；大矣造化功，万殊莫不均"之意。

人为三才中，岂不以我故。

万理森著，而神无形，这种超物质存在给它带来优越感。

与君虽异物，生而相依附。

然而神毕竟还是要依附于形。

结托善恶<small>一作既喜</small>同，安得不相语<small>一作与</small>。

现在，看在三位一体、命运相关的分上，神不得不暂时放下优越感，来为形影释除困惑。口角如闻。

三皇大圣人，今复在何处。
彭祖爱<small>一作寿</small>永年，欲留不得住。

王逸注《天问》:"彭铿,彭祖也,至八百岁,犹自悔不寿。"

老少同一死,贤愚无复数。
日醉或能忘,将非促龄具。

此联针对形对影的劝酒而发。虽然日日饮酒或可忘忧,但是使形短寿。

立善常所欣,谁当为汝誉。

此联针对影对形的劝善而发:立善也是我素来爱好的,但是人们赞美的是形和神,谁又来赞美影子你呢?

甚念伤吾生,正宜委运去。
纵浪大化中,不喜亦不惧。
应尽便须尽,无复独多虑——一作无使独忧虑,又作无事勿多虑。

委运任化,不喜不惧,是《庄子》《列子》以及东晋诗歌中多次表述的思想。如《庄子·大宗师》:"古之真人,不知悦生,不知恶死。"《列子·黄帝》篇:"死生惊惧,不入乎其胸。"支遁《咏怀》诗其二:"恢心委形度,亹亹随化迁。"苻朗《临终诗》:"命也归自天,委化任冥纪。"

神　释

大钧无私力,万理自森著。

人为三才中，岂不以我故。
与君虽异物，生而相依附。
结托善恶同，安得不相语。
三皇大圣人，今复在何处。
彭祖爱永年，欲留不得住。
老少同一死，贤愚无复数。
日醉或能忘，将非促龄具。
立善常所欣，谁当为汝誉。
甚念伤吾生，正宜委运去。
纵浪大化中，不喜亦不惧。
应尽便须尽，无复独多虑。

（七）五月旦作和戴主簿

　　此诗风格，与谢灵运何其相似，也比陶渊明的很多其他诗作更能看出东晋一代诗风的影响。庄子"虚舟"的意象统领全诗。

　　《庄子》中数次提到虚舟。一为《列御寇》篇："巧者劳而知者忧，无能者无所求，饱食而敖游，泛若不系之舟，虚而敖游者也。"一为《山木》篇："方舟而济于河，有虚船来触舟，虽有惼心之人不怒；有一人在其上，则呼张歙之……向也不怒而今也怒，向也虚而今也实……人能虚己以游世，其孰能害之？"最著名的是《大宗师》篇（陶渊明特别喜爱的一个篇章）："藏舟于壑，藏山于泽，岛也。谓之固矣，然而夜半有力者负之而走，昧者不知也。"在前两种情形中，虚舟用来形容至人虚己顺物，逍遥免害；在最后一种情况里，虚舟则用来比喻生命之飞逝。正如刘孝标在《世说新语·文学》注里所说："藏舟潜往，交臂恒谢，一息不留，忽焉生灭。"东晋诗人庾蕴的《兰亭诗》也用到这一意象："仰想虚舟说，俯叹世上宾。朝荣虽云乐，夕弊理自因。"

　　陶渊明不止一次用虚舟表现时间流逝，如《杂诗》其五："壑舟无须臾，引我不得住"，以及《使都经钱溪》一诗结尾的"终怀在壑舟"。然而,在《五月旦》一诗中,"虚舟"的意象不再仅仅是诗中众多意象之一而已,它以"空虚"与"流转"的特质,成为全诗的中心意象。

虚舟纵逸棹,回复遂无穷。

诗的发端极为飘逸,恰似诗句所展示的"虚舟逸棹"意象本身。这里的虚舟比喻时间流逝:四季流转周替,无尽无休。

发岁始一作若,又作止**俯仰,星纪奄将中。**

《九章·思美人》:"开春发岁兮,白日出之悠悠。吾将荡志而愉乐兮,遵江夏以娱忧。"陶渊明想必熟悉这一文本,他在《庚戌岁九月中于西田获早稻》一诗里即用到过"开春"一词,而这个词,如我们在本书第三章所说,直到公元五世纪初也就是陶渊明的时代,才开始逐渐在诗文中广泛应用。俯仰:低头抬头,形容时间之短促。星纪,按照《晋书·天文纪上》的说法,"于辰在丑",或以为据此可知本年为丑年,或以为星纪泛指光阴,两种说法都有其道理,在这里无论选取哪一种都不会影响和改变诗句的意义。只不过如作"丑年"理解,则陶渊明一生三值丑年(辛丑年401,癸丑年413,乙丑年425),未可像逯钦立那样武断地决定必在"癸丑年"(413)。

此联是说这一年似乎才刚刚开始,而实际上已经过去快一半了。时光流逝之速,与"虚舟"句相呼应。这里值得注意的是"发岁"和"星纪"特有的修辞风味。现存晋诗太少，不足以做出绝对的结论，但仅就现存晋诗来说，发岁和星纪都只出现过一次（潘尼《皇太子社诗》"履端发岁首"，裴秀《大蜡诗》"日躔星纪"）；星纪也见于张华《感婚赋》（泛指光阴）和左思《吴都赋》（指星野），但只有在陶渊明生活的时代才屡屡用于具体的纪年，见于释僧睿《大品经序》《大智度论序》，僧肇《般若无知论》，还有庐山慧远的《万佛影铭序》（"弘始三年岁在星纪"，或"岁次星纪赤奋若贞于太阴之墟"，一指 401 年，一指 413 年）。总之，无论发岁还是星纪，都用在正式场合以表庄重。这样的修辞选择，影响了《五月旦》一诗的风格，和下文诗人转入个人化的抒情形成了鲜明的对比。

明两_{一作明圃}萃时物_{一作南窗罕悴物}，北林荣且丰。

此联第一句中的异文，想来是因为不能相信"平淡简易"如陶渊明者会写出"明两萃时物"的句子，于是有意无意地把陶渊明向"平淡简易"处进行修改而造成的结果。"南窗"云云也把两句诗的对仗变得更加工整，在这种时候我们更要特别小心，不可以为对仗工整者就一定是诗人的原始选择。

"明两"：《周易离卦》云"明两作离"，孔颖达疏："离为日，日为明，今有上下二体，故云明两作离也。"本谓离有上下，为两明前后相续之象，后以明两指太阳，也常借指君王或太子。"明两"常见于晋代诗文，因此可以说是非常有晋代风味的词语。如挚虞《答伏武仲诗》"皇晖增曜，明两作离"，直接引用《周易》；潘尼《皇太子集应令诗》："沾恩洽明两，遭德会阳春。""明两"在陶渊明同时代人诗文里的使用尤为集中，如谢瞻《经张子房庙诗》（417年作）："明两烛河阴，庆霄薄汾阳。"谢灵运《拟魏太子邺中集诗·王粲》作："一旦值明两，并载游邺京。"作于417年春的《撰征赋》："明两降览，三七辞厄。"颜延之《三月三日诏宴西池诗》："明两紫宸，景物乾元。"但在这些例子里，明两的指称都和皇家有关。

萃：聚集。值得注意的是《易》有萃卦："萃亨。"萃意为聚，亨意谓通。王弼注："聚乃通也。"孔疏："萃，聚也，聚集之义也，能招民聚物，使物归而聚已，故名为萃也。亨者，通也。拥隔不通，无由得聚，聚之为事，其道必通，故云萃亨。"

明两萃时物，意即夏天的阳光使万物生长茂盛，即使北面的树林也蒙其照耀而开花抽叶。此处也有曹植《杂诗》"朝日照北林"之意。

> 神渊一作萍光，又作神萃写时雨，晨色奏景风。

神渊：天渊。曹植《七启》："观游龙于神渊。"嵇康《琴赋》："蒸灵液以播云，据神渊而吐溜。"近则有郭璞《元帝哀策文》："鹗集琼林，鲸跃神渊。"写即泻，倾泻之意。奏，呈献，一般用于描述奏乐，被引申来描写自然的声音，如支遁《咏怀诗》："泠风洒兰林，管濑奏清响。"近则有慧远《庐山东林杂诗》："希声奏群籁，响出山溜滴。"风是有声之物，用奏甚佳。景风：夏天的风，也是南风。《礼记·乐记》："五色成文而不乱，八风从律而不奸。"孔颖达疏："八风，八方之风也；律谓十二月之律也。乐音象八风，其乐得其度，故八风十二月律应八节而至，不为奸慝也。"景风即八风之一："景者，大也，言阳气长养也。"《淮南子·天文训》："清明风至四十五日，景风至。"东汉高诱注："离卦之风也。"

以上二句，是说天上的神渊在夜间泼泻雨水，滋润万物，到得早晨，天已放晴。"神渊"句不是写现在的情景，而是追忆昨夜——这是一个天朗气清、惠风和畅的早晨，草木丰茸，万象清新。

既来孰不去，人理固有终。

诗的前四联描写自然万物欣欣向荣，此处笔锋一转，描写人事。人理与自然之道相同处在于既有来就有去；不同处在于人生一去不返，不可能回复无穷。这导致诗人做出下面的决定：

居常待其尽，曲肱岂伤冲。

这两句诗融合了两种文本，两个文本分享同一个关键字——"乐"。嵇康《高士传》："荣启期曰：'贫者士之常，死者民之终。居常以待终，何不乐也？'"《论语·述而》："饭疏食饮水，曲肱而枕之，乐亦在其中矣。"荣启期是六朝人非常喜欢的一个人物，这和他对"乐"的强调（在缺乏快乐理由的情况下）有直接关系。冲是老庄用语，意即空虚（《老子》："大盈若冲，其用不穷。""道冲而用之，渊乎若万物之宗。"）。曲肱之人正是"屡空"者，自然不会"伤冲"。

迁化一作化迁或夷险，肆志无窊隆。

随大化迁移，道路有时平坦，有时危险；然而人生之肆志，固不有待于外界情形的高下变化（或曰：肆志而行，也就不在意高下）。"肆志"与前文的"纵逸棹"遥相呼应，让人想到《史记·鲁仲连传》："鲁连逃隐于海上，曰：吾与富贵而诎于人，宁贫贱而轻世肆志焉。"鲁连隐于海，是一个重要的细节，我们由此被带回到虚舟的意象：它象征了时间的流转，也象征了生命之舟。如果一个人决定"乘桴浮于海"，则无论海上风波如何变化，只要虚己顺物，总是可以驾一叶虚舟超越惊涛骇浪。

"高下"的比喻性修辞在最后一联中得到继续：

即事如已一作以高，何必升华嵩。

所谓"即事"，着重于把握现下当前的情形。这里的异文值得回味："已"是说"如果日常处事已经达到高超的境界"，"以"的意思则是说"如果日常处事能够用高超的态度来对待"。一者强调已然成就的现实，一者强调未来可能采取的状态。但总而言之，"高度"不在于外界，而在于内心。

五月旦作和戴主簿

虚舟纵逸棹，回复遂无穷。发岁始俯仰，星纪奄将中。
明两萃时物，北林荣且丰。神渊写时雨，晨色奏景风。
既来孰不去，人理固有终。居常待其尽，曲肱岂伤冲。
迁化或夷险，肆志无窊隆。即事如已高，何必升华嵩。

关于谢灵运与陶渊明

谢灵运的《游赤石进帆海》是一首非常优美而有力的诗。这首诗的关键，亦在于"虚舟"的意象，应与陶诗对照参看。谢灵运和陶渊明这两位同时代的诗人之间的相同之处，远远没有得到足够的注意。

宇文所安在《流放中的秘书监》一文中指出谢灵运是一个贪婪的读者，在担任秘书监也即皇家图书馆馆长的工作时，埋头阅读了大量文本（见 *Early Medieval China*）。在手抄本时代，图书流通不像后代那么容易，这些文本常常不是一般人所能接触到的。这里我希望强调的是谢灵运显然十分熟悉陶渊明的诗文。我们不要忘记，颜延之是这两位诗人之间的重要纽带。颜延之与陶、谢不仅都是朋友，而且交情非同寻常。要是我们以为颜延之在 415 至 416 年之间"在寻阳与潜情款"，到了 422 年"为始安郡经过"时"日日造潜"，而从不和陶渊明谈诗论文，也从未阅读过彼此诗文，这几乎是不可能的。不仅如此，颜延之极有可能拥有陶诗抄本。除了颜延之这一纽带之外，谢灵运也和陶渊明的另一相识——

江州刺史王弘——相熟，二人常常书信往来，探讨佛理。现存谢灵运《答王卫军书》一篇，王弘《与谢永嘉书》及《重答谢永嘉书》二篇，这些书信当写于422至423年之间，是时王弘正在江州刺史任上。谢灵运又与庐山慧远交好，也一定和慧远的追随者熟识，而慧远的追随者当中包括不少陶渊明的亲戚朋友，如张野、刘遗民即是。此外，在江州与京都之间，存在着千丝万缕的联系，许多往返的官吏与使者都有可能把陶渊明的诗文带去京都，也都有可能把盛行于京都的文本带回到江州。422年，也就是颜延之外放始安的那一年，谢灵运外放永嘉，次年辞职回故乡始宁。这是谢灵运创作丰盛期的开始，也是谢灵运诗名鹊起的开始。在始宁时，谢灵运"每有一诗至都邑，贵贱莫不竞写，宿昔之间，士庶皆遍，远近钦慕，名动京师"（《宋书》本传）。这时陶渊明尚在世，不是没有可能读到过谢灵运的诗作。实际上，当我们检视陶、谢二人的交游，我们会发现，要是说这两位同时代诗人完全没有看到彼此作品的机会，这样的可能性实在是小而又小的。陶渊明年纪较谢为长，在谢灵运创作达到成熟期（422—423）之前已经形成了自己的风格，所以谢灵运比较有可能受到前辈诗人的影响，但是，我们当然也不能完全排除相反的可能。

游赤石进帆海

首夏犹清和，芳草亦未歇。

"犹"，仍然，是过去的延续，然而即将中止；"未"，还没有,是摇摇欲坠的现在,指向终将降临的未来。诗的开头两句,颤巍巍地悬在两个极富于阶段性的时间词之间,给我们看到诗的"现在"是多么短暂和脆弱。

水宿淹晨暮,阴霞屡兴没。

诗人自晨至暮均宿于舟中,目睹五色云霞在水面投下阴影,屡屡升起而又消散。淹,没,都用得好——这真是一首写海的诗,不是河,也不是湖。

周览倦瀛壖,况乃陵穷发。

瀛壖,海岸之地。《史记·孟子荀卿列传》:"如一区中者,乃为一州。如此者九,乃有大瀛海环其外,天地之际焉。"《汉书·沟洫志》:"尽河壖弃地。"韦昭注:"谓缘河边地也。"穷发:传说中的极北之地。《庄子·逍遥游》:"穷发之北有冥海者,天池也。"

这两句诗是说,我从舟中远眺,已疲倦于周览海岸风景,但是也并不打算前往极北之地。这里的倦,是身体的疲倦,不是心情的厌倦。这是一个身体怠惰而欲望饱和的时刻,小舟在无风的海上摇荡、停滞。

川后时安流,天吴静不发。

曹植《洛神赋》:"川后静波。"《九歌·湘君》:"使江水兮安流。"《山海经》(据《文选》李善注引):"朝阳之谷神曰天吴,是为水伯……其为兽也,八首人面,八足八尾,

附录三 陶诗选评

皆青黄。"

"时"字再次透露出时间性、阶段性("在此时此刻……"),而水神可畏的力量,以"不发"二字写出。这是典型的谢灵运的山川:以神的缺席写其存在。《楚辞》《远游》中的神明,光辉虽然已经黯淡了,依然在山水中闪耀着余光。就这样,从公元五世纪初叶直到中唐以后,开始了漫长的"诸神的黄昏"。

扬帆采石华,挂席拾明月。
溟涨无端倪,虚舟有超越。

溟、涨,皆海名。虽然大海无涯,只要能够把自己变成一叶虚舟,虚己顺物,就自然可以"水涨船高",超越惊涛骇浪。

仲连轻齐组,子牟眷魏阙。

此处两个典故皆与海有关。前一句,言鲁仲连轻齐组而浮于海;下一句言公子牟身在江海之上而心在王室,明知应该轻利重生,却未能自胜(《庄子·让王》篇)。虽然二人都置身海上,心境却截然不同。诗句摇摆于两种不同的人生态度之间,就好像诗人的小舟在无风无波的海上处于停滞状态。下两句诗,是诗人对自己的劝解,但直到全诗的最后一联,才终于下了某种决心。

矜名道不足,适己物可忽。

郭象注《庄子·人间世》："德之所以流荡者，矜名故也。"《史记·老子韩非列传》："[庄子]其言洸洋自恣以适己。"两种文本中，都包含着水的比喻——道德之流荡，与语言思想之汪洋。诗人最终决定选择后者，因为想到了任公的话——

请附任公言，终然谢天伐。

在这里，《文选》李善注断章取义地引用了《庄子·山木》篇中的"任公言"："孔子围于陈，太公任往吊之，曰：'直木先伐，甘泉先竭。子其意者饰智以惊愚，修身以明污，昭昭若揭日月而行，故不免也。'孔子曰：'善。'乃逃大泽之中。入兽不乱群，入鸟不乱行，鸟兽不恶，而况人乎！"自此之后，笺注家多从之。但问题是所谓"直木先伐"的道理充斥于《庄子》，为什么诗人单单挑出任公的话？只有当我们重新检视"任公言"的全文，才发现这三个字里原来藏着一个海洋：

"孔子围于陈蔡之间，七日不火食。大公任往吊之曰：'子几死乎？'曰：'然。''子恶死乎？'曰：'然。'任曰：'予尝言不死之道。东海有鸟焉，其名曰意怠。其为鸟也，翂翂翐翐，而似无能；引援而飞，迫胁而栖；进不敢为前，退不敢为后；食不敢先尝，必取其绪。是故其行列不斥，而外人卒不得害，是以免于患。直木先伐，甘井先竭。子其意者饰知以惊愚，修身以明污，昭昭乎如揭日月而行，故不免也……'孔子曰：'善哉！'辞其交游，去其弟子，逃于大泽，衣裘褐，食杼栗，入兽不乱群，入鸟不乱行。鸟兽不恶，而况人乎。"

我们意识到，诗人的理想正是太公任描述的东海之鸟意态。全诗都围绕着海而展开。从超越海潮的虚舟，诗人想象自己终将化为一只从容的海鸟，脱离波浪的束缚，在海水之上飞翔。

⑧ 庚子岁五月中从都还阻风于规林二首

庚子岁即晋安帝隆安四年,公元400年。是年三月,桓玄任江州刺史;五月,孙恩攻会稽、临海。诗人时在桓玄幕府,从都城建康还江陵,途中回家省亲,遇风不能行舟,宿于规林(今安徽宿松县境内)。这两首诗写的是即将到达目的地之前的停顿。两首诗有身体行程与思想行程的连续,不可分读。

其一
行行循归路,计日望旧居。

起头二句,写出急于回家的心情。行行,趱路不已,不是丁福保所说的"踯躅道中"。计日,计算路上要走几天,可以哪天到家。见出急切。

一欣侍温颜一作清,再喜见友于。

温清(凊):人子对父母的奉养孝敬。《礼记·曲礼》:"凡为人子之礼,冬温而夏凊。"也就是说冬天给父母带来温暖,夏天带来清凉。然诸本一般选择"温颜",大概因为觉得陶父此时已经去世,母亲自然是有"温颜"的(其实未必),听起来较为贴恋而有情味。

承接第一联,解释何以望家如此之切:一来高兴可以侍亲,二来高兴见到兄弟。"一""再"者,如说话一般娓娓道来。这里以虚写的高兴,衬托和加强下面实有的焦愁。

鼓棹路崎曲,指景限西隅。

指景:指着日影。谢灵运《九日从宋公戏马台集送孔令》(418):"弭棹薄枉渚,指景待乐阕。"此二句可解为赶路者观看日影,计算时间和行程,希望以日落为限到达家中。

江山岂不险,归子念前涂。

此处明说"归子念前涂":一个意思翻来覆去讲了数遍,都是为了衬托渴望回家的急迫心情。前文的"路崎曲"也许与人事有关,因当时正值兵荒马乱;此处的"江山险"却仅仅与地理情况、自然条件有关。

凯风负我心,戢枻守穷湖。

凯风:南风。《诗·邶风·凯风》:"凯风自南,吹彼棘心。棘心夭夭,母氏劬劳。"《诗》以凯风比喻母爱,讲述儿子惭愧母亲遭受劳苦,而自己不能很好地奉养。此处则以典故之风写实际的风。原本象征母爱的和风,此处变成了阻挡自己见到母亲的狂风。"戢枻",回应前文的"鼓棹"。

前面一系列趱行兼程,此时突然停顿。然而正由此静止,才得以观察周围的世界。

高莽眇无界,夏木独森疏。

莽:草。应该是说湖岸上的草。诗人坐在船里,游目四望,见到草木欣欣向荣,并不为狂风所困扰。

谁言客舟远,近瞻百里余。

对《诗·卫风·河广》"谁谓宋远,跂予望之"的化用。

延目识南岭,空叹将焉如。

南岭,即庐山。延目写出极力远望的样子。识者,一来天晚,二来岸边草木扶疏,远望不易,"识"字写出用力的辨认,写出受阻的焦虑与思家的急切。谢朓的"天际识归舟,云中辨江树"是同样的写法,但就连"延目"也不说,只以识、辨二字刻画引颈远眺、深情留恋之状。

行程受到阻碍,视线却活跃起来,以继续身体所不能完成的路程。这首诗以"望旧居"起,以"瞻"百里而"识"南岭结束。"见"到温颜及友于都成了幻想中的情景,不能落实。

庚子岁五月中从都还阻风于规林·其一

行行循归路,计日望旧居。
一欣侍温颜,再喜见友于。

> 鼓棹路崎曲，指景限西隅。
> 江山岂不险，归子念前涂。
> 凯风负我心，戢枻守穷湖。
> 高莽眇无界，夏木独森疏。
> 谁言客舟远，近瞻百里余。
> 延目识南岭，空叹将焉如。

其二

> 自古叹行役，我今始知之。

以前从书本上得知古人感叹行役之苦，然而这种书本知识直到今天才变成亲身体会。前诗结尾处的"空叹"，在此诗开篇的古人之"叹"中听到回响；而古人之"叹"，没想到居然落实为今日自己的"空叹"。这里的"知"，不再是看书所得的"知"，而是切身的、更深一层的"知"，它来自直接而强烈的个人经历。

> 山川一何旷，巽坎难与期。

《易·说卦传》："巽为风，坎为水。"《周易》具体体现在山川与风波之中，书本知识再次变成实际的知识。这里糅入《易》辞，颇有谢灵运的风格，被陈祚明指摘为"欠自然"（《采菽堂古诗选》）。陈祚明眼光不错，可惜见识不高。其实"巽坎"这两个突然嵌入的涩字恰好可以生动地摹写出行路之难与难以预测的风浪——别忘了《周易》正是用以卜筮与预测之书。所谓"欠自然"，殊不知正是陶渊明的本色。

在他最好的作品里，陶渊明何尝自然，又何尝平淡，却枉被"自然平淡"说埋没了千年之久，和萧纲一样，是受到误解最多的中国古典诗人。

崩浪聒天响，长风无息时。
久游恋所生，如何淹在兹。

关于"淹在兹"，海陶玮的评注很好："'在兹'一方面指'此地'——规林，一方面也意谓'在这种情形之中'——也就是说仕宦生涯。"久游与淹留互文，自然界的风浪象征了宦途与人世的风波。

静念园林好，人间良可辞。

外面的世界充满喧声聒耳的狂风巨浪，内心则静念园林好——此时方知前文的噪音乃是铺垫。上一首"念前涂"而这一首"念园林"。念前途（涂）之念，渴望与喜悦交织，并不静；若非遇到大风而有这样一个机会作短暂的停留，又哪里有机会"静念"呢。园林之静好，在外界惊涛骇浪的衬托之下格外诱人。

当年讵有几，纵心复何疑。

当年：壮年。《列子·杨朱》："徒失当年之至乐，不能自肆于一时，重囚梏桎，何以异哉？太古之人知生之暂来，死之暂往，故从心而动，不违自然所好。"在"纵心"背后，我们听到张衡的《归田赋》："苟纵心于物外，焉知荣辱之所

附录三　陶诗选评　387

如。"这个"潜文本",与上一首诗结尾处的"空叹将焉如"形成呼应。

诗人被困于穷湖,无法前行,然而却得到一个机会反躬自问,身体的停滞与心灵的活跃形成对比。上一首诗强调视线,这一首诗则强调听力,可谓"收视反听"。

庚子岁五月中从都还阻风于规林·其二

自古叹行役,我今始知之。
山川一何旷,巽坎难与期。
崩浪聒天响,长风无息时。
久游恋所生,如何淹在兹。
静念园林好,人间良可辞。
当年讵有几,纵心复何疑。

⑨ 己酉岁九月九日

公元409年10月3日。

靡靡秋已夕，凄凄风露交—作调。

靡靡：渐渐。凄凄：寒凉貌，与悲伤无关。风露调，乍看似乎无理，实际上是说，前此的风尚带有夏天的热气，现在则完全是凉风了，和深秋白露恰好调和。

对比《九日闲居》："露凄暄风息。"

蔓草不复荣—作盛，园林—作木空自凋。

蔓草生命较为顽强，在此深秋，也只是"不荣"而已，树叶却已经开始凋落了。

对比《九日闲居》："寒华徒自荣。"

清气—作光，又作风澄余滓，杳然天际高。

清气固然可以指秋天的空气，清光也可以是说秋天的太阳投射下来的光线因为空气的洁净而显得格外清澄，即《九日闲居》中"气澈天象明"之意。

秋深风凉，草枯、林凋，都很衰飒。至此眼界陡然宽广，胸怀一舒。

哀一作衰，又作众蝉无留一作归响，丛一作燕，又作征雁鸣云霄。

蝉们去得干净，丛雁丛得可爱。丛字也是对上文草木凋落的回应：自然界总是丰盈的。

对比《九日闲居》："往燕无遗影，来雁有余声。"

万化相寻绎一作异，民生岂不劳。

绎：如丝之抽引而出。万物循环往复，不绝如丝，唯有人类往而不返。此联与下联当作一气读。

从古皆有没，念之中一作令，又作使心焦。

焦字当然也是趁韵，但是恰好与上文草木凋谢之景象相呼应。

九月九日，是世俗追求长生的吉利日子，却偏偏从季节的代谢体会出人生有没来。中心焦，可与《九日闲居》"如何蓬庐士，空视时运倾"参看。

何以称一作报我情？浊酒且一作思自陶。

"自陶"，因为诗人的姓氏而妙：表面是说"自乐"，隐然是说"自己且做自己"也。气清，酒浊；园林自凋而诗人自陶：天地与人全不相干，谁说中国诗中人与自然是和谐的？

与无酒的《九日闲居》相比，本年重九显然有酒，因此只谈酒而全然忘记了菊花。《九日闲居》云:"酒能祛百虑,菊解制颓龄。"不提菊花,也就是放弃了"制颓龄"的尝试,虽然重九是"宜于长久"的节日。诗人在下面告诉我们放弃的缘由:

千载非所知,聊以永今朝。

诗人已经看透"千载非所知"的道理,因此不求长生,只求"永今朝"。然而"永"也就是"咏"(《九日闲居》中的"敛襟独闲谣"),诗人之"永今朝",一语双关地体现在对今朝的歌咏中——至此我们才理解这首诗题目的妙处:《己酉岁九月九日》,公元409年10月3日,诗人的歌咏的确给这个特定而具体的日子带来了永恒。这首诗是陶渊明最机巧的诗,因为蕴含着双重的自我指称:对诗本身的指称("永/咏今朝"),对诗人自己的指称(自"陶")。然而就在诗人提出"永/咏今朝"的时刻,诗也就戛然而止了。

己酉岁九月九日

靡靡秋已夕,凄凄风露交。
蔓草不复荣,园林空自凋。
清气澄余滓,杳然天际高。
哀蝉无留响,丛雁鸣云霄。
万化相寻绎,民生岂不劳。
从古皆有没,念之中心焦。
何以称我情?浊酒且自陶。
千载非所知,聊以永今朝。

⑩ 和刘柴桑

　　这首诗最关键的问题是人称：诗人到底写的是自己，还是刘柴桑？几乎所有对诗句的具体诠释，包括所有为此诗编年的企图，都有赖于这个问题的解答。因为我们已经没有刘柴桑的赠诗，也不清楚两位诗人在写作时的具体情形，更何况就连刘柴桑究为何人都有不同的意见，所以在解释此诗时，很多地方不得不存疑。我们从中得到的教训，就是必须记住古人在写唱和诗的时候是为彼此而写的，不是为了千载以下的后人而写，所以其中的很多所指，我们往往不可能完全了解。其实不仅是我们这些后来人，就是当时人，如果不熟悉二位作者，也不可能完全了解诗中的指称，所以，我们必须学会承认我们作为"圈外"读者的局限性。总之，在阅读古人作品的时候，虽然可以大胆推论与假设，但是不必固执地相信推论与假设"必定如此"也。

　　赵以武著《唱和诗研究》一书，认为唱和诗与赠答不同，和者必须依据唱者诗意进行创作，和诗的焦点在于顺从唱诗作者的思想感情，从唱诗作者的观点写作。赵还认为唱和诗在东晋末年兴起，和庐山僧人、陶渊明有直接联系。因为陶渊明的所有和诗都已失去原诗，而且东晋存留下来的诗歌太少，所以对赵以武的推论只能存疑。但是赵书有一点说得很对：那就是和诗与唱诗存在着密切的关系。我们研究唱和诗，在理想的情况下，必须同时参看二诗，才能最准确地把握诗意。

关于和诗发言角度之难辨彼此，也许我们可以举一个同时代的例子。公元426年，谢灵运应召离开隐居地来到京师任职。到都城以后，他写了一首回顾以往经历的长诗，《还旧园作，见颜、范二中书》。颜延之的答诗仍在，题为《和谢监灵运》，其中有这样的句子："去国还故里，幽门树蓬篱。采茨葺昔宇，翦棘开旧畦。"后两句与陶渊明《和刘柴桑》一诗中的"茅茨已就治，新畴复应畲"颇为相似。颜诗俨然是站在谢灵运的立场上写的，因为谢在赠诗里提到自己"还旧园"的情景（谢家在建康有宅第）："曾是反昔园，语往实款然。曩基即先筑，故池不更穿。果木有旧行，壤石无远迁。虽非休憩地，聊取永日闲。"不过，颜延之的经历和谢灵运非常相似，他们都在宋少帝时（422）贬官外放，谢前往永嘉而颜前往始安，如今一先一后回到京城，所以，颜延之的和诗也完全可以是在描述自己而不是谢灵运返回故园的经历。

也许，我们可以说陶渊明《和刘柴桑》的最后一联，"去去百年外，身名同翳如"，极好地总结了"唱和诗"的性质：在缺乏赠诗、不了解唱和发生的具体情境时，我们必须承认有很多东西是我们所不知道的，也是我们永远不会知道的。

山泽久见招，胡事乃踌躇。

山泽见招，恰与朝廷征召形成对比。起句不过是说，为什么久久没有退隐。

但问题是山泽见招，招的是刘柴桑还是陶渊明？从其生平来看，刘、陶二人都有辞职退隐的经历。宋代以后，笺注家们因白莲社故事而创出新解，李公焕认为这两句诗写刘遗民招陶入白莲社而陶不肯，今人杨勇、王叔岷似乎都信从这种解释。然而白莲社的传说实属虚妄。李华、袁行霈则认为刘遗民希望召陶皈依佛门，"独居禅坊，抛弃妻子，不食人间烟火""离家人而索居"。然而检视现有的记载，刘义庆《宣验记》仅称刘遗民"不以妻子为心"，《广弘明集》说他在西林"别立禅坊"，这都不能说明刘遗民曾经抛妻别子，离群索居。譬如谢灵运就曾在石壁山立精舍，不时前往参禅说理，但这并不意味着他常住不还或者弃世出家，有《石壁立招提精舍》《石壁精舍还湖中作》诗可证。清人方东树对陶渊明此诗的意见颇可玩味。他在《昭昧詹言》卷四中说："此以刘能归为恬……起四句注言刘招公入［白莲］社，而公不往，甚浅而陋。此皆谓刘初仕而今还也。公之辞彭泽与刘之去柴桑，其趣一同，故此和刘即自咏也。"当然此诗也未必一定写于陶渊明辞去彭泽令之后，因陶一生曾经几度仕隐之故。

在诗的首联中，值得重视的是问题本身的提出（"胡事乃踌躇"）。不管所招为谁，为何种理由，此诗乃以"自问自答"的形式开始，也是以"辩解"的模式开始的。

> 直为亲旧故,未忍言索居。

时人常用"积累入山之资"的说法来解释出仕,"为亲旧故"云云是说为了养家糊口而做官,因此未忍骤言归隐。

> 良辰入奇怀,挈杖还西庐。

"良辰入奇怀"是至为奇特的句子,但是大家都在关心"西庐"是什么地方,很少人注意到这句诗。王叔岷赞美"奇"字用得好,其实更好的是"入"字:良辰如何能"入怀"?但是良辰也真的可以"入怀"。

这里的"挈杖还西庐"与上文文意相连:回顾当年,因为亲旧之故,不肯骤言退隐,但是一旦有感于良辰,则翩然归去西庐。至于西庐究指何处,答案很简单:我们不知道。而且这里说的到底是刘柴桑还是陶渊明自己,仍是未知数。完全可以是说刘柴桑,因为根据《宣验记》,刘辞官后在庐山西林定居,无论西庐指庐山之西还是西林所结之庐,都顺理成章。要说是陶渊明自己,也可以解释得通,虽然我们还是不能确定西庐的具体地点:说它是《归去来辞》里面的"西畴"固然貌似有理,说它是《庚戌岁九月中于西田获早稻》的"西田"也未尝不可。何焯认为西庐是陶的上京旧居(陶澍、杨勇、王叔岷诸家皆从之);丁福保认为西庐指"南村";龚斌则以为西庐是"旧居和南村之外的又一居所"。所有这些推测都没有足够的文本证据,既无法证明其正确也无法证明其错误。

按陶渊明写过《还旧居》诗,写过房子遇火诗,写过移居诗，这几首诗遂被人以因果关系串联在一起。但实际上，我们根本不知道这三首诗写作的先后次序，不知道陶渊明一辈子搬过几次家，遇火后到底是在原有的房基上盖房居住，还是搬家到别处去。难道陶渊明搬家就一定是因为遇火吗？离开"上京"之后就一定搬到"南村"了吗？须知陶渊明写诗不是记日记，我们为什么一定要根据有限的一百来首诗和几篇文章来试图拼凑出一个人漫长而复杂的生平呢？即使知道了问题的答案，对我们了解这些诗本身到底又有多少帮助呢？难道我们知道西庐的具体所在真的会帮助我们更好地欣赏这首诗吗？

荒涂无归人，时时有废墟。
无归人，无其他归人之谓。

茅茨已就治，新畴复应畲。

畲：据《尔雅·释地》，"田一岁曰菑，二岁曰新田，三岁曰畲"。这是农业术语，言开垦荒地，第一年割除杂草，第二年翻土，第三年开挖垄沟，以供灌溉，然后才可以种植庄稼。这里诗人是说归隐者的房屋已经修葺好，新开垦的荒地也应该翻土了。

许多笺注家在为此诗编年时往往抓住"畲"字不放，因为"畲"的本义包含着一个具体的时间词——"三年"。但是诗人用畲字也可能只是为了趁韵，泛指整治荒地而已，何必着实指第三年？就算确指第三年，又如何知道是从哪一年开始计数的"第三年"？王楙（1151—1213）《野客丛书》卷二十五云："文士言数目处，不必深泥，此如九方皋相马，指其大略，岂可拘以尺寸？杜陵《新松诗》'何当一百丈，欹盖拥高檐'。纵有百丈松，岂有百丈之檐？汉通天台可也。……此如晋人'峨峨如千丈松'之意，言其极高耳，若断断拘以尺寸，则岂复有千丈松之理？仆观诸杂记深泥此等语，至有以九章算法算之，可笑其愚也。"这里虽然讲的是人们误把文学夸张手法当作写实，但是也许可以作为一面镜子，为我们映照出某些考证的误区。

谷风转凄薄，春_{一作嘉}醪解饥劬。

谷风即东风，春天之风。春风虽和暖，但也未免有一丝寒意，所谓春寒料峭即是。陆云《谷风》诗即曾写道："习习谷风，以温以凉。"酒是粮食酿造的，可以解饥寒，也消除疲乏。

弱女虽非男，慰情良_{一作殊}胜无。

这两句诗的字面意思很简单：小女儿虽然不是儿子，但是可以慰藉膝下之空虚。如果不是写自己，那么就是在安慰刘柴桑。

一般认为弱女句明显写的不是陶渊明自己，因为陶渊明有五个儿子。但当然有可能这五个儿子生得甚晚而此诗写得甚早（陶长子似乎出生较晚，因为出生时陶已"华鬓"而且担心无后——这至少不像是二十岁人的口气；在《责子》

诗中又说长子十六岁时他已经"白发被两鬓，肌肤不复实"了）。如果是安慰刘柴桑，则根据记载，刘有子名雍，在陶写此诗时可能尚未出世。或许因为"弱女"句与历史上记载的陶、刘情形不合，遂产生了一种十分奇异的解释：李公焕引宋人赵泉山的说法，以为弱女比喻薄酒而男儿比喻美酒。古直更举二例，证明魏晋时人喜欢把酒拟人化：一，《三国志·魏书·徐邈传》："平日醉客，谓酒清者为圣人，浊者为贤人。"二，《世说新语·术解》："桓公有主簿，善别酒……好者谓青州从事，恶者谓平原督邮。青州有齐郡，平原有鬲县，从事言到脐，督邮言在膈上住。"话虽如此说，如果诗人突然间采用隐语，在一篇风格写实的诗里显得十分奇怪而突兀；而且，如果我们仔细看看古直所举的例子，会发现这两个比喻一者有特殊的原因，一者因谐音而作双关语，很难作为魏晋时人"喜欢"把酒拟人化的证据。最值得注意的是，"春醪"有异文为"嘉醪"。如果作嘉醪，则弱女等于薄酒的解释就更是站不住脚了。

栖栖世中事，岁月共相疏。

栖栖，纷乱不安。何焯注："共相疏，我弃世，世亦弃我也。"后来笺注家多从之。这样的解释，置"岁月"于不顾，变成了"世事共相疏"，与诗句显然不合。杨勇把这两句解为"栖栖于世事，而不知岁月为若何也，如此，则岁月亦必忘我为若何也"。此解照顾了诗句文字的顺序，但"我忘岁月"固可，"岁月忘我"则不成意思。这些解读的问题在于把"岁月"当成诗句的主语,而实际上诗句的主语是诗人和刘柴桑:我们二人这些年来栖栖于世事,彼此之间变得疏远了。言外之意是多年来忙忙乱乱,直到今天才有机会在一起赋诗唱和。

耕织称其用,过此奚所须。
去去百年外,身名同翳如。

和刘柴桑

山泽久见招,胡事乃踌躇。
直为亲旧故,未忍言索居。
良辰入奇怀,挈杖还西庐。
荒涂无归人,时时有废墟。
茅茨已就治,新畴复应畬。
谷风转凄薄,春醪解饥劬。
弱女虽非男,慰情良胜无。
栖栖世中事,岁月共相疏。
耕织称其用,过此奚所须。
去去百年外,身名同翳如。

十一 饮酒其十三

这首诗,正如日本学者一海知义和美国学者海陶玮所指出的,是以拟人化的手法描写心中的矛盾。然而人们都习惯于陶渊明对醉者的认同,难以想象他心中存在着一个"规规一何愚"的醒者。另外,此诗异文极可注意,如选取一般笺注者所摒弃的异文,我们会得到完全不同的一首诗——一首更复杂、更耐读的诗。

有客常同止,取舍邈异境。

有客,其实乃是有两客,一醉,一醒。既云"客",则必有主人。主人者谁何?即是诗人的主体。此二客者,是对两种人生观、两种选择、两种欲望的寓言。这里"常"不是经常的意思,而是"长久、永远"之意。

一士常独醉,一夫终年醒。

独醉之独有意:可以找到同饮者,但难以找到同醉者;至于同醒者,则滔滔皆是矣。

醒醉递一作还相笑,发言各不领。

苏写本作"递",各本皆选择"还",其实这里以"递"为是。递相笑:轮流笑话彼此。两种欲望同居心中,只能轮流发言,然而彼此不相理解,只有"主人"可以领会两人的话语与他们各自的局限。

规规一何愚,兀傲差若颖一作嗟无颖。

规规,《庄子·秋水》:"子乃规规然而求之以察、索之以辩。"用来形容井底之蛙,也就是目光短浅、琐碎小器之人。差若颖,略似聪明。

前句形容醒者,后句形容醉者。"一何"固然说得十分明确和激烈,"差若"也未必就是赞美,反而好像透露出一丝嘲弄。这里的异文值得注意:若作"兀傲嗟无颖",则意义正好相反,也就是说,醒者固然琐碎可厌,那位兀傲的醉者也没有什么聪明可言。

寄言酣中客,日没独何炳曾本云,一作当秉,又作烛当炳;苏写本作烛可炳,注一作烛何炳;焦本云,宋本"独何炳"一作"烛当秉",非。

寄言,"主人"之寄言也。酣中客指醉者。之所以不寄言于醒者,是因为醒者无须唤醒。这里的问题在于下一句的异文。异文之多,可见人们对这两句诗理解纷纭,然究其大意,可归纳为两种:

一,日没烛当秉(或烛可炳):意谓时日有限,应及时行乐,如果天黑了,那就应该点起蜡烛,作长夜之饮。这是现代版本最常选取的异文,因为容易理解,容易串讲,容易和陶渊明一向标榜的好饮态度挂钩。

二，日没独何炳：意谓日落之后，又该以何照明？按"独"在疑问句中训为"将"，如《庄子·徐无鬼》："先生独何以说吾君乎？"如选择这一异文，"秉烛夜游"仍然是诗句的潜文本，但全诗顿时变得复杂得多，诗的情绪也深沉得多，不再是"众人皆醒我独醉"那样的自得、单纯和浅薄了。

饮酒其十三

有客常同止,取舍邈异境。
一士常独醉,一夫终年醒,
醒醉递相笑,发言各不领。
规规一何愚,兀傲差若颖。
寄言酣中客,日没独何炳。

十二 有会而作 并序

有会:是有所遭遇,也是有所领会。

旧谷既没,新谷未登,颇为老农,而值年灾。日月尚悠,为患未已。

《论语·阳货》有"旧谷既没,新谷既升"语,这里改用。颇为老农,妙在颇字,特别能够显出"不是老农"(见本书第三章)。

登岁之功,既不可希,朝夕所资,烟火裁通。旬日以来,日一作始念饥乏。

异文"始"是一般版本常选用的。用"始",大概是为了避免重复"日"字,但是既然描写新谷不登、无以卒岁的景象,那么,"每天都在忧虑饥乏"更加符合上下文意。

既然"颇为老农",所追求的"功"不过只是"登岁"(好年成)而已,但是就连这样的希望也未免破灭。

岁云夕矣,慨然永怀。今我不述,后生何闻哉!

永怀:或解为"长久的忧虑",或解为"咏怀"。《论语·述而》:"子曰:述而不作,信而好古。"《论语·阳货》:"子曰:予欲无言。子贡曰:子如不言,则小子何述焉?子曰:天何言哉?四时行焉,百物生焉,天何言哉!"日常生活中对于衣食稼穑的忧虑,和对《论语》的回应以及后世的声名联系在一起,顿时获得了一种奇特的重量。

弱年逢家乏,老至更长饥。
二句追思一生。

菽麦实所羡,孰敢慕甘肥。
暗示就连菽麦也不能常得,所以才会如此羡慕。

惄如恶无饭一作亚九饭,当暑厌寒衣。
《诗·周南·汝坟》:"惄如调饥。"惄如形容饥饿的样子。调饥即朝饥,黎明时分那种令人心慌的肚饿。

上两句写羡慕,这两句写厌恶。所羡慕者甚少,所厌恶者也是相当极端的东西:盛暑还在穿的寒衣,与饮食的缺乏。

岁月将欲暮,如何足新悲一作辛苦悲。
岁月将暮,是说一年的岁月将尽,也是说一生的岁月将尽。虽然没有新谷,新悲却纷至沓来,何时可足!

常善粥者心,深恨一作念蒙袂非。

《礼记·檀弓》:"齐大饥,黔敖为食于路,以待饥者而食之。有饿者,蒙袂辑屦,贸贸然来。黔敖左奉食,右执饮,曰:嗟,来食!扬其目而视曰:予唯不食嗟来之食,以至于斯也。从而谢焉。终不食而死。"常:平常的时候。恨比念字感情强烈得多。

嗟来何足吝,徒没空自遗。
吝:耻辱。徒没:白白死去。自遗:自弃。

斯滥岂彼―作攸志,固穷夙所归。
《论语·卫灵公》:"君子固穷,小人穷斯滥矣。"滥:也就是行为失去了准则。

平常的时候,觉得蒙袂者太过分,是因为自己站在施舍者的角度考虑问题,体贴到更多的是施舍者的善意;如今自己也到了日念饥乏的地步,才开始认同与理解蒙袂者。诗人甚至有可能在生活中遇到了类似的情况(不是每次"乞食"都能碰到《乞食》诗中描写的那种贤主人),痛感"嗟来"的羞辱,才因此理解蒙袂者的心情,赞赏其操守的坚定。这大概是诗人"有会而作"的"会"之所在。

馁也已矣夫,在昔余多师。
"馁也已矣夫"完全是散文句法,用在诗里,增加了全诗的严肃性和重量。在昔多师,翻"三人行必有我师"之案,说明如今的世界,没有可以效法的人。

有会而作 并序

旧谷既没,新谷未登,颇为老农,而值年灾。日月尚悠,为患未已。登岁之功,既不可希,朝夕所资,烟火裁通。旬日以来,始念饥乏。岁云夕矣,慨然永怀。今我不述,后生何闻哉!

弱年逢家乏,老至更长饥。
菽麦实所羡,孰敢慕甘肥。
惄如亚九饭,当暑厌寒衣。
岁月将欲暮,如何辛苦悲。
常善粥者心,深恨蒙袂非。
嗟来何足吝,徒没空自遗。
斯滥岂彼志,固穷夙所归。
馁也已矣夫,在昔余多师。

⑬ 拟古其一

这首诗,被有些笺注家解读为政治寓言,但至少在字面上,一般都同意是对友道不终的感叹。此诗疑点甚多,主要问题有二:一,人称问题;二,如何理解诗的最后两联(即废名在1931年2月14日致胡适信中引用的两联——见本书附录一)。诗中的"君"是谁?"出门万里客"是"君"还是诗中的发言者自己?万里客"中道逢嘉友",此"嘉友"是否下文的"诸少年"?构想不同指称所代表的人物以及这些人物之间的不同关系,会发现这首貌似简单的诗可以幻化出数个不同的故事,既可以是留居故乡的朋友抒发被游子背弃的怨言,也可以是游子对中道结交的嘉友背叛自己的感叹。

不过,这种人称和词义的模糊性本身,其实非常具有"古诗"的精神,因为"古诗"都是概括性很强的,往往只提供一个具有普遍性的处境——思乡、怀亲、怨友——几乎所有的读者都能够以身代入,而且很多时候,就连性别特征也不明显。它们不是带有强烈个人身世色彩的诗篇。陶渊明自己平时所写的诗十分个人化,但是这一组称为《拟古》的九首诗却具有鲜明的寓言性质。所谓"寓言",并不是说它们是政治寓言，只是说它们不像《游斜川》或《戊申岁六月中遇火》那样具有自传性色彩而已。

钟嵘在《诗品》里指出，在陆机模拟的十四首"古诗"之外，"'去者日以疏'四十五首，虽多哀怨，颇为总杂，旧疑是建安中曹王所制"。我们因此知道从公元三世纪到六世纪之间，流传着远远不止"十九首"的古诗，而陶渊明的"拟古"，很有可能在追随一些具体的样板，而这些样板已经佚失了。所以，与陶渊明同时的读者，如果对陶渊明模拟的诗作也甚为熟悉的话，就可能很容易地辨认出此诗的指称。《世说新语》中记载一条逸事："王孝伯在京行散，至其弟王睹户前，问：'古诗中何句为最？'睹思未答。孝伯咏'所遇无故物，焉得不速老'，'此句为佳'。"可以想见，"古诗"是当时很多士流都颇为熟悉的。

阅读此诗，异文是一个我们必须面对的问题：选择不同的异文，我们会得到一首完全不同的诗。

荣荣窗下_{一作后窗}兰，密密堂前柳。

诗的第一、二句以叠字起，是"古诗"中的常见手法。

初与君别时，不谓行当久。

从元代以来，笺注家们对"君"有不同的解释。略举数例："君"指晋君（刘履）、变心的朋友（吴瞻泰）、家人（张玉谷）、兰与柳（陶澍）。其实，称谓的模糊性正是"古诗"或"拟古"所追求的效果。在"古诗十九首"其一"行行重行行,与君生别离"中就有类似的体现:"君"既可以指游子,又可以指思妇。在这里,我们应该用同样的态度对待此诗的人称问题。这两句诗主要是说,这个游子或/和他的家人没有想到他的旅行会如此漫长(因为中道遇到嘉友而淹留)。

出门万里客,中道逢嘉友。
未言心先一作醉一作解,不在接杯酒。

《史记·太史公自序》引《报任安书》,谈到他和李陵"未尝衔杯酒接殷勤之欢"。这两句诗是说尚未开口交谈,已经彼此倾心,朋友相知原不在于杯酒相接。

"相"比"先"更显示出友谊的对等。"解"比"醉"更富于理性。

兰枯一作空柳亦衰,遂令此言负一作时没身还朽。

兰枯柳衰,表示时间推移。古诗《新树兰蕙葩》:"采之欲遗谁,所思在远道。馨香易销歇,繁华会枯槁。""此言",是和嘉友的定交之言呢,还是像古直所说的,"此言者,初别时之言",也即游子出门之前和家人或故乡友人的临别约定?

多谢诸少年,相知不中一作相,又作在厚。

谢:以辞相告。诸少年:或以为就是负言的朋友,但"诸"字暗示众位而不止一人。既然此诗拟古,"诸少年"其实很可能就是"古诗"里常常提到的听众,"四坐且莫喧,愿听歌一言"的"四坐"。

按,这里的"谢"字并不一定有责备之意,与《赠羊长史》"多谢绮与甪"或者《古诗为焦仲卿妻作》"多谢后世人"是一个意思。有些笺注者之所以会把"多谢"看成是责望之词,可能是因为下文的"相知不忠厚",但相知不忠厚的人未必就是诸少年。

意气倾人命,离隔复何有。

三国魏刘邵《赵都赋》云:"贵交尚气,轻命重气。"后人往往视意气为负面的特质,认为是少年人不够稳重深沉的行径,这与汉魏六朝对"意气"的崇尚不合。如蒋薰说:"意气之交,未有不凶终隙末者。"然而"侯嬴为意气刎颈"(《文选》注引谢承《后汉书》),意气岂是轻薄少年所为?何有:"算得了什么"之谓。《击壤歌》"帝力于我何有哉";《三国志·吴书·虞翻传》:"孙权曰:曹孟德尚杀孔文举,孤于虞翻何有哉!"

对结尾数句的理解,众说纷纭。王叔岷以为:"忠厚则不以意气相倾;既不惜为意气而倾命,则于故人之离隔不复介怀矣。"或以为交结之时意气相投,但是一旦离隔,也就抛诸脑后。或以为"'相知不忠厚',责其负言也。如此而称嘉友,虽意气相倾,离隔何惜哉"(清程穆衡)。但假设我们采取这首诗的异文——

兰枯柳亦衰，时没身还朽。

多谢诸少年，相知不在厚。

意气倾人命，离隔复何有。

我们会发现，这首诗的主旨就完全不同了，意义也清晰了许多。诗人不是感叹友道不终，而恰恰相反，是在歌颂超越生死与离隔的友谊。全诗言游子离家，初不谓行久，但是中道遇嘉友，遂成为知音。时光流逝，人生短暂，此身将与兰柳同朽（即《离骚》香草芜秽、美人迟暮之意），于是敬告在座的诸位少年：相知不在于杯酒相接、"厚相结纳"，只要初会时意气相投，就可以身相许，结下生死之交（即"白头如新，倾盖如故"之意），即使分离，也不会影响这份情谊。

后来鲍照的《代雉朝飞》："握君手，执杯酒，意气相倾死何有！"抒写的正是这种意气慷慨、一言订交的胸怀。鲍诗句法、词语与陶诗的惊人类似告诉我们：在这里，鲍照显然是在模拟陶渊明。陶渊明的诗句则让我们想到古乐府《白头吟》（《宋书·乐志》版）："平生共城中，何尝斗酒会。今日斗酒会，明旦沟水头。蹀躞御沟上，沟水东西流……男儿欲相知，何用钱刀为。"陶诗强调"未言心相醉，不在接杯酒"以及"相知不在厚"，似乎就是受到了这首乐府诗的影响。后来的《玉台新咏》把崎岖艰涩的《宋书》版《白头吟》改成了"男儿重意气，何用钱刀为"，则好像又是从陶、鲍二人的诗篇得到的灵感。

拟古其一

荣荣窗下兰,密密堂前柳。
初与君别时,不谓行当久。
出门万里客,中道逢嘉友。
未言心先醉,不在接杯酒。
兰枯柳亦衰,遂令此言负。
多谢诸少年,相知不中厚。
意气倾人命,离隔复何有。

(十四) 杂诗其五

忆我少壮时，无乐自一作亦欣豫。

"自"与"亦"有语气的不同。"亦"似乎还是对于"无乐"感到遗憾，"自"则完全没有对任何外在条件的依赖。

猛志逸四海，骞一作骞翮思远翥。

骞是高举之意，但这里"轻翮"与"猛志"形成鲜明对比，而且与"无乐自欣豫"相应，生动地写出少年人的轻松自在，无忧无虑。

荏苒岁月颓，此心稍已去。

荏苒：逐渐。稍，也是逐渐。岁月流逝，固然是一个逐渐的过程，少年壮志雄心，却也是逐渐消磨的，不是一朝一夕就磨灭了的，其中一定蕴含了无数创伤、无数挫折。第一个逐渐是非常平板的、循序渐进的，第二个逐渐却是充满曲折的，蕴藏着无穷的悲哀。

值欢无复娱，每每多忧虑。

"值欢无复娱"与"无乐自欣豫"形成对比。这两句诗，讲述了人世间一个如此普通常见的现象，讲述得又是如此坦白朴素，没有夸张，没有大声惊呼，然而描述成人的过程如此准确，远胜过千言万语，细思之，令人感慨万端。

气力渐衰损，转觉日不如。

前一句来自晋人张载残诗："气力渐衰损，鬓发终以皓。"但"转觉"句再次写出逐渐的衰老过程。

壑舟无须臾，引我不得住。

诗句急转直下。前文一而再，再而三重复表述的"逐渐"发生的过程，至此突然好像雪崩一样，显示出了它的迅疾，它的不可逆转。我们又有谁没有过这样的经历呢——年龄越是老大，就越是感到光阴消逝之速，童年时那似乎永远也不会到头的漫漫长日，在成年之后，在衰迈之时，变得就像一支飞箭一样的了。

前涂当几许，未知止泊处。

在一年的每一个日子里面，都隐藏着我的死亡之日，而我不知道这到底是哪一年，哪一月，哪一天。

古人惜寸阴，念此使人惧。

不是想到爱惜光阴而对时间飞逝感到畏惧，而是想到古人惜寸阴，却也终于不免作古——这，才真正使人感到畏惧。

杂诗其五

忆我少壮时,无乐自欣豫。
猛志逸四海,骞翮思远翥。
荏苒岁月颓,此心稍已去。
值欢无复娱,每每多忧虑。
气力渐衰损,转觉日不如。
壑舟无须臾,引我不得住。
前涂当几许,未知止泊处。
古人惜寸阴,念此使人惧。

⑮ 杂诗其十

这是一首相当怪异的诗。它用词奇特、暧昧（很多词语是魏晋南北朝人绝少用到的），意义模糊，而且有意制造出错落的时间感，并使用一系列和驾驭奔马相关的字眼和意象。阳休之所谓的"奇绝异语"，如果在陶渊明的其他诗中只是时有出现，此诗则全首皆可当之。

闲居执荡志，时驶不可稽。

首句"执荡志"即令人充满疑窦。"执"与"荡"，两个字之间极富张力。荡志，即肆志。如《九章·思美人》："吾将荡志而愉乐兮，遵江夏以娱忧。"陆机《四言诗》赞美老庄优游肆志："实惟龙化，荡志浩然。"但陶渊明这首诗里的荡志到底是指什么？是指放任自己、从心所欲的隐居之志，还是少壮时代那种"逸四海"的猛志？如何解释"执"，也很成问题。执，是持的意思，也是控制、统御的意思，也通絷，谓拴缚马足。《淮南子·主术训》："故法律度量者，人主之所以执下，释之而不用，是犹无辔衔而驰也。"诗人是说闲居时心怀"荡志"，还是说在闲居生活中控制和压抑了"荡志"？总之，诗人之"闲"与"执"，恰恰与时间"不可稽"的飞驶形成了鲜明对照。

驱役无停一作休息**，轩裳逝**一作游**东崖。**

驱役，当指宦游行役，然而也和时间的飞驶在意象上产生联系。人和时间，似乎都身不由己，被某种强大的力量所驱使。轩即车，裳当指裳帷，也就是车围子。轩裳二字，在唐代诗文中极常见，在魏晋南北朝却迄无一见。

自此句起，诗人离开了闲居生活。

沉阴拟薰麝一作泛舟拟董司，又作泛舟董司寒**，寒气**一作悲风**激我怀。**

《礼记·月令》："〔季春〕行秋令，则天多沉阴，淫雨蚤降，兵革并起。"徐幹《室思》："沉阴结愁忧，愁忧为谁兴？念与君生别，各在天一方。"在陶渊明之后，鲍照凡两用之，皆为描写秋冬之景，如《岁暮悲》："昼色苦沉阴，白雪夜回薄"；《咏秋》："沉阴安可久，丰景将遂沦。何由忽灵化，暂见别离人。"

这两句诗是说，天空密布阴霾，好似香炉之烟雾一般浓厚，缭绕不去。这一比喻把荒凉阴沉的野外情景与室内温馨美好的情景联系起来，写出诗人"遥遥从羁役，一心处两端"（《杂诗》其九）的情怀。

按重阴、凝阴、微阴都是魏晋南北朝诗歌中比较常见的词语，唯"沉阴"较为少见，薰麝就更为稀罕，以沉阴拟薰麝是相当新奇的比喻，恐怕因此而导致异文的产生。

第一句一作"泛舟拟董司"，逯钦立认为董司指"都督军事者",但"拟"字甚不通。逯以为"拟"乃"诣"之误,属于臆测。或云拟字可训为向,但"拟"凡作如此用者,都是"指向、比划"之意,而且都是怀有侵略性和敌意的动作,如《汉书·苏武传》:"(卫律)复举剑拟之,武不动。"《资治通鉴·晋孝武帝太元十七年》:"(桓玄)尝于仲堪听事前戏马,以鎙拟仲堪。"《晋书·文帝纪》:"治兵缮甲,以拟二虏。"为了说明"拟"有单纯的朝向之意或向往之意,龚斌举东晋王洽《与林法师书》"后学迟疑,莫知所拟"为例,但此处"拟"显然是模仿、效法意;袁行霈举谢灵运《石壁立招提精舍》"敬拟灵鹫山,尚想祇洹轨",但这里"拟"同样是模仿效法的意思(以此石壁精舍敬仿灵鹫山之谓);或萧纲《奉和登北顾楼》"皇情爱历览,游陟拟崆峒",也是说梁武帝之登北顾楼,仿佛黄帝之游崆峒(见《庄子·在宥》)。总之,"泛舟拟董司"的"拟"字不宜作"向"字解。这一异文远不如"沉阴拟薰麝"为通顺。

下一句"寒气"一作"悲风"。此处以"寒气"为佳,因为既然是沉阴,则未必有激风,而况现实中的寒气与记忆想象中的薰麝之气恰好形成苦涩的对照。

此联写行役之奔波辛苦。西晋枣据《杂诗》写行役与此相似,可以相互参照。枣诗末句云:"玄林结阴气,不风自寒凉。顾瞻情感切,恻怆心哀伤。士生则悬弧,有事在四方。安得恒逍遥,端坐守闺房。引义割外情,内感实难忘。"

岁月有常御,我来淹已弥。

这两句是说岁月按部就班地进行，不改常轨，诗人却久久淹滞一方。常御，字面意义是固定不变的驭手（或平常的驭手，如应场《愍骥赋》"制衔辔于常御兮，安获骋于遐道"）。诗人把岁月比作骐骥，这正和开头"时驶不可稽"相对应。

把时光比作奔马，称太阳为日车，是由来已久的比喻。《淮南子·天文训》"日出于旸谷……至于悲泉，爰息其乌，是谓悬车"（见《艺文类聚》;《初学记》引作"爰止羲和，爰息六螭，是谓悬车"）。阮籍《咏怀诗》："悬车在西南，羲和将欲倾。流光耀四海，忽忽至夕冥。"陶渊明在《于王抚军座送客》中写道："晨鸡摠来归，悬车敛余晖。"此联第一句一作"晨鸟暮来还"，自然是非常合情合理的句子，但是平淡之极。如果我们选取"晨鸡"，晨鸡自然是太阳（日中有三足乌——陶渊明在《怨歌楚调》一诗中说"及晨愿乌迁"），晨鸡来归是说太阳落山；摠、摁、总相通，总同匆，乃急促意，但总又有结、系之意，诗人应当是联想到《离骚》中"饮余马于咸池兮，总余辔乎扶桑"的句子，"晨鸡摠来归"遂自然引发出下面的"悬车"比喻。这一番曲折机巧，语涉双关，再加上混合的动物比喻，难怪会促生异文。然而，也正是在此等处，我们得以窥见陶渊明的"奇绝异语"。这也才是梁简文帝萧纲，一位诗人中的诗人，"常置几案间，动静辄讽味"的陶渊明。

在诗的开始，诗人言时光如奔马不可稽，至此又曰："岁月有常御。"我们必须看到"时"与"岁月"的不同之处：岁月是对抽象的时光所做的计数，因此时不可制，而"岁月"却是有固定的仆夫驾驭的。

慷慨忆绸缪，此情久已离。

伉俪之情或朋友之情都可称作绸缪。此情久已离，是说与亲友分别很久了，不禁心中思念。

荏苒经十载，暂为人所羁。

荏苒，时光渐渐地过去。十年宦游，可谓久矣，因为被人拘系，所以格外感觉时间过得缓慢；但这漫长的十年与人的一生相比，又可谓"暂"。

"羁"字原义为马络头或给马套上笼头。至此，我们意识到，这首诗充满了与马有关的字眼和意象：时间的飞驶，岁月的常御；诗人先是试图"执荡志"——控制自己放荡的情志，后来被"驱役"，被"羁系"——我们想到他在《孟府君传》中对自己外祖父的描述："（桓温）从容谓君曰：人不可无势，我乃能驾御卿！"

庭宇翳余木，倏忽日月亏。

诗的结束相当突然。我们不知道原本如此，还是传抄有缺（这一组杂诗的最后一首，"袅袅松摽崖"，诗意就显然不完整）。如果原诗结于此句，不失为余韵悠然。庭宇，是指家中的庭院屋宇。"余"木与日月之"亏"形成对照。这两句诗是说转瞬之间，日月消耗，家乡的园林已经成长得十分丰茂了。这一联与开篇"闲居执荡志,时驶不可稽"遥相呼应,而且又回到家居情景。然则此诗是表现了仕宦在外对家乡闲居生活的留恋向往呢,还是表现闲居时对往事的追忆?

归根结底,此诗之出奇处,正在于从时间上造成错乱。我们注意到全诗充斥表示时间的字词,这些字词或者表示漫长久远,或者表示一刹那:时驶、不可稽、无停息、岁月、常、淹、弥、久、荏苒、十载、暂、倏忽、日月。快慢的交替(比如说树木缓慢的生长和日月疾速的损耗),看待物理与心理时间的不同角度(比如说漫长的十年和短暂的人生阶段),都给读者带来一种迷离惝恍的感觉——似乎是在时光的急流中,在一部飞驶的马车里,感到的晕眩。

杂诗其十

闲居执荡志,时驶不可稽。
驱役无停息,轩裳逝东崖。
沉阴拟薰麝,寒气激我怀。
岁月有常御,我来淹已弥。
慷慨忆绸缪,此情久已离。
荏苒经十载,暂为人所羁。
庭宇翳余木,倏忽日月亏。

引用书目

白居易撰,朱金城校笺,《白居易诗笺校》,上海:上海古籍出版社,1988

班固,《汉书》,北京:中华书局,1962

北京大学古文献研究所编,《全宋诗》,北京:北京大学出版社,1995

北京大学中文系教师同学、北京师范大学中文系教师同学编,《陶渊明研究资料汇编》,北京:中华书局,1962

蔡瀛,《庐山小志》,娜嬛别馆本

晁补之,《鸡肋集》,《四部丛刊》影印明诗瘦阁仿宋刊本,台北:商务印书馆,1967

陈鼓应,《庄子今注今译》,香港:中华书局,1990

陈尚君,《全唐诗补编》,北京:中华书局,1992

陈寿,《三国志》,北京:中华书局,1973

陈舜俞,《庐山记》,台北:广文书局,1969

成林、程章灿,《西京杂记全译》,贵阳:贵州人民出版社,1993

董仲舒,《春秋繁露》,台北:世界书局,1967

范晔,《后汉书》,北京:中华书局,1965

方勺,《泊宅编》,北京:中华书局,1991

房玄龄等,《晋书》,北京:中华书局,1974

冯贽,《云仙散录》,北京:中华书局,1998

干宝,《搜神记》,北京:中华书局,1979

葛洪撰,王明校释,《抱朴子内篇校释》,北京:中华书局,1985

古直,《陶靖节年谱》,《层冰堂五种》,台北:编译馆,1984

郭庆藩,《庄子集释》,北京:中华书局,1961

韩愈撰,屈守元、常思春主编,《韩愈全集校注》,成都:四川大学出版社,1996

洪迈,《容斋随笔》,上海:上海古籍出版社,1978

皇甫谧,《高士传》,《四部备要》版,上海:中华书局,1934

黄庭坚,《黄庭坚全集》,成都:四川大学出版社,2001

黄宗羲,《黄宗羲诗文选》,上海:华东师范大学出版社,1990

黄宗羲,《匡庐游录》,台北:广文书局,1968

慧皎撰,汤用彤校注,《高僧传》,北京:中华书局,1992

计有功,《唐诗纪事》,北京:中华书局,1965

贾思勰、缪启愉校释,缪桂龙参校,《齐民要术校释》,北京:农业出版社,1982

李白撰,詹锳主编,《李白全集校注汇释集评》,天津:百花文艺出版社,1996

郦道元,《水经注》,台北:世界书局,1969

厉鹗,《宋诗纪事》,上海:上海古籍出版社,1983

李昉,《太平广记》,北京:中华书局,1961

李昉,《太平御览》,台北:商务印书馆,1974

李清,《三垣笔记》,吴兴嘉业堂版,1927

李时人等，《全唐五代小说》，西安：陕西人民出版社，1998

李延寿，《北史》，北京：中华书局，1974

李延寿，《南史》，北京：中华书局，1975

刘安，《淮南鸿烈集解》，北京：中华书局，1989

刘声木，《苌楚斋随笔续笔三笔四笔五笔》，北京：中华书局，1998

刘向，《列女传》，台北：广文书局，1979

刘向，《新序》，天津：天津古籍出版社，1987

刘向撰，赵善诒疏证，《说苑疏证》，上海：华东师范大学出版社，1985

刘勰撰，詹锳义证，《文心雕龙义证》，上海：上海古籍出版社，1989

刘昫等，《旧唐书》，北京：中华书局，1975

刘义庆撰，梁孝标注，余嘉锡笺疏，《世说新语笺疏》，上海：上海古籍出版社，1993

刘珍等，《东观汉记》，影印文渊阁《四库全书》本，台北：商务印书馆，1983

楼钥，《攻媿集》，《四部备要》本，上海：商务印书馆，1967

陆机，《陆机集》，北京：中华书局，1982

逯钦立编，《先秦汉魏晋南北朝诗》（全三册），北京：中华书局，1995

孟浩然撰，徐鹏校注，《孟浩然集校注》，北京：人民文学出版社，1989

欧阳修，《欧阳修全集》，台北：世界书局，1963

欧阳修、宋祁，《新唐书》，北京：中华书局，1975

欧阳询，《艺文类聚》，台北：文光出版社，1974

彭定求等编，《全唐诗》，北京：中华书局，1960

钱谦益，《牧斋初学集》，上海：上海古籍出版社，1985

钱曾，《读书敏求记》，《续修四库全书》第923册，上海：上海古籍出版社，1995—1999

屈守元，《韩诗外传笺疏》，成都：巴蜀书社，1996

阮元校刻，《十三经注疏》，影印阮刻本，台北：艺文印书馆，1955

桑乔，《庐山纪事》，《豫章丛书》本，南昌退庐，1916

上海古籍出版社编，《汉魏六朝笔记小说大观》，上海：上海古籍出版社，1999

上海古籍出版社编，《宋元笔记小说大观》，上海：上海古籍出版社，2001

沈括撰，胡道静校正，《新校正梦溪笔谈》，香港：中华书局，1978

沈约，《宋书》，北京：中华书局，1974

司马迁，《史记》，北京：中华书局，1964

苏晋仁、萧炼子校注，《宋书乐志校注》，济南：齐鲁书社，1982

苏轼，《苏东坡全集》，台北：世界书局，1969

苏轼，《苏轼诗集》，北京：中华书局，1982

孙星衍，《尚书今古文注疏》，《续修四库全书》第46册，上海：上海古籍出版社，1995—1999

脱脱等，《宋史》，台北：鼎文书局，1987

王勃撰，蒋清翊集注，《王子安集注》，上海：上海古籍出版社，1995

王充，《论衡》，北京：中华书局，1990

王夫之，《古诗评选》，北京：文化艺术出版社，1997

王钦若，《宋本册府元龟》，北京：中华书局，1989

王士禛，《分甘余话》，北京：中华书局，1989

王思任，《文饭小品》，长沙：岳麓书社，1989

王维撰，赵殿成笺注，《王右丞集笺注》，香港：中华书局，1975

王先谦，《荀子集解》，台北：世界书局，1969

王先慎，《韩非子集解》，台北：世界书局，1969

王逸章句，洪兴祖补注，《楚辞章句补注》，台北：世界书局，1965

韦应物，《韦应物集校注》，上海：上海古籍出版社，1998

魏收，《魏书》，北京：中华书局，1974

魏征等，《隋书》，北京：中华书局，1973

吴文治编，《宋诗话全编》，南京：江苏古籍出版社，1998

吴宗慈，《庐山志》，南昌：江西人民出版社，1996

萧统，《文选》，上海：上海古籍出版社，1986

萧子显，《南齐书》，北京：中华书局，1972

严可均编，《全上古三代秦汉三国六朝文》，北京：中华书局，1996

颜之推撰，王利器集解，《颜氏家训集解》，上海：上海古籍出版社，1980

杨家洛主编，《周易注疏及补正》，台北：世界书局，1978

扬雄，《法言》，北京：中华书局，1987

姚思廉，《梁书》，北京：中华书局，1973

叶德辉，《书林清话》，北京：燕山出版社，1999

袁珂校注，《山海经校注》，上海：上海古籍出版社，1980

张华撰，范宁校证，《博物志校证》，北京：中华书局，1980

钟嵘撰，曹旭集注，《诗品集注》，上海：上海古籍出版社，1994

周必大，《周益国文忠公集》，庐山，江西庐山管理局，1935

周勋初编选，《唐钞文选集注汇存》，上海：上海古籍出版社，2000

朱谦之，《老子校释》，北京：中华书局，1984

朱熹，《晦庵先生朱文公文集》，《四部丛刊》影印明嘉靖本，上海：商务印书馆，1967

祝穆、祝洙，《方舆胜览》，上海：上海古籍出版社，1984

宗懔撰，谭麟译注，《荆楚岁时记译注》，武汉：湖北人民出版社，1985

陈怡良，《陶渊明之人品与诗品》，台北：文津出版社，1993

陈先行编，《中国古籍稿钞校本图录》，上海：上海古籍出版社，2000

陈寅恪，《柳如是别传》，北京：生活·读书·新知三联书店，2001

程千帆，《古诗考索》，上海：上海古籍出版社，1984

胡适，《庐山游记》，上海：新月书店，1928

李锦全，《陶渊明评传》，南京：南京大学出版社，1998

李瑞良，《中国古代图书流通史》，上海：上海人民出版社，2000

鲁迅，《鲁迅全集》，北京：人民文学出版社，1957

毛德琦，《庐山志》，江西九江文史委员会，1991

钱锺书，《管锥编》，香港：中华书局，1980

桥川时雄，《陶集版本源流考》，雕龙丛钞之一。北京：文字同盟社，1931

《陶渊明诗文汇评》，台北：中华书局，1969

汤绚，《清初藏书家钱曾研究》，台北：汉美图书有限公司，1991

汤一介，《郭象与魏晋玄学》，北京：北京大学出版社，2000

汤用彤，《汉魏两晋南北朝佛教史》，北京：北京大学出版社，1997

汤用彤，《魏晋玄学论稿》，上海：上海古籍出版社，2001

王瑶，《中古文学史论》，北京：北京大学出版社，1986

王国良，《六朝志怪小说考论》，台北：文史哲出版社，1988

王云路，《汉魏六朝诗歌语言论稿》，西安：陕西人民教育出版社，1997

王枝忠,《汉魏六朝小说史》,杭州:浙江古籍出版社,1997

王国璎,《古今隐逸诗人之宗陶渊明论析》,台北:允晨文化公司,1999

熊炜等,《庐山与名人》,北京:北京旅游教育出版社,1997

姚伯岳,《黄丕烈评传》,南京:南京大学出版社,1998

佚名,《庐山新导游》,江西庐山管理局,1935

袁珂,《中国古代神话》,北京:中华书局,1981

袁行霈,《陶渊明研究》,北京:北京大学出版社,1997

乐史,《太平寰宇记》,影印宋本,北京:中华书局,2000

乐史,《太平寰宇记》,影印文渊阁《四库全书》本,台北:商务印书馆,1984

宇文所安,《他山的石头记:宇文所安自选集》,北京:生活·读书·新知三联书店,2019

钟优民,《陶学发展史》,长春:吉林教育出版社,2000

朱大渭等,《魏晋南北朝社会生活史》,北京:中国社会科学出版社,1998

张可礼,《东晋文艺综合研究》,济南:山东大学出版社,2001

章宏伟,《出版文化史论》,北京:华文出版社,2002

赵以武,《唱和诗研究》,兰州:甘肃文化出版社,1997

陈寅恪,《魏书司马睿传江东民族条释证及推论》,《金明馆丛稿初编》。上海:上海古籍出版社,1980

邓安生,《陶渊明〈还旧居〉诗及其事迹新探》,《渤海学刊》(1995.4):第42—47页

邓安生,《陶渊明里居辨证》,《文史》(1983.9):第173—183页

邓钟伯,《陶渊明故里说》,《江西师院学报》(1982.2):第59—62页

古直,《陶侃及陶渊明是汉族还是溪族呢?》,《光明日报》1957年7月14日

郭绍虞,《陶集考辨》,《陶渊明研究》第二卷,台北:九思出版社,1977

齐益寿,《论史传中的陶渊明事迹与形象》,《郑因百先生八十寿庆论文集》,台北:商务印书馆,1985

王国璎,《史传中的陶渊明》,《台大中文学报》(2000.5):第193—228页

徐新杰,《陶渊明故里辨》,《九江师专学报》(1985.1—2):第22—24页

朱自清,《陶诗的深度》,《朱自清古典文学论文集》,上海:上海古籍出版社,1981

朱自清,《陶渊明年谱中之问题》,《朱自清古典文学论文集》,上海:上海古籍出版社,1981

Berkowitz, Alan J. *Patterns of Disengagement: The Practice and Portrayal of Reclusion in Early Medieval China*. Stanford: Stanford University Press, 2000.

Bush, Susan, and Hsio-yen Shih, eds. *Early Chinese Texts on Painting*. Cambridge: Harvard University Press, 1985.

Cahill, Suzanne E. *Transcendence and Divine Passion: The Queen Mother of the West in Medieval China*. Stanford: Stanford University Press, 1993.

Cerquiglini, Bernard. *In Praise of the Variant: A Critical History of Philology*. Baltimore: The John Hopkins University Press, 1999.

Chang, Kang-i Sun. *Six Dynasties Poetry*. Princeton: Princeton University Press, 1986.

Chia, Lucile. *Printing for Profit: The Commercial Publishers of Jianyang, Fujian*

(11th–17th *Centuries*). Cambridge: Harvard University Asia Center, 2003.

Dagenais, John. *The Ethics of Reading in Manuscript Culture: Glossing the Libro de buen amor*. Princeton: Princeton University Press, 1994.

Egan, Ronald. *Word, Image, and Deed in Su Shi's Life*. Cambridge: Harvard University Press, 1994.

Fantham, Elaine. *Roman Literary Culture: From Cicero to Apuleius*. Baltimore: John Hopkins University Press, 1996.

Foucault, Michel. *The Order of Things: An Archaeology of the Human Science*. New York: Vintage Books, 1973.

Hawkes, David. *The Songs of the South: An Anthology of Ancient Chinese Poems by Qu Yuan and Other Poets*. London: Penguin Books, 1985.

Hightower, James. *The Poetry of T'ao Ch'ien*. Oxford: Clarendon Press, 1970.

Ibn Hazm. *The Ring of the Dove*. Translated by Anthony Arberry. London: Luzac Oriental, 1994.

Knechtges, David R. *Court Culture and Literature in Early China*. Variorum Collected Studies Series. Ashgate Publishing Ltd., 2002.

Knechtges, David R., trans. *Wenxuan, or Selections of Refined Literature*. Volume One. Princeton: Princeton University Press, 1982.

Knechtges, David R., trans. *Wenxuan, or Selections of Refined Literature*. Volume Three. Princeton: Princeton University Press, 1996.

Knoblock, John, trans. *Xunzi*. Stanford: Stanford University Press, 1994.

Marcus, Leah S., *Unediting the Renaissance: Shakespeare, Marlowe, Milton*. New York: Routledge, 1996.

McGann, Jerome J., *A Critique of Modern Textual Criticism*. Charlottesville: University Press of Virginia, 1999, third printing.

Needham, Joseph. *Science and Civilization in China*. Cambridge: Cambridge University Press, 1984.

Owen, Stephen, ed. and trans., *An Anthology of Chinese Literature: Beginnings to 1911*. New York: W. W. Norton, 1996.

Owen, Stephen.*The Making of Early Chinese Classical Poetry*. Cambridge: Harvard University Asia Center, 2006.

Owen, Stephen. *Traditional Chinese Poetry and Poetics: Omen of the World*. Madison: University of Wisconsin Press, 1985.

Puett, Michael James. *The Ambivalence of Creation: Debates Concerning Innovation and Artifice in Early China*. Stanford: Stanford University Press, 2001.

Said, Edward W., *Humanism and Democratic Criticism*. New York: Columbia University Press, 2004.

Shapiro, Audrey. *Contemplating the Ancients: Aesthetic and Social Issues in Early Chinese Portraitures*. Berkeley: University of California Press, 1990.

Strassberg, Richard E. *Inscribed Landscapes: Travel Writings from Imperial China*. Berkeley: University of California Press, 1994.

Ziporyn, Brook. *ThePenumbra Unbound: The Neo-Taoist Philosophy of Guo Xiang*. Albany: State University of New York, 2003.

Chang, Kang-i Sun. "The Unmasking of Tao Qian and the Indeterminacy of

Interpretation." In *Chinese Aesthetics: The Orderings of Word, Image, and the World in the Six Dynasties*, ed. Zong-qi Cai. Honolulu: University of Hawai'i Press, 2004.

Cherniack, Susan. "Book Culture and Textual Transmission in Sung China." *Harvard Journal of Asiatic Studies*, 54:1 (June 1994): pp. 5–102.

Owen, Stephen. "The Self's Perfect Mirror: Poetry as Autobiography." In *The Vitality of the Lyric Voice: Shih Poetry from the Late Han to the T'ang*, eds. Shuen-fu Lin and Stephen Owen. Princeton: Princeton University Press, 1986, pp. 71–102.

Walton, Linda A. "Southern Sung Academies and the Construction of Sacred Space." In *Landscape, Culture, and Power in Chinese Society*. Ed. Wen-hsin Yeh. Berkeley: Institute of East Asia Studies, 1998; pp. 23–49.

中文版后记

这本书，从电脑到电脑，从一种文字到另一种文字，就像陶集写本一样，经历了很多变迁。《尘几录》的中文初稿，是我在2000年夏天编写的讲义，其中包括对手抄本文化的反思，对陶集版本的考察，以及陶渊明诗文的笺注与评论。笺注评论这一部分，用了两年的时间陆续完成。与此同时，我开始了英文《尘几录》的写作。英文书稿虽然建立在中文《尘几录》的基础上，但是结构发生了巨大的变化。全书于2003年7月脱稿，2005年10月在华盛顿大学出版社出版。嗣后不久，北京中华书局的李静编辑就和我取得联系，并获得了这本书的中文版权。这样一来，这本书又从英文转译回中文。

自己翻译自己的书，并不像想象的那么容易，但好处是在翻译的过程中可以对书的内容进行自由调整。中文版《尘几录》和英文版的最大不同，是增加了附录两种：附录二是一篇关于《述酒》诗的论文，附录三是对十六首陶诗的评注——这些诗都是本书限于篇幅，也限于每一章专门论述的主题，所没有涉及的。此外，附录一"文本的历程"对撰写本书时参考过的各种陶集版本，也做了比英文版更为详细的叙述。

这部书稿在写作和修改的过程中，曾经得到过很多学术前辈与同行的热情支持。我要特别感谢斯沃斯莫尔学院（Swarthmor College）的柏士隐教授、华盛顿大学的康达维教授、耶鲁大学的孙康宜教授和哈佛大学的伊维德（Wilt Idema）教授：他们在百忙中通读了全部书稿，给我提出了许多宝贵意见。中华书局的李静女士和顾青先生为使中文版早日和读者见面付出了巨大的努力，在此一并致谢。

这本书的英文版，是献给我的父亲和母亲的。在我的童年时代，我的父母亲给了我一份严格的传统式古典文学教育。多年来，我的父母和兄长对我的支持与关爱，是我人生中一切重要东西的根基。最后，要感谢我的丈夫宇文所安：他不仅阅读了这本书每一个章节的每一次修改稿，和我讨论切磋，而且，他深深理解自己的妻子每天许多个小时紧张而投入的工作，承担了很多日常家务。我为我们找到彼此深感幸运：两个分享同一天生日的人，也分享对工作、对生活、对诗歌的激情。

田晓菲
2006 年 12 月 19 日
于波士顿